汽车市场调查与预测

主　编　熊金凤
副主编　卞荣花
主　审　王秀梅　李洪昌

北京理工大学出版社
BEIJING INSTITUTE OF TECHNOLOGY PRESS

内容简介

本书从先进的职业教育理念出发，为了满足高等院校、高职院校培养汽车类专业高等技术应用型人才的需要，坚持"以就业为导向，以全面素质为基础，以能力为本位"的宗旨，根据作者长期从事《汽车市场调查与预测》课程的教学工作经验，开发、设计、实施了《汽车市场调查与预测》的经验，以必需、够用、实用为原则，对教学内容进行了整合，将汽车市场调查理论与课程的市场调查项目有机融合，编写了本教材。使读者能利用所学的调查知识开展实际的市场调查工作，实现专业学习与职业能力相融合的人才培养目标。

版权专有　侵权必究

图书在版编目（CIP）数据

汽车市场调查与预测 / 熊金凤主编．—北京：北京理工大学出版社，2022.8

ISBN 978-7-5763-1575-2

Ⅰ．①汽… Ⅱ．①熊… Ⅲ．①汽车—市场调查—高等学校—教材②汽车—市场预测—高等学校—教材 Ⅳ．①F766

中国版本图书馆 CIP 数据核字（2022）第 139981 号

出版发行 /	北京理工大学出版社有限责任公司
社　　址 /	北京市海淀区中关村南大街 5 号
邮　　编 /	100081
电　　话 /	（010）68914775（总编室）
	（010）82562903（教材售后服务热线）
	（010）68944723（其他图书服务热线）
网　　址 /	http://www.bitpress.com.cn
经　　销 /	全国各地新华书店
印　　刷 /	三河市天利华印刷装订有限公司
开　　本 /	787 毫米×1092 毫米　1/16
印　　张 /	20
字　　数 /	476 千字
版　　次 /	2022 年 8 月第 1 版　2022 年 8 月第 1 次印刷
定　　价 /	92.00 元

责任编辑 / 孟祥雪
文案编辑 / 孟祥雪
责任校对 / 周瑞红
责任印制 / 李志强

图书出现印装质量问题，请拨打售后服务热线，本社负责调换

前 言

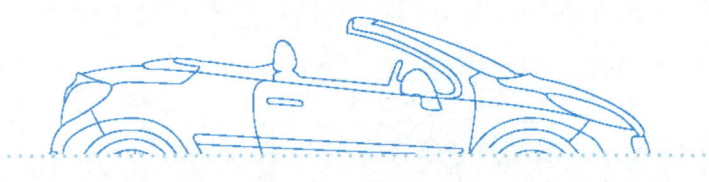

本书从先进的职业教育理念出发，为了满足高等职业院校培养汽车类专业高等技术应用型人才的需要，坚持"以就业为导向，以全面素质为基础，以能力为本位"的宗旨，根据作者长期从事"汽车市场调查与预测"课程的教学工作经验，开发、设计、实施"汽车市场调查与预测"的经验，以必需、够用、实用为原则，对教学内容进行了整合，将汽车市场调查理论与课程的市场调查项目有机融合，使读者能利用所学的调查知识开展实际的市场调查工作，实现专业学习与职业能力相融合的人才培养目标。

本书内容比较全面，突出以学生为主体的理念。本书的特色主要包括：

1. 以职业工作过程为导向。本书以市场调查与分析职业的实际工作过程为导向，对课程内容进行了设计，使独立、离散的知识点得到有机串接，实现了学科课程向工作（任务）体系课程的跨越。

2. 任务驱动统领教学过程。本书以任务驱动统领教学过程实施，提高了学生学习的自主性、积极性，可以使学生由被动听课变为主动探索，从而进一步促使学生通过课程学习切实获取所需的职业能力。

3. 教材内容突出实用性。本书严格按照市场营销专业人才岗位能力需求编写，以汽车市场调查与分析具体工作项目为载体，设计、组织课程内容，形成以工作任务为中心、以技术实践知识为焦点、以技术理论知识为背景的课程内容结构，体现了对理论知识的重组。

本书编写的主要分工情况说明如下：熊金凤负责编写项目1，项目2中任务1、任务2、任务3、任务4、任务6、任务8及任务7中7.5，项目3任务3中3.4；卞荣花负责编写项目3中任务2及任务3中3.1、3.2、3.3；施颖负责编写项目2中任务5及任务7中7.1、7.2、7.3、7.4；赵鹏飞（丰田中国汽车金融集团）负责编写项目3中任务1。

教材是体现教学内容的知识载体，是进行教学的基本工具，更是人才培养的重要保证。因此，在本书的编写过程中，我们不敢懈怠。但由于编写时间仓促和作者水平所限，书中疏漏或不妥之处在所难免，欢迎广大读者提出宝贵意见，以便我们进一步修改和完善。

编 者

目 录

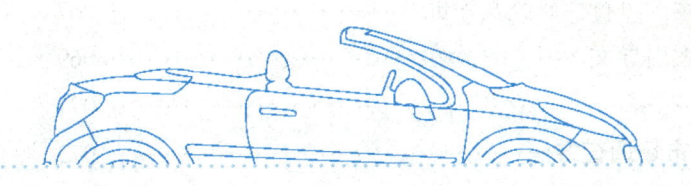

项目 1　了解汽车市场调查 ……………………………………… 001

任务 1　初识市场调查与预测 …………………………………… 003
1.1　市场调查与预测的概念 ………………………………… 003
1.2　市场调查与预测的作用 ………………………………… 004
1.3　市场调查与预测的关系 ………………………………… 005
1.4　市场调查与预测的起源、发展与未来 ………………… 007
思考与练习 …………………………………………………… 011

任务 2　组建市场调查专业机构 ………………………………… 013
2.1　市场调查专业机构的含义 ……………………………… 014
2.2　市场调查专业机构的类型 ……………………………… 016
2.3　企业与专业市场调查机构的合作 ……………………… 017
2.4　市场调查员的管理 ……………………………………… 019
思考与练习 …………………………………………………… 022

任务 3　明确市场调查基本原理 ………………………………… 023
3.1　市场 ……………………………………………………… 024
3.2　市场信息 ………………………………………………… 026
3.3　市场调查概述 …………………………………………… 029
思考与练习 …………………………………………………… 043

项目 2　实施汽车市场调查项目 …………………………………… 045

任务 1　明确汽车市场调查目标 ………………………………… 047
1.1　明确市场调查的意图 …………………………………… 049
1.2　了解营销问题背景 ……………………………………… 051
1.3　确定市场调查目标 ……………………………………… 053
思考与练习 …………………………………………………… 055

任务 2　设计汽车市场调查方案 ………………………………… 056

2.1 理解市场调查方案设计的含义与意义 …………………………… 057
2.2 把握市场调查总体方案设计 …………………………………… 059
2.3 认识调查方案的可行性研究及评价 …………………………… 067
2.4 利用调查方案引导文 …………………………………………… 069
思考与练习 …………………………………………………………… 071

任务3 选择汽车市场调查方法 …………………………………… 073
3.1 认识市场调查资料的种类 ……………………………………… 074
3.2 明确调查资料的种类与调查方法的关系 ……………………… 075
3.3 运用文案调查法进行市场调查 ………………………………… 078
3.4 运用观察法进行市场调查 ……………………………………… 080
3.5 运用访问法进行市场调查 ……………………………………… 083
3.6 运用实验法进行市场调查 ……………………………………… 088
3.7 运用网上调查法进行市场调查 ………………………………… 089
思考与练习 …………………………………………………………… 092

任务4 设计汽车市场调查表格 …………………………………… 093
4.1 明确调查表格的作用 …………………………………………… 094
4.2 认识调查表格的形式 …………………………………………… 094
4.3 设计观察表格 …………………………………………………… 095
4.4 设计访问提纲 …………………………………………………… 098
4.5 设计调查问卷 …………………………………………………… 100
4.6 利用问卷星制作调查问卷 ……………………………………… 111
思考与练习 …………………………………………………………… 115

任务5 组织实施汽车市场调查 …………………………………… 116
5.1 实施文案调查法 ………………………………………………… 117
5.2 实施观察调查法 ………………………………………………… 121
5.3 实施访问调查法 ………………………………………………… 123
5.4 实施实验调查法 ………………………………………………… 127
5.5 实施网上调查法 ………………………………………………… 129
思考与练习 …………………………………………………………… 131

任务6 整理与分析汽车市场调查资料 …………………………… 132
6.1 整理市场调查数据 ……………………………………………… 133
6.2 分析市场调查数据 ……………………………………………… 145
6.3 利用问卷星进行数据整理和分析 ……………………………… 148
思考与练习 …………………………………………………………… 152

任务7 编写汽车市场调查报告 …………………………………… 154

7.1 准备市场调查报告 ⋯⋯⋯⋯⋯⋯⋯⋯⋯⋯⋯⋯⋯⋯⋯⋯⋯⋯⋯⋯⋯⋯⋯⋯⋯ 155
7.2 撰写市场调查报告 ⋯⋯⋯⋯⋯⋯⋯⋯⋯⋯⋯⋯⋯⋯⋯⋯⋯⋯⋯⋯⋯⋯⋯⋯⋯ 157
7.3 修改市场调查报告 ⋯⋯⋯⋯⋯⋯⋯⋯⋯⋯⋯⋯⋯⋯⋯⋯⋯⋯⋯⋯⋯⋯⋯⋯⋯ 160
7.4 提交市场调查报告 ⋯⋯⋯⋯⋯⋯⋯⋯⋯⋯⋯⋯⋯⋯⋯⋯⋯⋯⋯⋯⋯⋯⋯⋯⋯ 161
7.5 利用调查报告的引导文 ⋯⋯⋯⋯⋯⋯⋯⋯⋯⋯⋯⋯⋯⋯⋯⋯⋯⋯⋯⋯⋯⋯ 164
思考与练习 ⋯⋯⋯⋯⋯⋯⋯⋯⋯⋯⋯⋯⋯⋯⋯⋯⋯⋯⋯⋯⋯⋯⋯⋯⋯⋯⋯⋯⋯ 167

任务8 跟踪汽车市场调查 ⋯⋯⋯⋯⋯⋯⋯⋯⋯⋯⋯⋯⋯⋯⋯⋯⋯⋯⋯⋯⋯⋯⋯⋯ 168
8.1 向客户解释调查报告 ⋯⋯⋯⋯⋯⋯⋯⋯⋯⋯⋯⋯⋯⋯⋯⋯⋯⋯⋯⋯⋯⋯⋯ 169
8.2 自我评价调查报告 ⋯⋯⋯⋯⋯⋯⋯⋯⋯⋯⋯⋯⋯⋯⋯⋯⋯⋯⋯⋯⋯⋯⋯⋯ 173
8.3 认识市场的动态发展本质 ⋯⋯⋯⋯⋯⋯⋯⋯⋯⋯⋯⋯⋯⋯⋯⋯⋯⋯⋯⋯ 177
思考与练习 ⋯⋯⋯⋯⋯⋯⋯⋯⋯⋯⋯⋯⋯⋯⋯⋯⋯⋯⋯⋯⋯⋯⋯⋯⋯⋯⋯⋯⋯ 178

项目3 进行汽车市场预测 ⋯⋯⋯⋯⋯⋯⋯⋯⋯⋯⋯⋯⋯⋯⋯⋯⋯⋯⋯⋯⋯⋯⋯⋯⋯ 181

任务1 明确市场预测基本原理 ⋯⋯⋯⋯⋯⋯⋯⋯⋯⋯⋯⋯⋯⋯⋯⋯⋯⋯⋯⋯⋯⋯ 183
1.1 市场预测的原理 ⋯⋯⋯⋯⋯⋯⋯⋯⋯⋯⋯⋯⋯⋯⋯⋯⋯⋯⋯⋯⋯⋯⋯⋯⋯ 183
1.2 市场预测的类型 ⋯⋯⋯⋯⋯⋯⋯⋯⋯⋯⋯⋯⋯⋯⋯⋯⋯⋯⋯⋯⋯⋯⋯⋯⋯ 184
1.3 市场预测的内容 ⋯⋯⋯⋯⋯⋯⋯⋯⋯⋯⋯⋯⋯⋯⋯⋯⋯⋯⋯⋯⋯⋯⋯⋯⋯ 186
1.4 市场预测的程序 ⋯⋯⋯⋯⋯⋯⋯⋯⋯⋯⋯⋯⋯⋯⋯⋯⋯⋯⋯⋯⋯⋯⋯⋯⋯ 188
思考与练习 ⋯⋯⋯⋯⋯⋯⋯⋯⋯⋯⋯⋯⋯⋯⋯⋯⋯⋯⋯⋯⋯⋯⋯⋯⋯⋯⋯⋯⋯ 190

任务2 应用定性预测法做市场预测 ⋯⋯⋯⋯⋯⋯⋯⋯⋯⋯⋯⋯⋯⋯⋯⋯⋯⋯⋯ 193
2.1 头脑风暴法 ⋯⋯⋯⋯⋯⋯⋯⋯⋯⋯⋯⋯⋯⋯⋯⋯⋯⋯⋯⋯⋯⋯⋯⋯⋯⋯⋯ 194
2.2 意见综合预测法 ⋯⋯⋯⋯⋯⋯⋯⋯⋯⋯⋯⋯⋯⋯⋯⋯⋯⋯⋯⋯⋯⋯⋯⋯⋯ 195
2.3 德尔菲法 ⋯⋯⋯⋯⋯⋯⋯⋯⋯⋯⋯⋯⋯⋯⋯⋯⋯⋯⋯⋯⋯⋯⋯⋯⋯⋯⋯⋯ 199
思考与练习 ⋯⋯⋯⋯⋯⋯⋯⋯⋯⋯⋯⋯⋯⋯⋯⋯⋯⋯⋯⋯⋯⋯⋯⋯⋯⋯⋯⋯⋯ 201

任务3 应用时间序列预测法做市场预测 ⋯⋯⋯⋯⋯⋯⋯⋯⋯⋯⋯⋯⋯⋯⋯⋯⋯ 203
3.1 平均数法 ⋯⋯⋯⋯⋯⋯⋯⋯⋯⋯⋯⋯⋯⋯⋯⋯⋯⋯⋯⋯⋯⋯⋯⋯⋯⋯⋯⋯ 205
3.2 指数平滑法 ⋯⋯⋯⋯⋯⋯⋯⋯⋯⋯⋯⋯⋯⋯⋯⋯⋯⋯⋯⋯⋯⋯⋯⋯⋯⋯⋯ 208
3.3 趋势延伸预测法 ⋯⋯⋯⋯⋯⋯⋯⋯⋯⋯⋯⋯⋯⋯⋯⋯⋯⋯⋯⋯⋯⋯⋯⋯⋯ 214
3.4 季节指数预测法 ⋯⋯⋯⋯⋯⋯⋯⋯⋯⋯⋯⋯⋯⋯⋯⋯⋯⋯⋯⋯⋯⋯⋯⋯⋯ 218
思考与练习 ⋯⋯⋯⋯⋯⋯⋯⋯⋯⋯⋯⋯⋯⋯⋯⋯⋯⋯⋯⋯⋯⋯⋯⋯⋯⋯⋯⋯⋯ 220
"汽车市场调查与预测"课程学习总结 ⋯⋯⋯⋯⋯⋯⋯⋯⋯⋯⋯⋯⋯⋯⋯⋯⋯⋯ 222

任务手册 ⋯⋯⋯⋯⋯⋯⋯⋯⋯⋯⋯⋯⋯⋯⋯⋯⋯⋯⋯⋯⋯⋯⋯⋯⋯⋯⋯⋯⋯⋯⋯ 223

项目 1

了解汽车市场调查

市场调查行业是为了实现管理目标而进行信息收集和数据分析的行业，它的存在对于政府、广大企业、广告商和媒体以致整个社会都有着不可或缺的重大意义。对信息资源和商业情报的掌握将成为我国改革开放以来市场经济环境下众多主体得以顺利健康发展并在竞争中赢得主动的重要因素。因此从某种意义上说，市场调查行业是否兴旺也是社会经济是否繁荣发达的标志。

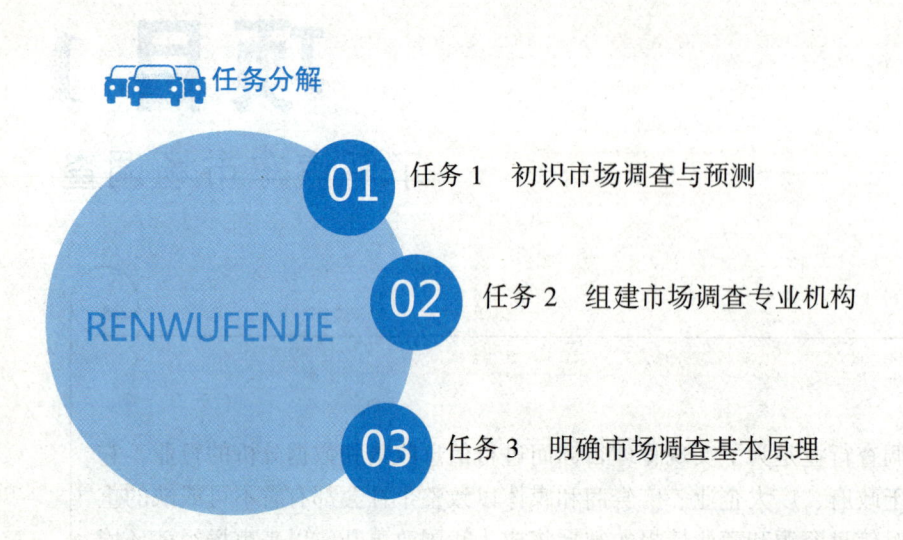

任务分解

01　任务1　初识市场调查与预测

02　任务2　组建市场调查专业机构

03　任务3　明确市场调查基本原理

任务 1　初识市场调查与预测

核心内容

1.1　市场调查与预测的概念
1.2　市场调查与预测的作用
1.3　市场调查与预测的关系
1.4　市场调查与预测的起源、发展与未来

任务目标

知识目标：
1. 理解市场调查与预测的概念；
2. 认识市场调查的作用；
3. 了解市场调查与预测的起源、发展与未来。

能力目标：
1. 具有一定的逻辑分析能力；
2. 具有一定的语言表达能力；
3. 具有团队协作能力。

素养目标：
1. 维护组织目标实现的大局意识和团队能力；
2. 爱岗敬业的职业道德和严谨、务实、勤勉的工作作风；
3. 树立社会主义核心价值观。

知识导学

在竞争激烈的市场上，企业的任何决策都存在不确定性和风险，一些企业经营者常用"如履薄冰"这样的词来形容商场的危机四伏。只有通过有效的市场调查与预测才能采取相应措施，应对环境变化，增强企业的应变能力，把握经营的主动权，创新营销组合，识别新的市场机会，实现预期的经营目标。因此，市场调查与预测是现代企业一项重要的基础工作，也是企业营销管理的重要组成部分。

1.1　市场调查与预测的概念

一般认为，市场调查与预测是指为了形成特定的市场营销决策，采用科学的方法和客观的态度，对市场营销有关问题所需的信息进行系统的收集、记录、整理和分析，以了解市场活动现状和预测未来发展趋势的一系列活动过程。在国外，通常将市场调查和市场预测活动统称为市场调查或营销调研。

国际商会、欧洲民意和市场营销调查学会在《市场营销和社会调查业务国际准则》中表述为："营销调查（Marketing Research）指个人和组织对有关其经济、社会、政治和日常活动范围内的行动、需要、态度、意见、动机等情况的系统收集、客观记录、分类、分析和提出数据资料的活动。"

随着经济全球化的逐步深入，竞争日益激烈，市场变得更加复杂、变幻莫测，中国企业的国际化已不再是一个选择，而成为生存的必需。21世纪，管理任何企业都意味着以某种

形式进行国际化交流。即使一些企业不在国外销售产品或提供服务，同样也要受到全球市场所发生的变化和其他企业对这些变化做出反应的影响。因此，企业要想凭有限的分散信息把握市场动态几乎是不可能的。市场调查与预测可以帮助企业清晰地了解市场活动的现状及未来，本企业与竞争对手的差异，为科学决策提供依据。

市场调查与预测是企业有效地利用和调动市场情报、信息的主要手段，是企业开展市场营销活动的基础。

企业制定营销策略的主要目的在于扩大市场，获取最大的经济效益。那么，企业需要了解以下情况：这种产品被消费者认可的程度，对消费者有何种吸引力；销量有多大，是普遍需要还是哪一个特殊阶层需要；定价多高消费者可以接受，这种定价水平是否能使企业赢利；广告宣传应侧重强调哪一个部分才能吸引更多人的注意；市场上是否有同种产品；经销商对此种产品的看法如何，是否愿意经营。如果是一个出口型企业，市场调查还需了解更多情况，如哪些国家对这种产品的需求量最大；产品在进入国际市场前应作哪些改变，选择什么样的销售渠道，打入国际市场的成本支出有多大等。只有通过市场调查和分析，了解和掌握企业的内部条件和外部环境等动态影响因素，才能制定出切实可行的市场营销策略。

1.2 市场调查与预测的作用

多年的市场营销实践告诉我们，在 10 多年前，众多企业将"销售、销售、再销售"作为生存的座右铭，而如今的营销者，不只是销售，而是需要更多信息：我们的顾客需要什么？竞争对手正在做什么？从中可以看出市场调查与预测在市场营销管理中的重要地位。今天，对于一个真正意义上的企业来讲，要占领市场并获得预期效果，必须依赖于行之有效的经营决策，而行之有效的经营决策要以科学的市场调查与预测为前提条件。通过市场调查，可以发现一些新的市场机会和需求，开发新的产品去满足这些需求；可以发现企业现有产品的不足及经营中的缺点，及时加以纠正，使企业在竞争中立于不败之地；可以及时掌握竞争对手的动态，掌握企业产品在市场上所占份额的大小，针对竞争对手的策略，对自己的工作进行调整和改进，做到知己知彼，百战百胜；可以了解整个经济环境对企业发展的影响，了解国家的政策、法规变化，预测未来市场可能发生的变化，抓住一些新的发展机会，对可能发生的不利情况及时采取应变措施，降低经营风险，减少企业损失。

总的说来，市场调查和预测的作用在于为制订科学的计划和政策提供具体的数量依据，提高了计划和政策的科学性；科学的市场调查与预测为科学的管理决策提供了基础和依据，而科学的管理决策必然会导致经济效益的提高；对需求总量和需求结构的市场调查及预测能够促进社会生产的合理化，更好地满足消费需求。

市场调查与预测的作用主要体现在以下几个方面。

1. 市场调查与预测有利于企业随时了解市场环境

随着竞争的加剧，企业所面临的市场总是不断发生变化，而促使市场发生变化的原因有很多，如产品、价格、分销、广告、推销等市场因素和有关政治、经济、文化、地理条件等市场环境因素。这两类因素往往又是相互联系和相互影响的，且不断发生变化。企业为适应这种变化，需要通过广泛的市场调查，及时了解各种市场因素和市场环境因素的变化，从而有针对性地采取措施，通过对市场因素，如价格、产品结构、广告等的调整……应对市场竞争。通过市场调查，企业了解市场营销环境的变化，及时调整自己的产品、价格、渠道、促销和服务策略，与竞争对手开展差异化竞争，逐渐树立自己的竞争优势。同时，企业还可以通过收集竞争对手的情报，了解竞争对手的优势和弱点，然后扬长避短，有的放矢地开展针对性营销，从而增强企业的竞争力。

2. 市场调查与预测有利于企业及时了解顾客的潜在需求

随着市场经济的发展，消费者需求变化越来越快，产品的生命周期日趋缩短，市场竞争更加激烈，对于企业来说，能否及时了解市场的变化情况，并适时适当地采取应变措施，是企业能否取胜的关键。企业通过市场调查，可以发现市场中未被满足或未被充分满足的需求，确定本企业的目标市场。同时，可以根据消费者需求的变化特点，开发和生产适销对路的产品，并采取有效的营销策略和手段，将产品及时送到消费者手中，满足目标顾客的需要。

3. 市场调查与预测可以为企业整体宣传策略提供信息和支持

市场宣传推广需要了解各种信息的传播渠道和传播机制，以寻找合适的宣传推广载体和方式，以及制订详细的营销计划，这也需要市场调查来解决，特别是在高速变化的环境下，过去的经验只能减少犯错误的机会，而更需要适时的信息更新来保证宣传推广的到位。通常在市场宣传推广中，还需要引用媒体、政府和社会等强力机构的市场信息支持，如在消费者认同度、品牌知名度、满意度、市场份额等各方面提供企业的优势信息。

4. 市场调查与预测是企业营销活动的起点和战略决策的依据

企业的营销活动是从市场调查与预测开始的，通过市场调查与预测识别和确定市场机会，制订营销计划，选择目标市场，设计营销组合，对营销计划的执行情况进行监控和信息反馈。在这一过程中，每一步都离不开市场调查与预测，都需要市场调查与预测为决策提供依据。在企业管理部门和有关人员要针对某些问题进行决策时，如进行产品策略、价格策略、分销策略、广告和促销策略的制定，通常要了解的情况和考虑的问题是多方面的，主要有：本企业的产品在什么市场上销售较好，有发展潜力；在哪个具体的市场上，预期可销售数量是多少；如何才能扩大企业产品的销售量；如何掌握产品的销售价格；如何制定产品价格，才能保证销售和利润两方面都能上去；怎样组织产品推销，销售费用将是多少等。这些问题只有通过具体的市场调查，才能得到具体答复，而且只有通过市场调查得来的具体答案才能作为企业决策的依据。否则，就会形成盲目和脱离实际的决策，而盲目则往往意味着失败和损失。

5. 市场调查与预测有利于企业竞争力的提升

激烈的市场竞争促使每个企业都在想方设法创新，以提高自身的竞争能力。为了在竞争中获胜，必须及时清楚地了解同行业界动态，这就要借助于市场调查活动，通过调查摸清竞争对手占有市场的情况，以及竞争产品受欢迎的原因，掌握对手的经营策略、产品优势、经营力量、促销手段及未来的发展意图等。企业面对的可能是一个竞争对手，也可能是多个竞争对手，是采取以实力相拼的策略，还是采取避开竞争，另辟蹊径的策略，要根据调查结果并结合企业实际做出决断。在竞争中占据有利地位，并不一定非要进行直接的面对面竞争，因为直接竞争的损耗将会很大。因此，通过市场调查，了解对手的情况，就可以在竞争中绕开对手的优势，发挥自己的长处，或针对竞争者的弱点，突出自身的特色，以吸引消费者选择本企业的产品。一旦竞争决策有误，经营的失败不仅表现为市场占有率的减少，也意味着对手力量的进一步强大。显然，市场调查活动对于企业竞争力意义重大。

1.3　市场调查与预测的关系

市场调查是市场预测的基础，市场预测是市场调查的延伸和深化。用市场调查来研究经济运动发展变化规律，用市场预测的理论和方法推断未来的结果。通过市场调查，掌握事物

的发展变化规律，推断未来的结果。市场调查在各方面的发展和完善，为市场预测的发展创造了条件，也必然会促进市场预测水平的进一步提高。

市场预测植根于市场调查。从时间的连续性来看，只有将市场调查与预测作为一项连贯性工作，对市场的分析研究才能更系统、更全面，也才能为科学的决策提供更有利的依据。从方法论的角度看，科学的市场预测有赖于市场调查，市场调查的质量在很大程度上决定着市场预测的水平和质量。

由此可以说，市场调查是市场预测的基础，市场预测又是市场调查的延续和提升。市场调查方法的完善，市场调查内容的系统化，都为市场预测提供了更为广阔的思路。

1. 市场调查为市场预测方向划定了科学的坐标

市场调查是人们了解、认识市场，分析研究市场发展变化规律的方法或工具，它是应对市场的状况进行反映或描述以认识市场发展变化规律的过程。从时间的角度看，市场调查着重分析市场过去和现在的表现，并在长期的研究中认识市场规律。市场预测则是根据市场过去和现在的表现，应用科学的预测方法对市场未来的发展变化进行预计或估计，为科学决策提供依据。因此通过市场调查分析，得到的结论为市场预测目标框定了一个较为科学、可信度高的坐标。

2. 市场调查为市场预测提供了必需的数据支持

任何市场调查活动都是为了更好地了解市场，企业进行市场预测时，为保证预测结果的准确性，就必须对市场信息进行科学分析，从中找出规律性的东西，而市场调查获得的大量信息资料正是市场预测的资料来源。这些资料为市场预测活动提供了大量历史数据和现实资料，有助于获得比较准确的预测结果。

3. 市场调查方法的发展为市场预测提供了可靠的技术支撑

市场调查方法大都具有实用、易掌握的特点。市场预测的许多方法正是在市场调查方法的基础上借鉴、发展而形成的。如在现代市场调查中，抽样调查方法作为组织调查的方式，被广泛应用于各种内容的市场调查中。抽样调查方法，具有节省费用、应用面广等优点，尤其适用于市场现象数量方面的调查研究。抽样调查在研究市场现象数量时，能够以样本指标推断总体指标，并能够计算出样本指标与总体指标之间的抽样误差，还能将抽样误差控制在一定允许误差范围内，在一定可靠程度下对总体的数量做出推断。市场抽样调查方式的广泛应用，使得在现有人、财、物力条件下可以取得的市场资料的数量大大增加，质量显著提高，为市场预测的发展创造了有利条件。又如用于预测的"专家意见法"就是吸取了市场调查的方法，经过反复实践而形成的，既简便实用，又避免了结果的不确定性和离散性。有些简单的市场调查方法，如问卷填表法、访问座谈法等，若在调查内容中加进预测项目，同样可以得到简明的预测结果。

4. 市场调查分析为市场预测结论的修订提供了借鉴

"凡事预则立，不预则废"，说明了市场预测的重要意义。然而，毕竟市场预测是建立在认识和把握市场客观规律基础之上的一种预见和测算，尽管有科学理论作为指导，但受多种因素影响，预测结论依然可能会与客观现实出现偏离。市场预测的结论正确与否，最终还要由市场发展的实践来检验，而市场的发展又会催生新的市场调查活动。因此，市场调查不仅能够检验前一段的预测结果，还能够分析论证预测成功、失败的原因，总结经验教训，不断提高市场预测的水平。另外，在做出预测后，也可以通过后续的市场调查获取新信息，对已有的预测结果进行修正。

市场调查与市场预测既有联系也有区别，二者是两种不同的经济活动。

（1）着眼点不同。市场调查着眼于过去和现在，是对已发生过的实际情况进行调查与了解。市场预测着眼于未来,是对未来不确定的市场发展趋势进行预计和推测。

(2) 准确度的要求不同。市场调查主要取得市场发展的历史和现实资料,为分析市场发展动态、进行预测和决策提供依据。因此,市场调查资料要求准确、可靠,尽可能地反映市场发展演进的本来面目。市场预测是对尚未发生的未来市场的发展前景进行预计和推测,而未来市场的变化受多种可控和不可控、可测和不可测因素的影响,具有不确定性。因此,不可能要求百分之百地准确估计未来市场的发展状况,预测不可避免地存在着一定误差,预测者力求将预测误差控制在一定的范围内。

(3) 采用的方法不同。市场调查通过观察、实验、询问等方法取得第一手资料,通过查阅、交换、购买、咨询等方法取得第二手资料,并通过审核、分类、编号、统计等方法对资料进行整理、储存和分析,得出调查结论。市场预测是运用定性、定量的方法,通过对调查资料的分析和研究,找出市场运行的规律性,预测市场的发展趋势。

总之,市场调查是我们了解市场状况的起点,也是市场预测、利用市场机会的出发点,科学的市场预测一定是建立在周密的市场调查基础之上的。随着市场经济的深入发展,竞争日趋激烈,市场变得更加复杂、变幻莫测,当企业面对复杂多变、千头万绪的市场问题,不知从何处着手去解决时,只有将市场预测建立在市场调查的基础之上,才能做出科学合理的经营决策,从而将经营风险降到最低,也才能对企业经营管理发挥重大作用。

1.4　市场调查与预测的起源、发展与未来

市场调查活动是随着市场经济的产生和发展而出现的。从本质上讲,市场经济就是一种通过货物或服务的交换,以市场作为资源配置的基础方式,实现分散决策的经济体制。由于其固有的缺陷,市场信息的不对称、市场的不完全竞争等情形时有发生。为了降低经营风险,众多企业开始想方设法捕捉市场信息。于是,现代意义上的市场调查活动由此诞生。美国是市场经济发展较早且比较成熟的国家,市场调查活动使其企业管理者避免了大量经营风险,获得了竞争优势;市场调查活动也由此在世界范围广泛传播开来。

一、市场调查与预测的起源和发展

1. 市场调查与预测的萌芽期

最早有记载的市场调查活动是1824年8月由美国的《宾夕法尼亚哈里斯堡报》(Harrisburg Pennsylvanian)进行的一次选举投票调查;同年,美国的另一家报纸《罗利星报》(The Raleigh Star)对在北卡罗来纳州举行的具有民众意识的政治会议进行了民意调查。最早有记载的以营销决策为目的的市场调查活动是在50年后的1879年由N. W. Ayer广告公司进行的。此次调查活动的主要对象是本地官员,内容是了解他们对谷物生产的期望水平,调查的目的是为农业设备生产者制订一项广告计划。第二次系统的调查可能是在20世纪初由杜邦公司(E. I. du Pont de Nemours&Company)发起的,它对其推销人员提交的有关顾客特征的调查资料进行了系统整理和分析。非常有趣的是,当时负责收集并报告数据的推销人员认为这纯属一项额外的书面工作,因而感到异常愤怒。大约在1895年,学术研究领域开始关注市场调查。当时,美国明尼苏达大学的心理学教授哈洛·盖尔(Harlow Gale)将邮寄调查引入广告研究。他设计并寄出了200份问卷,最后收到20份完成的问卷,回收率为10%。随后,美国西北大学的V. D. 斯考特(Walter Dill Scott)将实验法和心理测量法应用到广告实践中。

2. 市场调查与预测的成长期:1900—1950年

进入20世纪后,消费和生产的激增促使市场经济在更大范围内拓展,了解消费者需求

和对产品态度的需求应运而生，于是生产商、专业的调查机构和一些学院先后都涉足市场调查活动中来。1905年美国宾州大学首先开设了一门"产品的销售"课程。1911年柯蒂斯出版公司（Curtis Publishing Company）建立了第一家正式的调查机构，该机构的调查领域主要是汽车业。从1911年开始，美国佩林（Charles Coolidge Parlin）首先对农具销售进行了研究，接着对纺织品批发和零售渠道进行了系统调查，后来又访问了美国100个大城市的主要百货商店，系统收集了第一手资料并著书立说。其中，《销售机会》一书内有美国各大城市的人口地图、分地区的人口密度、收入水平等资料。由于佩林第一个在美国的商品经营上把便利品和选购品区分开来，又提出了分类的基本方法等，因此针对佩林为销售调查做出的巨大贡献，人们推崇他为"市场调查"这门学科的先驱，美国市场营销协会（AMA）每年都召开纪念佩林的报告会。

在佩林的影响下，美国橡胶公司、杜邦公司等一些企业纷纷建立组织，开展系统的市场调查工作。1929年，在美国政府和有关地方工商团体的共同配合下，对全美进行了一次分销普查（Census of Distribution），这次普查被美国看成市场调查工作的一个里程碑。后来，这种普查改叫商业普查（Census of Business），至今仍定期进行。这些普查收集和分析了各种各样商品的信息资料，如各商品分销渠道的选择状况、中间商的营销成本等，它可以称得上是对美国市场结构最完整的体现。

在佩林的影响下，美国先后出版了不少关于市场调查的专著，如芝加哥大学教授邓楷所著的《商业调查》（1919年）、弗立得里克所著的《商业调查和统计》（1920年）、怀特所著的《市场分析》（1921年）。1937年，美国市场营销协会组织专家集体编写了《市场调查技术》，20世纪40年代在Robert Merton的领导下又创造了"焦点小组"方法，使得抽样技术和调查方法取得很大进展。

20世纪30年代，问卷调查法得到广泛采用，30年代末期，市场调查成为大学校园普及性的课程。另外，大众传媒的发展和第二次世界大战的爆发，促使市场调查由不成熟的学科演变为明确的行业，除了正常的经济领域的研究外，大量的社会学家也进行了战争影响下的消费行为调查。

案例链接

【案例1】 市场调查里程碑事件

1911年，柯蒂斯公司成立了商业调查部，开始进行市场调查活动；
1911年，凯伦克广告公司率先采用邮寄卡片的调查方法；
1929年，美国开展了第一次分销普查；
1914年，哈佛大学成立了商业调查研究所；
1919年，芝加哥大学邓楷的《商业调查》一书出版；
1937年，美国市场营销协会编写了《市场调查技术》一书。

3. 市场调查与预测的成熟期：1950年至今

第二次世界大战的硝烟散尽后，严峻的现实也摆在人们面前。战争的波及面非常广，最明显的表现就是世界范围内消费需求的不足，商品交易由卖方市场向买方市场转变。激烈的竞争迫使生产商千方百计地去获取更多更好的市场情报。生产者不再能够轻易卖出他们生产的任何产品。生产设备费用、广告费用、存货成本的上涨以及其他一些因素使得产品的竞争力日益下降。这时，通过市场调查发现市场需求，然后再生产适销对路的产品满足这些需求就变得越来越重要。

20世纪50年代以来，计算机技术的发展与普及推进了计算机在市场调查中的运用，借助专业在线调查收集信息、处理数据等，进一步促进了市场调查的发展。

与此同时，市场调查活动方式方法的创新、调查结论可信度的提升也成为理所应当的要求。20世纪50年代中期，依据人口统计特征进行的市场细分研究和消费者动机研究出现，市场细分和动机分析的综合调查技术又进一步促进了图画心理和利益细分技术的发展。20世纪60年代，先后提出了许多描述性和预测性的数学模型，如随机模型、马尔科夫模型和线性学习模型。更为重要的是20世纪60年代初计算机的快速发展，使得调查数据的分析、储存和提取能力大大提高。所有这些都为市场调查的形成、发展和成熟打下了坚实的理论和实践基础。

> 案例链接

【案例2】 调查研究的行业活动、学术活动、出版活动

ESOMAR 欧洲民意和市场调查研究协会。

ESOMAR（the European Society for Opinion and Marketing Research）于1948年成立，到2016年已在100多个国家拥有4 000多名会员，既包括民意、市场调查的使用者又包括民意、市场调查的提供者。ESOMAR的使命是在全球商业和社会领域，着力宣传、促进民意和市场调查在改进决策中的运用。

WAPOR 世界民意调查协会。

WAPOR（World Association for Public Opinion Research）是一个探讨民调标准、处理国际之间民意调查问题等事务的国际学者间的盛会。

MRA 美国市场研究协会。

MRA（Marketing Research Association）是美国较出名的市场研究组织之一，可接受非本土会员，有月刊出版。

AMA 美国市场营销协会。

AMA（American Marketing Association）又称美国市场营销协会，是北美洲最大和影响最广泛的专业市场营销协会，它包括来自100个国家的45 000名成员，以及400个地方分会，其会员面较广，包括个人、企业、广告公司、市场研究公司，有关市场营销的科研学术单位等，总部设在美国纽约，在中国北京市设有代表处。协会出版物有月刊（*Marketing News*），季刊（*Marketing Research*）等。

二、市场调查与预测的未来

市场调查与预测的未来即市场调查与预测的发展趋势。从全球范围看，市场调查事业逐步完善，呈现出四大发展趋势。

1. 市场调查的地位日益提高

随着经济全球化的发展和市场竞争的日益激烈，企业利用市场调查为预测和决策服务的频率将大为提高，在市场调查上的投入也将大大增加（如国外大公司的调查经费占公司全部销售额的1.0%~3.5%），市场研究的地位与作用在企业营销过程中将更加突出。

2. 市场调查体系将更加完善，市场调查机构趋向多元化

未来的市场调查机构（包括政府、企业、新闻媒体、专业调查咨询公司在内的调查机构）将充分发挥各自获取信息的优势。如英国的路透社、日本经济新闻社等均为世界级的综合性经济信息中心，在它们下属的综合经济信息系统中有着庞大的、全面的经济数据库系统，其信息网络遍布全球，可以在极短的时间内向用户提供与市场活动有关的数据。与此同时，市场信息社会化程度、企业和公众对市场信息的依赖程度也将大大增加。

3. 市场调查方法将更加先进、科学

为保证企业经营决策的科学性，就要求为之提供资料与信息的市场调查更加精确。在调查方法上将更加趋于多种调查方法的结合应用，网络调查将得到发展与普及。此外，各种高科技将更广泛地应用于市场调查中，与市场调查有关的统计软件的不断开发也将推动市场调查方法更加成熟和完善。

4. 行为科学将在市场调查中被广泛采用

在未来市场调查中，对消费者心理和行为的研究将更加受到重视，因此心理学、社会学、管理学中的行为科学方法将在市场调查活动中得到进一步应用。市场调查逐步成为信息产业的重要组成部分，发挥着越来越重要的作用。

三、市场调查在中国的发展

市场调查在中国的发展历史不长，是从 20 世纪 80 年代中期起步的，经历了 90 年代中期爆炸式发展后，在 21 世纪进入平稳且快速发展的时期。

ESOMAR 提供的数字表明，市场调查业 1997 年的全球营业额为 118 亿美元。美国排名第一，为 44 亿美元；排在第五位的法国也为 8.5 亿美元。而中国，据业内人士保守估计，约为 0.54 亿美元，仅为美国的 1.2%，法国的 6.4%。这说明中国的市场调查业虽有近十年的发展历程，但与国外发达国家比较仍处于起步阶段。

随着我国经济进一步融入全球一体化中，我国将向更多的跨国公司敞开大门，同时中国企业走出去也成为生存的必需，这将为我国的市场调查与市场预测提供更大的市场。

🏁 **案例链接**

【案例 3】　中国市场信息调查业协会

中国市场信息调查业协会（Chinese Association of Market Information and Research，CAMIR），性质为在中华人民共和国境内从事与市场信息调查相关业务的企事业单位及个人在自愿的原则下共同组成的行业自律性、服务性社会团体。

建设宗旨：

在国家法律、法规、规章和政策的规范、指导下，服务会员、服务行业、服务社会；为市场信息调查业的发展创造良好的环境，维护市场信息调查业者的合法权益。

业务范围：

1. 组织制定全国市场信息调查业的发展规划，引导、促进国内市场信息调查业的健康发展；

2. 维护市场信息调查业者和从业人员的合法权益；

3. 组织制定市场信息调查业行为规范和执业标准；
4. 创办协会刊物、网站，宣传中国市场信息调查业发展情况；
5. 组织制定市场信息调查业从业人员的资质标准，开展对市场信息调查业从业人员的业务培训和资格认定。
6. 组织市场信息调查业者进行业务培训和业务交流；
7. 组织开展市场信息调查业的国际交流活动；
8. 办理政府机关或相关机构交办的其他事宜。

思考与练习

一、单项选择题（以下各小题所给出的4个选项中，只有一项最符合题目要求，请将正确选项的代码填入括号内。）

1. （　）是指应用各种科学的调查方法，搜集、整理、分析市场资料，对市场的状况进行反映或描述，以认识市场发展变化规律的过程。
   A. 市场调查　　B. 市场预测　　C. 市场分析　　D. 市场考察

2. （　）是根据市场过去和现在的表现，应用科学的预测方法对市场未来的发展变化进行预计或估计，为科学决策提供依据。
   A. 市场调查　　B. 市场预测　　C. 市场分析　　D. 市场考察

3. （　）是由市场预测者自己采用各种市场调查方法，对市场信息进行搜集、整理、分析的结果，即通过市场调查取得的市场资料。
   A. 一手资料　　B. 二手资料　　C. 直接资料　　D. 间接资料

4. （　）是指从由别人所组织的各种调查搜集和积累起来的材料中，摘取出的市场或与市场有紧密联系的社会经济现象的有关资料。
   A. 一手资料　　B. 二手资料　　C. 直接资料　　D. 间接资料

5. （　）尤其适用于市场现象数量方面的调查研究。
   A. 抽样调查　　B. 问卷调查　　C. 访问调查　　D. 实验调查

6. 所谓（　），是指商品供应量大于需求量，商品的需求方占有利地位。
   A. 买方市场　　B. 卖方市场　　C. 多头市场　　D. 空头市场

7. 所谓（　），是指商品的需求量大于供应量，商品的供给方占有利地位。
   A. 买方市场　　B. 卖方市场　　C. 多头市场　　D. 空头市场

8. （　）是以货币为媒介的商品交换过程，是商品交换活动连续进行的整体。
   A. 货币流通　　B. 资本流通　　C. 商品流通　　D. 商品交换

9. （　）是由为满足个人生活需要而购买商品的所有个人和家庭组成，是社会再生产消费环节的具体表现，是经济活动的最终市场。
   A. 生产者市场　　B. 消费者市场　　C. 产业市场　　D. 分配市场

10. （　）是在产业用品的买卖双方作用下形成的，是产业用品买方需求的总和。
    A. 生产者市场　　B. 消费者市场　　C. 产业市场　　D. 分配市场

二、多项选择题（以下各小题所给出的选项中，有两项或两项以上符合题目要求，请将符合题目要求选项的代码填入括号内。）

1. 根据不同的购买者以不同的购买目的对市场进行分类，市场可以分为（　　）。
   A. 生产者市场　　B. 消费者市场　　C. 产业市场　　D. 分配市场
2. 市场资料按照其来源不同，可以分为（　　）。
   A. 一手资料　　B. 二手资料　　C. 直接资料　　D. 间接资料
3. （　　）是市场调查中搜集资料的最常用方法。
   A. 抽样调查　　B. 问卷调查　　C. 访问调查　　D. 实验调查
4. 在进行市场调查和市场预测时，经常使用的市场含义有（　　）。
   A. 市场是商品交换的场所
   B. 市场是某种商品或某类商品的需求量
   C. 市场是买方和卖方的结合，是商品供求双方相互作用的总和
   D. 市场是商品流通领域反映商品交换关系的总和
5. 通常情况下，可以采用（　　）来搜集、整理和分析直接市场资料。
   A. 典型调查　　B. 重点调查　　C. 抽样调查　　D. 实验调查
6. 搜集市场资料的方法常用的有（　　）。
   A. 抽样法　　B. 问卷法　　C. 访问法　　D. 观察法
7. 间接市场资料的出处常见的有（　　）。
   A. 经济公报　　B. 报纸杂志　　C. 经济年鉴　　D. 统计年鉴
8. 直接资料的主要特点是（　　）。
   A. 适用性强　　B. 可信度高　　C. 费用低　　D. 局限性小
9. 间接资料的主要特点是（　　）。
   A. 适用性强　　B. 可信度高　　C. 费用低　　D. 局限性小
10. 应用间接资料应注意（　　）。
    A. 对资料进行认真分析　　B. 提高对资料的综合能力
    C. 重视关键资料的积累　　D. 重视各种资料的积累

三、简答题

1. 简述汽车市场调查与预测的概念。
2. 简述汽车市场调查与市场预测的关系，并画出关系示意图。
3. 简述汽车市场调查与预测的作用。
4. 简述汽车市场调查与预测的现状和发展趋势。

学生活动

根据你查阅资料的习惯，请对中国汽车市场整体现状进行初步调研，并写一份调研的总结材料。

具体要求：

1. 要求用 Word 进行编辑，并适当做排版设计；

2. 内容应针对中国汽车整体市场或整体市场中的某一微观领域；
3. 总字数在 800 字左右。

任务 2　组建市场调查专业机构

核心内容

2.1　市场调查专业机构的含义
2.2　市场调查专业机构的类型
2.3　企业与专业市场调查机构的合作
2.4　市场调查员的管理

任务目标

知识目标：
1. 理解市场调查专业机构的含义；
2. 认识市场调查专业机构的类型；
3. 了解企业与市场调查专业机构的合作模式；
4. 掌握市场调查人员的管理内容和方法。

能力目标：
1. 制订工作计划、独立决策和实施的能力；
2. 人际沟通的能力；
3. 语言表达的能力。

素养目标：
1. 维护组织目标实现的大局意识和团队能力；
2. 爱岗敬业的职业道德和严谨、务实、勤勉的工作作风。

知识导学

伴随着全球化进程的推进，越来越多公司将会到新的市场环境中进行投资和贸易，理性的公司管理者，在进行投资和贸易之前，一般要通过各种途经来增进对新的市场环境的了解，以提高投资的成功率和弱化信息不对称对贸易的不利影响。其中，市场调查与研究公司是许多公司以最低的成本获取新的市场环境和贸易伙伴信息的重要途径之一。因此，随着全球化进程的推进，全球的市场调查与研究产业必将得到长足的发展。

我国已在 2001 年成为世界贸易组织成员，二十年来越来越多的外国公司到我国进行投资和开展贸易活动，我国也会有很多公司到国外市场进行投资和开展贸易活动，无论是准备进入我国市场的外国公司还是打算进入到国际市场的我国公司，都会对市场调查与研究信息产生大量的需求，在需求的带动下我国的市场调查与研究产业必将得到长足的发展。

2.1 市场调查专业机构的含义

市场调查行业是为了实现管理目标而进行信息收集和数据分析的行业，它的存在对于政府、广大企业、广告商和媒体以致整个社会都有着不可或缺的重大意义。对信息资源和商业情报的掌握将成为我国改革开放以来市场经济环境下众多主体得以顺利健康发展并在竞争中赢得主动的重要因素。因此从某种意义上说，市场调查行业是否兴旺也是社会经济是否繁荣发达的标志。

我国在 20 世纪 80 年代中后期出现商业性的市场调查机构，近年来国内调研业已呈现高速发展的势头，在企业经营中发挥着不可或缺的作用。

一、市场调查专业机构的含义

市场调查机构指专门或主要从事市场调查活动的单位或部门，是一种服务性的组织机构。市场调查机构是受企业委托，专门从事市场调查的单位或组织，如福建福州的盖洛特市场研究有限公司。

二、市场调查专业机构组成

市场调查专业机构主要包括总经理室、客户服务部、研究开发部、调查部、统计部、资料室、财务部等。

主要有管理人员、研究人员、督导、访问员或调查员、系统数据信息维护与管理人员等。

市场调查组织机构的设置原则如图 1.2.1 所示。

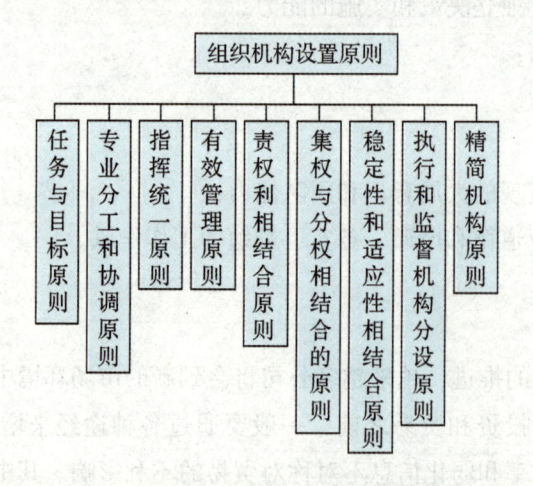

```
                    组织机构设置原则
    ┌────┬────┬────┬────┬────┬────┬────┬────┐
  任务  专业  指挥  有效  责权  集权  稳定  执行  精简
  与    分工  统一  管理  利相  与分  性和  和监  机构
  目标  和协  原则  原则  结合  权相  适应  督机  原则
  原则  调原        原则  结合  性相  构分
        则                的原  结合  设原
                          则    原则  则
```

图 1.2.1 市场调查组织机构的设置原则

🏁 **案例链接**

【案例 1】 唐僧团队

唐僧团队原来是指《西游记》中的唐僧团队，这个团队最大的好处就是互补性，领导有权威、有目标，有坚定的毅力，这个团队是非常成功的团队，虽然历经九九八十一难，但最终修成了正果。后来引申了含义，阿里巴巴的总裁马云，就非常欣赏唐僧团队，认为一个理想的团队就应该有这四种角色。一个坚强的团队，基本上要有：德者、能者、智者、劳者。德者领导团队，能者攻克难关，智者出谋划策，劳者执行有力。

团队成功的精髓：德者居上，智者在侧，能者居前，劳者居其力。

很多团队的组织和建设都研究学习"唐僧团队"成功的秘密，近年来也很流行在团队的问题上以此为经典的案例。我们在调查机构的组建和管理方面，不妨也深入研究这个案例，力争使团队成为优秀团队。

三、市场调查专业机构职能

市场调查专业机构的主要职能是负责调查和收集数据，通过分析研究得出科学的调查结论，为企业经营决策提供依据，具体包括提供信息、提供咨询服务以及提供专项培训服务。

1. 提供信息

市场调查专业机构往往有自己的信息网络，为了工作业务所需，它们订有多种专业期刊和信息杂志，并有多种信息来源，在长期的实践中也积累了大量信息资料，从而其本身就是一个很大的信息库，可以为社会和用户提供有关信息资料。这种提供可以是由专业市场调查机构主动地、无偿地向社会提供，也可以按有关客户的要求有偿提供。

2. 提供咨询服务

市场调查专业机构凭借其专业优势，结合宏观经济形势、政府政策倾向等，为社会和企业提供诸如市场运营理论、运营技术的研究、产品投放、营销网络、促销手段、实施与控制等市场营销体系方面的各类咨询服务，从而为企业科学决策与经营管理提供依据。

3. 提供专项培训服务

市场调查专业机构要利用专门人才，比如聘请的专家学者等开展有关企业战略、市场营销、人力资源管理和商务沟通领域的新知识、新政策、新经验等方面的专项培训，从而提高企业经营管理人员的水平和服务。

案例链接

【案例2】 中国的一些知名市场调查公司

1. 益普索（中国）市场研究咨询有限公司

益普索（中国）市场研究咨询有限公司于1975年成立，是目前市场研究顾问行业中唯一一家独立的由专业研究顾问人员管理的全球性上市公司。集团旗下的Ipsos-ASI是世界上最大的提供广告投放前测试的专业公司，在全球35个国家拥有下属公司，业务涉及100多个国家。拥有Ipsos-ASI（品牌与广告研究）、Ipsos-Insight（营销研究）、Ipsos Loyalty（满意度和忠诚度研究）和Ipsos FMC（预测、模型和咨询）4个专业品牌。

2. 上海AC尼尔森市场研究公司

上海AC尼尔森市场研究公司在中国主要提供三大市场研究服务：零售研究，研究覆盖全国主要城市和城镇的70多类非耐用消费品；专项研究，包括一些独创的研究工具，如预测新产品销售量的BASES、顾客满意度研究、测量品牌资产的优胜品牌以及广告测试服务，最近推出了在线研究服务。其提供的电视收视率数据和报刊广告费用监测已成为媒体和广告行业的通用指标。其研究范围覆盖了全国超过75%的广告市场。

3. 盖洛普（中国）咨询有限公司

作为全球知名的民意测验和商业调查/咨询公司，盖洛普（中国）拥有全国50多个城市和部分农村地区的消费者抽样框，能精确地进行各种全国或地区性的消费者调查。自1994年起，其持续进行的两年一度的全国消费者生活方式和态度调查，用数据准确而生动地描述了近两年来中国社会和经济生活的深刻变化。

4. 华南国际市场研究有限公司

华南国际市场研究有限公司是RI（华南市场研究有限公司）与SCMR（国际市场研究集团）的合资公司，其成立是本土知识和国际经验的结合。1990年SCMR在广州成立，是当时中国最大的本土专项市场研究公司，是中国第一家私营商业市场研究机构，有中国第一代市场研究人员。RI1973年成立于英国，是世界上最大的专项市场研究集团。

5. 北京零点研究集团

北京零点研究集团成立于1992年，总部设在北京，在上海、广州和武汉设有分公司，是中国专业研究咨询市场的早期开拓者与市场领导者之一。旗下拥有"零点调查"（专项市场研究）、"前进策略"（转型管理咨询）、"指标数据"（共享性社会群体消费文化研究）和"远景投资"（规范的投资项目选择与运作管理服务）。主要研究方向包括行业与产品研究、消费文化研究、社会问题研究、社会群体文化研究等。

6. 新华信市场研究咨询有限公司

其前身是成立于1992年的新华信商业风险管理有限公司市场研究事业部。2001年，新华信重组为新华信集团，致力于"专业化市场研究+与行业结合+营销咨询"。在汽车、电信、IT、医药和工业产品等领域拥有丰富的项目经验，总结和发展出了新华信自主的行业问题研究模型，如新华信汽车领域市场研究模型、新华信电信领域市场研究模型、新华信产业研究模型、新华信医药领域市场研究模型等。

2.2 市场调查专业机构的类型

企业开展市场调查可以采用两种方式，一是委托专业市场调查公司来做；二是企业自己来做，企业可以设立市场研究部门，负责此项工作。

中国权威的市场调查机构及其专长

市场调查专业机构的类型一般是按照市场调查服务的独立程度划分的，从这个角度而言，可分为非独立性市场调查机构和独立性市场调查机构。

一、非独立性市场调查机构

非独立性市场调查机构一般是指企业或公司所属的调查部门。

在国外许多企业尤其是大公司，如福特汽车公司、可口可乐公司，都有自己的市场调查部门。目前我国许多大中型的企业或公司如海尔公司等，也设有这种部门，称为市场调查部或市场研究室，专门地、全面地负责企业各项市场调查任务。也有的企业让某个职能部门在主要职责外兼管全部或承担部分企业市场调查任务，较多集中于市场部、企划部、公关部、广告部、销售部等职能部门，并且配备数量不等的专兼职市场调查人员。

非独立性市场调查机构的职能比较有限，很少直接从事第一手资料的调查研究，主要职责是搜集第二手商业情报资料，与专业化的调查公司联络，建议企业进行某些适当的市场调查。

二、独立性市场调查机构

独立性市场调查机构也称专业市场调查机构，它是企业之外接受各方委托从事市场调查的主体，是进行市场调查的独立组织。主要包括三种：完全服务公司、有限服务公司、其他专业机构。

1. 完全服务公司

完全服务公司有能力完成其委托人所要求的全部市场调查工作，能够自己找出问题，进行调查设计，收集和分析数据，并且完成最后的报告。

完全服务公司又包括综合性市场调查公司、广告研究公司、管理咨询公司和辛迪加信息服务公司。

其中辛迪加信息服务就是定期地收集各种各样的数据和信息，一般都整理成数据集以刊物的形式提供给订户，现在主要是提供软盘。他们收集一般的资料（主要提供受众的媒体资料和零售资料），但不是专门为某个客户服务的，任何人都可以购买他们的资料。

2. 有限服务公司

有限服务公司专门从事某个方面或某几个方面的调查工作，主要是为其他市场调查公司提供各种辅助性服务，如提供抽样样本、现场服务、市场细分、数据输入服务和统计分析等专业性强、技术含量高的服务项目。随着整个市场调查行业的发展，分工日趋精细，这类公司在我国将有很好的发展前景。

这类公司主要包括：现场服务公司、市场细分专业公司、数据输入服务公司、调查样本公司和科学电话样本公司、专门进行数据分析的公司。

3. 其他专业机构

其他专业机构如政府信息统计部门、高校调查研究中心、科研单位的研究中心等。这些机构一般不是商业性的经营机构。

另外，除了按照市场调查服务的独立程度划分的非独立性调查机构和独立性调查机构之外，还有两种其他划分情况。

按市场调查机构所属部门分类，可分为外资调研公司，各级政府部门内的调研机构，新闻单位、高等院校和研究机关的调研机构，专业市场调查公司，专项服务和辅助性调研公司，企业内部的调研机构等。

按市场调查的执行部门分类，可分为市场调查的内部提供者和市场调查的外部提供者。

2.3 企业与专业市场调查机构的合作

一、选择专业市场调查机构的必要性

尽管许多大型企业都设立了自己的市场调查部门，但大多数企业受客观条件的限制还没有能力自设调查部门或自组一套调查班子，然而，并不是说这些企业就不需要做市场调查与

预测。实际上，即使是企业自设了调查部门也一样，当其自身的力量无法满足对市场信息的需求时，就需要委托市场调查公司来承担企业自己无法开展的调查工作了，特别是对于那些意欲打入国际市场的企业，必须寻找一些目标市场所在地的市场调查机构对当地市场的供应、需求及流通渠道等进行深入的调查，以利于确定市场策略。因此，如何选择调查机构，从哪里选择调查机构是任何一个企业都必须面对的课题。

选择专业市场调查机构来实施调研与预测，具有以下优点。

1. 克服地理和语言上的障碍

专业市场调查机构专门从事调查与预测工作，具备各方面的人才，不受调查项目地理和语言上的限制。

2. 节省成本

尽管委托专业市场调查机构进行调研与预测需支付一定的费用，但是同样的调研项目，如果由委托单位的人员自行调研与预测，则需要更多的时间和开支才能达到同样的效果。专业调查机构有丰富的经验，可以以更高的效率、充实的资料和专业的设备等资源优势大大降低成本费用。

3. 具有客观性

专业调查机构在情感上和事业上与项目本身或市场没有什么牵连，所以它们更能客观、冷静地对项目进行调研与预测，而本企业的调查机构和人员往往做不到这一点。另外，专业调查机构专门的训练、专业的知识、专业的设备更能减少各项调研与预测误差，使结论更为准确。

二、企业如何借助市场调查机构？

当企业缺乏必要的市场调查机构，或对有效实施市场调查感到力不从心时，可以考虑借助外部的专业性市场调查机构来完成调查任务，如委托广告公司、咨询公司、信息中心等机构进行市场调查。

由专业性的市场调查机构进行市场调查有以下两点好处：一是这些机构具有高效的市场调查所必需的各种条件，如完善的资料、深厚的学术理论基础、有效的调查实务经验和精密的调查工具等，借助这些条件，能提高调查结果的准确性；二是由这些机构进行调查，工作人员比较专业理性，容易得到比较客观和有助于决策的建议。

当企业需要委托市场调查专业机构进行调查时，应做到知己知彼，慎重地选择合作对象。

三、选择市场调查专业机构的渠道

企业的调研活动需要由专业机构承担时，需要了解和调查被委托调研代理公司的情况，这些资料可以从多方面来获得，其来源主要有：

（1）同业行会、协会出版物和其他销售研究部门。

（2）全国性的工商管理机构和工商业咨询协会及其出版物、企业名录等。

（3）广告代理公司。

（4）市场所在地的进口商、批发商和经销商。

（5）当需要寻找境外调查与预测代理机构时，可以借助各驻外使馆的商务处、国际贸易促进会之类的国际性机构和组织等渠道。

2.4 市场调查员的管理

一、市场调查员的挑选

在市场调查中，调查员本身的素质、观念、条件、责任心等都在很大程度上制约着市场调查作业的质量，影响着市场调查结果的准确性和客观性。因此，加强市场调查员的组织管理，是市场调查公司的一项重要工作。

1. 调查员应具备的素质

一个优秀的调查员必须具备以下素质：思想品德素质、业务素质、身体素质和心理素质。

1）思想品德素质

表现为：遵纪守法；具有良好的职业道德修养；工作认真细致；谦虚谨慎，平易近人；诚实而有责任感。

2）业务素质

调查员要清楚以下问题：调查员在市场调查中的作用及其工作好坏对整个市场调查工作的重要性；调查员在调查过程中要保持中立；了解调查计划的相关信息；一定的访谈技巧；提出问题的正确程序；记录答案的方法；对被访者的个人信息、商业秘密等要保密。

3）身体素质和心理素质

作为一个调查员，还必须具备以下几种能力：阅读能力、表达能力、观察能力、书写能力、独立工作能力、随机应变能力等。

2. 调查员应具备的能力

1）要有广博的知识和广泛的兴趣

市场调查与预测工作的特性，要求调查与预测人员的知识面要广，兴趣也要广泛。作为专业型的市场调查与预测人员，需要具有相关的专业知识，如市场知识、消费行为知识、市场调查与预测知识等，而且知识面要宽，如果知识面窄，兴趣太专，必然会影响其视野和综合分析能力，也不利于与社会发生广泛的接触。

2）要有较高的综合分析能力

市场调查与预测的根本目的在于正确认识市场，了解各种经济现象及其本质。由于市场的复杂性，要求市场调查与预测人员必须实行全面的综合分析，善于从大量细小的、孤立的资料中看出问题的实质、规律和趋势，从而正确地把握事物的全貌和本质，提供全面、准确、适用的市场信息。

3）要有强烈的事业心和责任感

市场调查与预测是一项重要而又艰巨的工作，调查与预测人员要接触社会经济的各个方面，工作量大，又繁杂琐碎，并带有明显的服务性，独立工作的可能性较大，这就要求调查与预测人员具有强烈的事业心和责任感。

4）要有高度的敏感性和洞察力

调查行业有句行话，叫眼里有事。凡是做实地调查的调查人员都清楚，实地调查比几张资料反映的问题要多得多。但如何在实地发现问题，就要靠调查人员的机智和经验了，有的调查人员仅仅是去现场溜达了一圈就回来了，很多线索就在眼前晃过去了。而老练的调查人员会从一些细节上发现问题，展开深入调查，其调查结果的信服度是可想而知的。

5）要有良好的工作态度和严谨细致的作风

市场调查与预测人员必须踏实、认真、肯干；必须实事求是，从严要求；不弄虚作假、不马马虎虎；要严谨细致，一丝不苟。这是保证市场信息真实、可靠、精确、全面的必要条件。

6）要掌握现代科学知识

市场调查与预测人员要懂得现代信息科学的有关知识和方法。要求市场调查与预测人员进行有针对性的严格培训、学习，自觉提高自己的素养。

另外，调查员应具备身体健康、开朗、会交流、仪表端庄、口齿清楚等条件。

二、市场调查员的培训

调查任务完成的效果，与市场调查员的工作表现有直接关系，一名合格的市场调查员应该掌握一定的信息搜集技术和信息处理技术。

1. 调查员培训的内容

针对调查员的素质和能力要求，调查员的培训包括思想道德方面的教育、性格修养方面的培养和市场调查业务方面的训练。

2. 调查员培训的形式

调查员的培训主要有书面训练和口头训练两种形式。

书面训练的基本点是要求调查员牢记调查与预测项目的重要性、目的和任务，并通过训练手册熟悉各项业务要求。书面训练的主要内容包括：

（1）熟悉调查与预测项目的内容与目的。

（2）熟悉并掌握按样本计划选择被调查对象，以及选择恰当时机、地点和访问对象的方法。

（3）有关得到访问对象合作所应具备的访问技巧。

（4）关于询问方面的技术。

（5）关于怎样鉴定调查形式。检查调查问卷的提示说辞，以及如何处理访问中发生的特殊情况的说明。

口头训练的目的是消除调查员的恐惧和顾虑，使调查员熟练地运用口头访问的技巧。为达到这一目的，调查员经常要用大量的时间进行练习，而且必须参加多次访问的预练，以鉴定训练的效果是否达到。

三、市场调查员的监督管理

对调查员监督管理的目的是要保证调查员能按照培训的方法和技术来实施调查。要搞好对调查员的监督管理，首先要了解调查员在调查过程由于调查员本身的原因可能出现的问题，其次要掌握监控的各种方法手段，对调查员的工作过程和质量实施监督管理。

1. 常见问题

（1）调查人员自填问卷，而不是按要求去调查被访者。

（2）没有对指定的调查对象进行调查，而是对非指定的调查对象进行调查。

（3）调查人员自行修改已完成的问卷。

（4）调查人员没有按要求向被访者提供礼品或礼金。

（5）调查过程没有按调查要求进行，如调查员将本当由调查员边问边记录的问卷交由被访者自填，或者将本当由被访者自填的问卷，采取了代填的方式。

（6）调查员在调查中带有倾向性，主观诱导因素影响了调查结果的客观性。

（7）有些问题答案选择太多，不符合规定的要求。

（8）有些问题漏记或没有记录。

（9）调查人员为了获取更多报酬，片面追求问卷完成的份数，而放弃有些地址不太好找的调查对象，或放弃第一次碰巧没有找到的调查对象。

（10）家庭成员的抽样没有按抽样要求进行。

2. 监控的方法手段

对调查员的监督管理，重点在于保证调查的真实性，保证调查的质量，同时也是衡量调查员的工作业绩、实行奖优罚劣的需要。具体来说，主要应做好质量控制与校正、抽样随机性控制、监督伪造或欺骗及中心办公室控制四个方面的工作。

四、调查员的评价和报酬支付

1. 调查员的评价

对调查员进行评价是一件非常重要的工作。调查员评价准则主要有四个方面：费用和时间；回答率；访问的质量；数据的质量。

2. 调查员的报酬支付

调查员的报酬主要有两种支付方式，即按完成调查问卷份数支付（计件制）、按工作的实际小时数支付（计时制）。在有些情况下，也有按月支付工资或根据全部工作量付费的。

案例链接

【案例3】 市场调查职业资格认证

中国商业技师协会市场营销专业委员会开发并组织实施的全国市场营销职业人员培训认证工作自1998年开展以来，得到各地政府部门的大力支持，受到社会各界特别是广大工商企业和相关职业人员的欢迎和认可。为了进一步深度开发全国市场营销职业人员培训认证项目，加快培养一批职业化、现代化、国际化的专业市场调查人员，满足企业对市场调查人才日益增长的需要，中国商业技师协会市场营销专业委员会在广泛调查、专家论证的基础上，自2003年开展了市场调查人员资格培训认证工作。

市场调查人员资格培训认证的主要对象是：在各类企事业单位或其他社会组织中，为本组织或受托为其他组织从事市场调查、市场研究、统计分析及相关活动的人员。市场调查人员培训认证细分为三个层级：市场调查员、助理市场调查师、市场调查分析师。市场调查人员资格培训认证实行统一认证标准、统一教材、统一试卷、统一考试评估，合格者由中国商业技师协会颁发《中国市场调查职业人员资格证书》。

思考与练习

一、单项选择题（以下各小题所给出的4个选项中，只有一项最符合题目要求，请将正确选项的代码填入括号内。）

1. 市场调查机构指专门或主要从事市场调查活动的单位或部门，是一种（　　）的组织机构。

　　A. 公益性　　　　　　B. 服务性　　　　　C. 辅助性　　　　　D. 社会性

2. 调查员应具备的素质，包括（　　）。

　　A. 思想品德素质　　B. 业务素质　　　　C. 身体素质和心理素质　D. 以上都是

二、多项选择题（以下各小题所给出的选项中，有两项或两项以上符合题目要求，请将符合题目要求选项的代码填入括号内。）

1. 市场调查专业机构主要包括总经理室、（　　）、资料室、财务部等。

　　A. 客户服务部　　　B. 研究开发部　　　C. 调查部　　　　　D. 统计部

2. 市场调查专业机构职能主要包括（　　）三个方面。

　　A. 提供信息　　　　B. 提供咨询服务　　C. 提供专项培训服务　D. 提供决策方案

3. 选择市场调查专业机构来实施调研与预测，具有（　　）的优点。

　　A. 克服地理和语言上的障碍　　　　　　B. 节省成本

　　C. 具有客观性　　　　　　　　　　　　D. 创造更可观的收益

三、简答题

1. 请你谈谈调查员应具备哪些能力。

2. 市场调查人员在工作中可能遇到一些问题，需要监督机制进行管理。调查人员工作中可能出现的问题包括哪些方面？

学生活动

组建调查团队，设置市场调查组织机构，模拟市场调查公司。具体要求如下：

1. 明确公司的主要职能、业务范围与服务对象；

2. 为公司命名，制定公司经营理念或服务口号。

任务 3　明确市场调查基本原理

核心内容

3.1　市场
3.2　市场信息
3.3　市场调查概述

任务目标

知识目标：
1. 理解市场的含义；
2. 认识市场信息及其类型；
3. 理解市场调查的特征；
4. 明确市场调查的原则；
5. 理解市场调查的内容。

能力目标：
1. 具有制订工作计划、独立决策和实施的能力；
2. 具有逻辑分析与思考的能力；
3. 具有全局意识。

素养目标：
1. 维护组织目标实现的大局意识和团队能力；
2. 爱岗敬业的职业道德和严谨、务实、勤勉的工作作风。

知识导学

伴随着全球化进程的推进，越来越多公司将会到新的市场环境中进行投资和贸易，理性的公司管理者，在进行投资和贸易之前，一般都要通过各种途经来增进对新市场环境的了解，以提高投资的成功率和弱化信息不对称对贸易的不利影响。

企业经营管理水平的高低，直接影响其决策、生产、销售和服务各方面的状况和水平，最终影响企业的经济效益。通过营销调查，有利于及时发现自身的管理不足，了解同行业经营管理的情况，学习和借鉴先进的方法和经验，不断改进和完善管理工作，从而提高整体经营管理效能。

现代经营管理注重的是科学化和理性化的管理，是建立在拥有大量数据和文字资料的基础之上的。管理决策不能凭经验，而要以对大量资料进行分析后的结果为依据，做出科学的判断，因此重视市场调查是提高企业管理水平的基础。在当代，吸收和采纳新技术的水平和速度也是企业经营管理水平高低的重要标志。市场调查可以及时掌握与企业相关领域新产品和新技术的发展状况，为采用新技术和新设备创造良好的条件，而只有不断采用新技术的企业才能超前于其他企业，保持自己的竞争优势。

3.1 市场

市场作为商品交换的场所，具有商品交换的功能，还有比较商品的功能，不论企业的生产力、技术水平、生产设施、原材料和成本支出的情况怎样，生产的产品都要置于市场上进行比较。如果企业的经营管理水平高，能够有效地调动现有资源，并合理调配，进行最优组合，就可以达到降低成本、减少损耗的目的。通过市场调查更多地了解其他企业的优势和先进技术，才能学习或借鉴他人的长处，提高自身的管理水平和竞争力。

一、市场概念

市场起源于古时人类对于固定时段或地点进行交易的场所的称呼，狭义上的市场是买卖双方进行商品交换的场所。

发展到现在，市场具备了两种意义：狭义和广义的概念。

狭义是指交易场所。广义是指交易行为的总称。

市场在其发育和壮大过程中，也推动着社会分工和商品经济的进一步发展。市场通过信息反馈，直接影响着人们生产什么、生产多少以及上市时间、产品销售状况等。联结商品经济发展过程中产、供、销各方，为产、供、销各方提供交换场所、交换时间和其他交换条件，以此实现商品生产者、经营者和消费者各自的经济利益。

市场的构成要素可以用一个等式来描述，如图1.3.1所示。

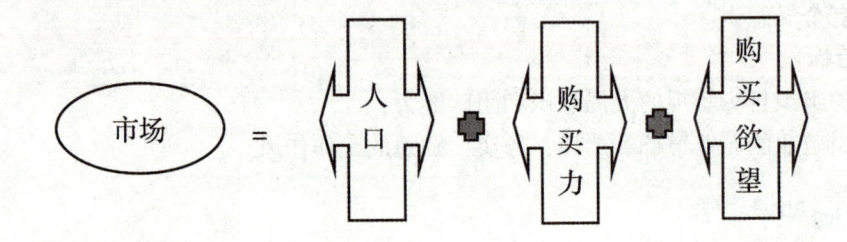

图 1.3.1　市场的构成要素

1. 人口

这是构成市场的最基本要素，消费者人口的多少，决定着市场的规模和容量的大小，而人口的构成及其变化则影响着市场需求的构成和变化。因此，人口是市场三要素中最基本的要素。

2. 购买力

购买力是指消费者支付货币以购买商品或服务的能力，是构成现实市场的物质基础。一定时期内，消费者的可支配收入水平决定了购买力水平的高低。购买力是市场三要素中最物质的要素。

3. 购买欲望

购买欲望是指消费者购买商品或服务的动机、愿望和要求，是由消费者心理需求和生理需求引发的。产生购买欲望是消费者将潜在购买力转化为现实购买力的必要条件。

市场的这三个要素是相互制约、缺一不可的，它们共同构成企业的微观市场，而市场营销学研究的正是这种微观市场的消费需求。

二、市场分类

市场类型有很多种，按不同的标准，市场的分类情况不同。站在市场营销的视角，考虑企业与服务对象的关系，重点研究以市场的主体不同来分类的市场。按照市场的主体不同，市场可分为生产资料市场、消费者市场以及运输市场。

1. 生产资料市场

生产资料市场是组织供、需单位集中进行生产资料商品交易活动并提供咨询服务和管理的场所或交易中心。生产资料市场在社会再生产过程中起着中介作用，生产资料市场运作得越有效率，社会再生产的运行就越顺畅。包括专营和经营生产资料的公司兼营的市场，但不包括一次性交易会。生产资料市场主要经营满足生产需要的原材料、燃料、工具设备、仪器仪表、交通运输工具等生产资料。

生产资料市场的主要特征：

（1）衍生需求即对工业品的需求是随着消费品的需求变化而变化的。
（2）需求波动性大。
（3）需求缺乏弹性。
（4）购买者在地理区域内较为集中。
（5）购买人数少，购买数量大。
（6）购买人数较为专业，影响购买决策的人多。
（7）供需双方关系密切。

2. 消费者市场

消费者市场，是由那些为满足生活消费需要而购买商品的所有个人和家庭所组成的。消费者的购买行为，指的是消费者在整个购买过程中所进行的一系列有意识的活动。这一购买过程从引起需要开始，经过形成购买动机、评价选择、决定购买到购买后的评价行为等。

与生产者市场相比，消费者市场具有以下特征：

（1）从交易的商品看，由于它是供人们最终消费的产品，而购买者是个人或家庭，因而它更多地受到消费者个人人为因素诸如文化修养、欣赏习惯、收入水平等方面的影响；产品的花色多样、品种复杂，产品的生命周期短；商品的专业技术性不强，替代品较多，因而商品的价格需求弹性较大，即价格变动对需求量的影响较大。

（2）从交易的规模和方式看，消费品市场购买者众多，市场分散，成交次数频繁，但交易数量零星。因此绝大部分商品都是通过中间商销售产品，以方便消费者购买。

（3）从购买行为看，消费者的购买行为具有很大程度的可诱导性。这是因为，一是消费者在决定采取购买行为时，不像生产者市场的购买决策那样，常常受到生产特征的限制及国家政策和计划的影响，而是具有自发性、感情冲动性；二是消费品市场的购买者大多缺乏相应的商品知识和市场知识，其购买行为属非专业性购买，他们对产品的选择受广告、宣传的影响较大。由于消费者购买行为的可诱导性，生产和经营部门应注意做好商品的宣传广告，指导消费，一方面当好消费者的参谋，另一方面也能有效地引导消费者的购买行为。

主要特征：消费者购买产品都是小型购买、多次性购买，市场差异性大，非专业性强。

3. 运输市场

同其他市场一样，运输市场是以商品交换为主要内容的经济联系形式，它是运输生产者与消费者之间相互连接的桥梁和纽带，因此，它具有一般商品市场所具有的特征和属性。除此以外，运输业本身的特点，决定了运输市场还具有一些与其他市场不同的特征。

（1）运输市场具有较强的空间性和时间性。

（2）运输需求的派生性：运输需求是人与货物在空间位移方面表现出的有支付能力的需要。派生性是运输需求的一个重要特征。在多数情况下人与货物在空间上的位移不是目的而是手段，是为实现生产或生活中的某种其他目的而必须完成的一种中间过程。社会生产状况以及人们的生活方式，衍生了运输需求在时间上和空间上所具有的特性。

（3）运输市场上出售的是非实物性产品，运输市场上出售的商品（位移）实际上也是一种运输劳务，它具有不可感知性、不可分离性、不可储藏性、缺乏所有权（运输产品在生产和消费过程中不涉及任何东西的所有权转移）的特征。

（4）运输市场上存在较多的联合产品。联合产品也即共同产品。运输企业是为不同运输对象提供多种不同运输产品的企业，在多数情况下，它的设备是由多个个体（不同的运输消费者）联合使用的。

3.2 市场信息

市场信息是现代人类社会的重要资源。市场调查是取得市场信息，进行现代化管理的重要手段。随着我国社会主义市场经济体制的确立，许多经济部门和企业单位已经意识到市场调查的重要性，对市场调查的需求越来越旺盛。

一、市场信息概念

市场信息（Market Information）是指在一定的时间和条件下，同商品交换以及与之相联系的生产与服务有关的各种消息、情报、数据、资料的总称，是商品流通运行中物流、商流运动变化状态及其相互联系的表征。狭义的市场信息，是指有关市场商品销售的信息，如商品销售情况、消费者情况、销售渠道与销售技术、产品的评价等。广义的市场信息包括多方面反映市场活动的相关信息，如社会环境情况、社会需求情况、流通渠道情况、产品情况、竞争者情况、原材料、能源供应情况、科技研究、应用情况及动向等。总之，市场是市场信息的发源地，而市场信息是反映市场活动的消息、数据，是对市场上各种经济关系和经营活动的客观描述和真实反映。与市场信息混用的提法很多，如"经济信息""商业信息""市场行情"等，实际上这几个概念是有区别的。

二、市场信息的分类

市场信息网络可分为宏观市场信息网络和微观市场信息网络两种，如图1.3.2所示。

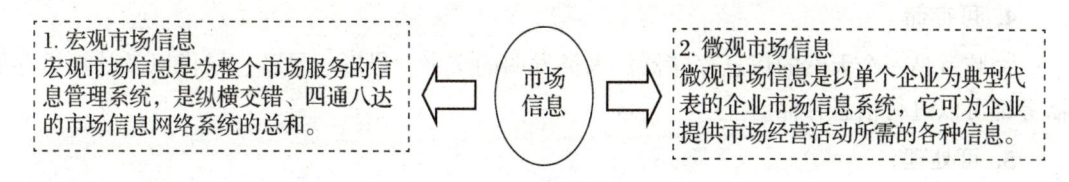

```
┌─────────────────────────┐                    ┌─────────────────────────┐
│ 1. 宏观市场信息          │         ╭────╮      │ 2. 微观市场信息          │
│ 宏观市场信息是为整个市场 │  ⇐      │市场│  ⇒  │ 微观市场信息是以单个企业│
│ 服务的信息管理系统，是   │         │信息│      │ 为典型代表的企业市场信息│
│ 纵横交错、四通八达的市场 │         ╰────╯      │ 系统，它可为企业提供市场│
│ 信息网络系统的总和。     │                    │ 经营活动所需的各种信息。│
└─────────────────────────┘                    └─────────────────────────┘
```

图 1.3.2　市场信息的分类

我国自 20 世纪 80 年代起，也逐步建立起各种经济信息网络，其中影响较大的有行业性市场信息网络、以产品为主体的市场信息网络和联合性市场信息网络三种形式。

1. 行业性市场信息网络

行业性市场信息网络是以行业为主体，广泛建立信息点组织调查，搜集信息，进行综合分析。按照这种网络的地域覆盖范围不同，可分为全国性、地区性和企业性三类。以中国人民银行系统为例，中国人民银行信息网联系全国各地分行，建立了银行经济信息网，它们曾多次对全国许多产品的供销情况进行调查和预测，并发布信息，对商品生产和商品流通起着重要的指导作用。

2. 以产品为主体的市场信息网络

以产品为主体的市场信息网络是以产品为龙头，广泛组织有关单位参加，以自愿为原则，互相交换信息。例如全国汽车信息网络，收集、汇总了全国各类汽车的产供销信息资料，为我国汽车工业走向市场，科学决策提供了可靠的依据。

3. 联合性市场信息网络

联合性市场信息网络不受行业和产品的限制，按照一定的市场活动需要自动联合，互相交流信息。这样，商品生产者、转卖者和用户都可以借助计算机网络直接了解某种商品的销售和库存情况，根据不同情况合理安排生产和流通，从而把产、销、用三者紧密地联系起来。例如商业部门是沟通生产和消费的桥梁，各类商品的购、销、存数量，品种，价格及消费者的意见、反映，市场行情的动态趋势等，都能在此得到体现。通过工商企业的信息沟通，就能把局部的、零散的、不协调的信息集中形成准确、系统的信息，并直接指导商品再生产过程。

三、市场信息的特点

市场信息具有可量度、可识别、可转换、可存储、可处理、可传递、可再生、可压缩、可利用、可共享的特点。

1. 可量度

信息可采用某种度量单位进行度量，并进行信息编码，如现代计算机使用的二进制。

2. 可识别

信息可采取直观识别、比较识别和间接识别等多种方式来把握。

3. 可转换

信息可以从一种形态转换为另一种形态，如自然信息可转换为语言、文字和图像等形态，也可转换为电磁波信号或计算机代码。

4. 可存储

大脑就是一个天然的信息存储器。人类发明的文字、摄影、录音、录像以及计算机存储器等都可以进行信息存储。

5. 可处理

人脑就是最佳的信息处理器。人脑的思维功能可以进行决策、设计、研究、写作、改进、发明、创造等多种信息处理活动。计算机也具有信息处理功能。

6. 可传递

信息的传递是与物质和能量的传递同时进行的。语言、表情、动作、报刊、书籍、广播、电视、电话等是人类常用的信息传递方式。

7. 可再生

信息经过处理后，可以其他形式等方式再生成信息。输入计算机的各种数据文字等信息，可用显示、打印、绘图等方式再生成信息。

8. 可压缩

信息可以进行压缩，可以用不同的信息量来描述同一事物。人们常常用尽可能少的信息量描述一个事物主要特征。

9. 可利用

信息具有一定的实效性和可利用性。

10. 可共享

信息具有扩散性，因此市场信息具有可共享性。

四、市场信息的作用

目前，企业越发重视市场信息的利用，制订产品和营销计划等均从市场调查搜集相关信息工作出发。市场信息在市场发展和企业发展中发挥越来越重要的作用。

（1）市场信息是企业制定经营的战略与策略，进行市场竞争的重要依据。企业内部的各种主观条件，企业外部环境的现状及变化情况都以一定的信息形式呈现，企业要制定正确的经营战略与策略，必须依靠这些信息，才能充分发挥主观条件，灵活地适应外部环境，在企业竞争中立于不败之地。

（2）重视市场信息是企业提高经济效益的有效途径。企业通过分析市场信息，可以掌握和利用经营机会，提高企业的经营收益。同时，市场信息作为一种资源，也可以直接用于交换，为企业增加财富。

（3）市场信息是企业发掘经营机会的源泉，经营机会来源于企业主观条件的改变和客观环境的变化。主观优势的发现，市场环境机会的掌握，都离不开一定的经营信息作先导。对经营信息的及时搜集和分析，可以及时发现经营机会。

（4）市场信息是企业生产经营的先导。市场信息可以反映企业竞争的参与状况、市场的变化及其发展趋势；反映产品供应状况、销售渠道，对广告和推销方式的适应情况。企业通过这些信息的搜集、整理、传递、储存和运用来制定本企业的产品销售渠道、促销活动与价格战略和策略，使企业在激烈的市场竞争中求得生存和发展。可见，在市场营销活动中，市场信息是企业的重要资源、无形资产，是企业的市场机会。企业能否在瞬息万变的市场竞争中求得生存和发展，在很大程度上取决于掌握市场信息的变化情况。因此，企业只有树立信息观念，才能发挥企业优势，不断开拓市场。

3.3 市场调查概述

一、市场调查的特征

激烈的市场竞争迫使企业必须时刻关注变化万千的市场动态因素，并对未来市场状况做出准确判断。企业只有根据营销调研所提供的信息资料，才能对市场变化趋势做出科学的预测，进而制定较为准确的营销战略规划。

市场经济是一个复杂而又多变的过程，要认识市场变化的规律性，就必须通过市场调查获得市场的各种信息资料，并加以整理、分析得到有用的市场信息。而获取各种市场信息资料，也只有依靠周密而细致的市场调查，因此灵活地运用各种市场调查方法获取准确的市场信息，是科学地进行市场预测与经营决策的前提。

市场调查主要有以下4个主要特征。

1. 市场调查具有明确的目的性

市场调查具有明确的目的性是由企业生产经营活动所处的环境日益复杂所决定的。市场调查通常是为企业某一具体的营销决策服务的，如针对产品的调查：选择目标市场为产品进行定位，或为提高产品的市场占有率等；也有针对竞争对手的调查活动，如对方产品的市场份额、消费者的认可程度等。因此，大部分市场调查从一开始就目标很明确，即通过收集和分析资料，使企业对产品或市场有一个清晰的认识和判断，以帮助企业做出正确的营销决策。

当然，也有一些市场调查开始时目标较为笼统和分散，如推介新产品、探测市场机会等。这样的调查活动一般需要企业事先收集一些二手资料，对调查的问题进行界定和分析，使调查的目标逐渐明确和集中。这些问题的调查对调查者往往更具挑战性，也蕴藏着一定的风险。通常情况下，调查者还应该在二手资料的基础上再进行深入调查，不可过分依赖别人的调查结果。在现实生活中，很多看起来很好的产品或很有前途的项目，在推广或实施过程中半途而废，有的甚至使企业亏损累累，很大一部分原因是企业没有进行市场调查。

2. 市场调查组织活动具有科学性

市场调查是企业为达到营销目的而进行的活动。为减少调查的盲目性，避免人力、物力、财力的浪费，对所需要搜集的资料和信息必须经过事先规划。例如，采用何种调查方式、问卷如何拟定、调查对象该有哪些等。为了使企业能够获得最准确地反映市场情况的资料和信息，而又不增加费用开支，在调查内容的确定上就要考虑那些影响程度最大的因素，并将诸多因素合理搭配，以最简洁而又易答的方式呈现给调查对象。

市场调查中的一个重要环节就是对资料的整理和分析，目的是掌握市场的本质，进而把握住影响市场发展趋势的关键因素。市场是由消费者组成的，它与一般的物理现象不同，会受到人的生理和心理特征的影响。例如，同样一幅照片或一种商品在同一时间、同一地点可

引起人们不同的联想，而做了稍微的改动后又会出现新的联想。简单汇总市场信息是不能解决市场调查中所遇到的诸多问题的，因此还要运用统计学、数学、概率论以及社会心理学等学科的知识进行整理、统计、分类和进一步分析。

在市场调查活动中，调查者采用科学的方法设计方案、定义问题、采集数据和分析数据，然后，提取有效的、相关的、准确的、可靠的、有代表性的当前信息资料。

3. 市场调查具有时效性

市场是开放、动态的市场。时间的推移、经济的发展、国家经济政策的调整，都会使市场发生相应的变化。一定时期的流行产品一时会无人问津，而滞销商品有可能在一定时期后成为新的畅销商品。市场调查是在一定时间范围内进行的，它所反映的只是某一特定时期的信息和情况，在一定时期内具有时效性，但在这段时间后又会出现新情况、新问题，就会使以前的调查结果滞后于市场的发展，此时如果仍沿用过去市场调查的结论，只会使企业延误大好时机，陷入困难的境地。例如，当电视机的生产能力已经超过需求量，但还未在市场上表现出来时，企业仍以过去的电视机生产供不应求的观念作为决策依据，盲目引进国外设备和扩大生产能力，其结果肯定是产品的大量积压；如果此时能做一些市场调查，在电视机的性能或规格上多做文章，情况则会大不相同。

4. 市场调查的结果具有不确定性

市场调查根据调查内容的不同，可采用不同的方式，但被调查者千变万化的心理状态，常会增加对市场调查结果进行分析的难度。如果说市场调查人员只是根据那些可以找到的有关销售方面的统计数字来研究问题，所得出的结果往往会与实际相差甚远，也就不能为企业的经营决策提供有价值的资料。即使是考虑到消费者的心理因素，但因顾客在购买现场时对商品的选择与被调查时有意识地回答问题时心理状态不同，也会使调查结果与实际有所偏差。

二、市场调查的原则

市场调查具有客观性、时效性、系统性和经济性原则。

1. 客观性原则

市场营销活动的目的、实施的科学性都决定了市场调查活动必须遵循客观性原则。所以要求市场调查人员在进行调查时尊重事实，不允许带有任何个人主观的意愿或偏见，也不应受制于任何人或管理部门。只有客观地反映市场的真实状态，才能得出准确信息，市场调查的作用才能真正得到发挥，也才能使整个调查行业健康发展。

2. 时效性原则

市场的开放性和动态性决定了市场信息的变化性。人们常说，市场是瞬息万变的，市场机会稍纵即逝。在现代企业经营活动中，时间就是机遇，也意味着效率和金钱。丧失机遇，会导致整个经营策略和活动的失败；抓住机遇，则为成功铺平道路。市场调查的时效性就表现为应及时捕捉和抓住市场上任何有用的情报、信息，及时分析、及时反馈，为企业在经营过程中适时地制定、调整策略创造条件。

3. 系统性原则

在激烈的市场竞争中，市场的影响因素日渐增多，有宏观因素的影响，也有微观因素的影响，各因素之间又相互作用，相互影响。所以在市场调查中切忌"头痛医头，脚痛医脚"，如果只是单纯地了解某一事物，而不去考察这一事物如何对企业发挥作用和为什么会产生这样的作用，就不能把握这一事物的本质，也就难以对影响经营的关键因素做出准确的判断。因此，应全面搜集与企业生产和经营有关的信息资料，系统地进行分析、研究，才能使市场调查活动收到良好的效果。

4. 经济性原则

市场调查工作需要大量的人员去搜集资料、情报和信息，在经过调查人员的筛选、整理、分析后才能得出调查结论，供企业决策之用，是一件费时、费力、费财的活动。即使在调查内容不变的情况下，采用的调查方式不同，费用支出也不同。同样，在费用支出相同的情况下，不同的调查方案产生的效果也是不同的。因此，由于各企业的财力情况不同，在进行市场调查时，需要根据自己的实力确定调查费用的支出，并制定相应的调查方案，尽量做到以较小的投入获得较好的调查效果。

三、市场调查的内容

市场调查实际上就是对企业所处市场环境的现状、地位，通过收集信息、分析总结等工作过程，从企业宏观环境和微观环境进行调查研究。因此，总的来说市场调查的内容包括宏观调查和微观调查两个方面。

1. 市场宏观调查

市场宏观调查包括人口环境调查、政治法律环境调查、经济环境调查、技术环境调查、社会文化环境调查、自然地理环境调查六个方面。

1) 人口环境调查

人是构成市场的首要因素，哪里有人，哪里就产生消费需求，哪里就会形成市场。人口因素涉及人口总量、地理分布、年龄结构、性别构成、人口素质等诸多方面，处于不同年龄段的人、处于不同地区的人消费就不同。

2) 政治法律环境调查

政治环境调查包括了解企业市场营销活动的外部政治形势和状况以及国家管理市场的方针政策。一个国家如果政局不稳，社会矛盾尖锐，秩序混乱，就会影响经济的发展和人民的购买力。政府的方针、政策规定了国民经济的发展方向，也会对企业的经营活动产生影响。例如，由于各地区生产力水平、经济发展程度的不同，政府对各地区的经济政策也不同，有些地区的经济政策宽松些，有的严格些；对某些行业采取倾斜政策，对不同的行业采取不同的优惠、扶持或限制政策。对国际、政治环境的分析，应了解"政治权力"与"政治冲突"对企业营销活动的影响。政治权力影响市场营销，往往表现为由政府机构通过采取某种措施约束外来企业，如进口限制、外汇控制、劳工限制、绿色壁垒等。政治冲突指国际上的重大事件与突发性事件，这类事件在以和平与发展为主流的时代从未绝迹，对企业市场营销工作的影响或大或小，有时带来机会，有时带来威胁。

法律环境是指国家或地方政府颁布的各项法规、法令和条例等。企业面向国际市场时，必须了解并遵循出口国政府颁布的有关经营、贸易、投资等方面的法律、法规。法律环境调查主要包括进口限制、外汇控制、方针、法令、法规、条例、贸易惯例和要求等。例如，日

本政府曾规定，任何外国公司进入日本市场，必须找一个日本公司同它合伙；美国曾以安全为由，限制欧洲制造商在美国销售汽车，以致欧洲汽车制造商不得不专门修改其产品，以符合美国法律的要求。

3）经济环境调查

经济环境是指企业面临的社会经济条件及其运行状况、发展趋势。经济环境对市场活动有着直接的影响，对经济环境的调查，主要可以从生产和消费两个方面进行。

生产决定消费，市场供应、居民消费都依赖于生产。生产方面的调查主要包括：能源和资源状况、交通运输条件、经济增长速度及趋势、产业发展状况、国民生产总值、通货膨胀率、就业率、税收、利率以及农、轻、重比例关系等。

消费对生产具有反作用，消费规模决定着市场的容量，也是经济环境调查不可忽视的重要因素。消费方面调查主要是了解某一国家（或地区）的国民收入、消费收入状况、消费支出状况、物价水平、物价指数、消费结构、消费者储蓄和信贷等。

随着消费者收入的增加，其购买食品的支出会有所下降，而用于交通、娱乐、健身保健、旅游等方面的支出比例会有所提高。消费结构，除了要考虑消费者收入水平外，还要考虑不同国家和地区的生活习惯、价值观念等因素。

消费者储蓄和信贷：收入分为储蓄和消费。储蓄增加，消费减少，本期支出水平就会下降，潜在购买水平提高。消费者信贷是消费者凭借信用先取得商品使用权，然后按期归还贷款。信贷增加，本期支出水平提高，潜在购买力下降。

案例链接

> **【案例1】 恩格尔定律**
>
> 19世纪德国统计学家恩格尔根据统计资料，对消费结构的变化得出一个规律：一个家庭的收入越少，家庭收入中（或总支出中）用来购买食物的支出所占的比例就越大，随着家庭收入的增加，家庭收入中（或总支出中）用来购买食物的支出份额则会下降。推而广之，一个国家越穷，每个国民的平均收入中（或平均支出中）用于购买食物的支出所占比例就越大，随着国家越来越富裕，这个比例呈下降趋势。即随着家庭收入的增加，购买食物的支出比例则会下降。
>
> 恩格尔系数是根据恩格尔定律得出的比例数，是表示生活水平高低的一个指标。其计算公式如下：
>
> 恩格尔系数＝食物支出金额/总支出金额

4）技术环境调查

科学技术是第一生产力，影响着社会经济的各个方面。新技术革命不仅对传统产业进行改造，也带动了新兴产业的发展，使生产增长、新产品出现、产品质量的提高越来越多地依赖于科学进步。这既可能给企业创造新的市场机会并在竞争中取得成功，也可能给企业造成环境威胁。技术环境调查包括及时了解国内外科技总的发展水平和发展趋势，各种新技术、新材料、新产品、新能源、新工艺的发展趋势和速度，技术引进和技术改造，国家有关科研技术发展的方针政策及计划等。

5）社会文化环境调查

社会文化环境调查通常包括社会阶层、民族、宗教、风俗习惯、家庭构成、相关群体、受教育程度以及价值观念等相关因素的调查。社会文化环境在很大程度上决定着购买行为，影响着消费者购买产品的动机、种类、时间、方式以及地点。企业为了更好地满足消费者的需要，必须了解社会文化环境对消费者爱好的影响，经营活动必须适应所涉及国家（或地区）的文化和传统习惯，才能为当地消费者所接受。

6）自然地理环境调查

自然地理条件是影响市场的重要环境因素，与企业经营活动密切相关，对企业的市场营销活动产生影响。地理因素也影响着人们的消费模式，还会对经济、社会发展等产生复杂的影响。

企业市场营销人员必须熟悉不同市场自然地理环境的差异，才能搞好市场营销。自然地理环境调查主要包括目标市场的地理位置、气候及自然环境条件、运输条件、仓储条件、自然资源状况、生态条件、环境保护等。气候对人们的消费行为有很大影响，直接影响到企业的生产和销售。

> **案例链接**

> **【案例2】 用客观事实说话**
>
> 中国、日本、美国等国家对熊猫特别喜爱，但一些阿拉伯人却对熊猫很反感；墨西哥人视黄花为死亡、红花为晦气，而是喜爱白花，认为白花可驱邪；德国人忌用核桃，认为核桃是不祥之物；日本人忌荷花、梅花图案，也忌用绿色，认为不祥；南亚有一些国家忌用狗作商标；在法国，仙鹤是蠢汉和淫妇的代称，法国人还特别厌恶墨绿色；黄色在中国象征尊贵与神圣，而在西方则象征下流和淫秽；伊拉克人视绿色代表伊斯兰教，但视蓝色为不吉利；匈牙利人忌"13"单数；日本人在数字上忌用4和9。

2. 市场微观调查

市场微观调查包括企业因素、供应商、营销中介、消费者、竞争者因素和公众因素六个方面。

1）企业因素

企业因素指企业内部环境。企业营销部门与企业的其他职能部门如高层管理、财务、采购等部门的合作关系及各自工作的效果情况。

2）供应商

供应商是向企业提供生产所需资源的企业和个人。营销管理要求企业选择供给条件最好的供应者，但不可长期依赖单一供应者，以免受其操纵。

3）营销中介

营销中介指参与企业把产品送到最终消费者手中的机构，包括中间商、实体分配机构等。得到这些机构的帮助有利于促进销售。

4）消费者

消费者是企业营销活动的对象，即生活资料和消费资料的购买者。

消费者是企业产品或服务的购买者，是企业经营活动的出发点和归宿，是企业生存之本，企业的营销活动是以满足消费者为中心的。消费者变化着的需求要求企业要以不同的服务方式提供不同产品，并制约着企业营销决策的制定和服务能力的形成。因此企业必须认真调查研究消费者，深入了解谁是自己产品的消费者，他们为什么购买，他们如何做出购买决策，有哪些因素影响消费者的购买行为等。

第一，消费者的基本情况调查。

营销者必须了解谁是所要营销产品和服务的现有和潜在消费者，即分析目标市场的营销对象是谁或将是谁。通常采用综合消费者的特征、消费者的需要、生活方式、人口变数等来描述目标消费者。例如，消费者（或目标市场）可以被描述为："女性、时尚、年龄范围25~40岁、职业妇女"。消费者基本情况调查包括现有消费者和潜在消费者的数量及地区分布状况；消费者的个人收入和家庭平均收入水平、购买力的大小、购买商品的数量；消费者的年龄、性别、职业、民族、文化程度等。

第二，消费者的动机调查。

购买动机是人们为了满足自身某种需要而产生购买商品的欲望、念头和冲动。购买动机调查主要是弄清产生各种动机的原因，例如了解市场上的消费者为什么采用某种行为方式，为什么他们购买这些产品而不是别的产品，为什么他们在这些商店而不是去其他商店消费。

消费者购买动机一般可以分为两大类，即本能动机和心理动机。

本能动机是由消费者生理本能需要所引起的购买动机，这种购买动机大量表现在人们购买吃、穿和部分用的商品的行为之中。由本能动机所产生的购买行为，具有习惯性、经常和相对稳定性等特点，供给弹性较小，多数是日常生活必需品。当然，随着时代的变化，生活必需品的内容也会发生变化。

心理动机是指受心理活动支配而引起的购买动机。心理动机主要有感情动机、理性动机和光顾动机三种。

①感情动机。感情动机是建立在主观需要基础上的购买动机。如由求新、求美、求异、求荣、求名等心理引起的各种动机，被宣传动员产生的购买动机，受抢购影响产生的购买动机等，都属于感情动机。这种动机具有稳定性和周密性差的特点。

②理性动机。理性动机是建立在客观需要基础上的购买动机。理性动机是在对商品价格、商品耐用性、可靠性、维修服务等方面了解、考虑、比较的基础上产生的购买动机，这种动机一般比较稳定和周密。感情动机和理性动机并不矛盾，消费者在实际购买时往往同时具有两种或两种以上的动机。例如，某消费者为了培养孩子的音乐修养，产生了购买钢琴的感情动机，钢琴的规格、型号很多，究竟购买哪一种，经过对价格、音质、外观、售后服务等各方面的理性思考，同时也受到广告宣传的影响，最终选择了某种牌子的钢琴。

③光顾动机。消费者喜欢在某家商店购买商品而不在另一家商店购买即属于光顾动机。商店处于便利的购物地点，拥有舒适的购物环境、合理的商品价格和完善的售后服务等，都能引起消费者的光顾动机。

准确地把握消费者的购买动机对于一个企业的生存与发展起着至关重要的作用。

第三，消费者的购买行为调查。

消费者购买行为是消费者购买动机在实际购买过程中的具体表现。消费者购买行为调查，就是对消费者购买模式和习惯的调查，即了解消费者在何时购买（When）、何处购买（Where）、由谁购买（Who）和如何购买（How）等情况。

①消费者何时购买的调查。消费者在购物时间上存在着一定的习惯和规律。某些商品销售随着自然气候和商业气候的不同,具有明显的季节性。例如,在春节、中秋节、国庆节等节日期间,消费者购买商品的数量要比以往增加很多。商业企业应按照季节的要求,适时、适量地供应商品,才能满足市场需求。此外,对于商业企业来说,掌握一定时间内的客流规律,有助于合理分配劳动力,提高商业人员的劳动效率,把握住商品销售的黄金时间。

②消费者在何处购买的调查。消费者在何处购买的调查一般分为两种:一是调查消费者在什么地方决定购买,二是调查消费者在什么地方实际购买。对于多数商品,消费者在购买前已在家中做出决定,如购买商品房、购买电器等,这类商品信息可通过电视、广播、报纸、杂志等媒体所做的广告和其他渠道(消费者之间、朋友之间)获得。而对于一般日用品、食品和服装等,具体购买哪种商品,通常是在购买现场,受商品陈列、包装和导购人员介绍而临时做出决定的,具有一定的随意性。目前我国一些城市已出现通过电视商场购买的方式,从而使得决定购买和实际购买行为在家中便可完成。

此外,为了合理地设置商业和服务业网点,还可对消费者常去哪些购物场所进行调查。

在什么地方购买的一般规律是:主、副食品和日常生活用品,如粮食、蔬菜、副食调味品、日用小商品等,购买频繁,为节省时间,通常是到住所附近的商店购买;一些周期性消费的商品,如衣着类、家庭装饰类、化妆品等,一般到便于挑选比较、品种较多的大中型商店购买;要是购买高档商品、耐用消费品,如家具、家用电器,一般是到信誉好的大中型商店、专业商店、老字号商店购买。

③谁负责家庭购买的调查。对于谁负责家庭购买的调查具体可包括三个方面:一是在家庭中由谁做出购买决定,二是谁去购买,三是和谁一起去购买。有关调查结果显示:对于日用品、服装、食品等商品,大多由女方做出购买决定,同时也主要由女方实际购买;对于耐用消费品,男方做出决定的较多,当然在许多情况下也要同女方共同商定,最后由男方独自或与女方一同去购买;对于儿童用品,常由孩子提出购买要求,由父母决定,与孩子一同前往商店购买。此外,通过调查还发现,男方独自购买、女方独自购买或男女双方一同购买对最后实际成交有一定的影响。

④消费者如何购买的调查。不同的消费者具有各自不同的购物爱好和习惯,如从商品价格和商品牌子的关系上看,有些消费者注重品牌,对价格要求不高,他们愿意支付较多的钱购买自己所喜爱的品牌;而有些消费者则注重价格,他们购买较便宜的商品,而对品牌并不在乎或要求不高。

消费者购买商品的品牌爱好和款式有一定的规律。例如,有些人属于经济型购买者,选择品牌、款式首先从经济因素出发,比质比价决定选择商品类型;有些人则属于冲动型购买者,对品牌无特殊了解,常常受到商品外观、广告的影响,甚至在看到很多人排队争购时就产生购买决定。

5) 竞争者因素

竞争者因素是指直接影响企业营销活动的竞争对手状况。竞争者总是与企业在产品销路、资源、产品价格、技术力量等方面互为对峙。

一个企业很少能单独做出努力为某一市场服务,公司的营销活动总会受到一群竞争对手的包围和影响,企业竞争对手的状况将直接影响企业的营销活动。企业要想在市场上立于不败之地,必须了解竞争对手,在满足消费者需要和欲望方面比竞争对手做得更好。

竞争环境调查包括：竞争者的数量、经营规模及其人、物、财力、经营管理水平；竞争者的生产经营规模、技术水平和新产品开发情况；竞争者生产经营商品的品种、质量、价格、式样、特色、促销策略、服务方式及在消费者心目中的声誉和形象；竞争者所采取的市场价格策略、销售渠道策略手段和广告策略；竞争者的市场占有率和市场覆盖率；竞争者的企业发展战略及目标；潜存竞争对手状况。

通过调查，可将本企业的现有条件与竞争对手进行对比，为制定有效的竞争策略提供依据。内容主要包括：

①竞争者的类别，即普通竞争者、潜在竞争者，还是品牌竞争者；

②竞争对手的市场占有份额及其变动趋势；

③竞争对手的生产经营规模和资金状况；

④竞争对手生产经营商品的品种、质量、价格、服务方式及在消费者中的声誉和形象；

⑤竞争对手技术水平和新产品开发经营情况；

⑥竞争对手的销售渠道、促销手段和提供的售后服务方式。

6) 公众因素

公众因素是指对企业实现其营销目标的能力具有实际或潜在影响力的团体和个人。如金融公众可影响企业获得资金的能力，新闻媒介公众则可影响企业的声誉，还有政府、群众团体等其他公众形式，都对企业有一定的影响力。

以上市场调查的内容是从营销调研的一般情况来讲的。各个企业市场环境不同、营销活动的出发点不同，因而所要调研的问题也不同。企业应根据自身的具体情况，有针对性地选择其营销调研内容，用最少的时间、费用、人力把调研工作做好。

四、市场调查的类别

随着市场调查领域的广泛，市场调查的类型也出现了多样化局面。根据不同的标准，市场调查可以有以下分类。

1. 按调查对象的范围分类

按调查对象的范围大小可分为全面调查和抽样调查。

全面调查是指对调查对象全体或对涉及市场问题的对象进行逐一的、普遍的、全面的调查。其优点是全面、精确，适用于取得调查总体的全面、系统的总量资料，如我国的人口普查。然而，其缺点也十分明显，全面调查费时、费力、费资金，所以适合在被调查对象数量少，企业人、财、物力都比较雄厚时采用。

抽样调查是指从目标总体中选取一定数量的样本作为调查对象进行调查。其特点是以较少的时间、费用，获得一定调查结果，用以推测市场总体情况。抽样调查的样本少，调查者人数要求就少，实效性得以提高，并且可以通过对调查者进行很好的培训，提高调查的准确率。同时抽样调查也是一种重要的调查方法，应用普遍。

2. 按调查时间不同分类

按调查时间不同可以分为连续性调查和一次性调查。

连续性调查是指对所确定的调查内容接连不断地进行调查，以掌握其动态发展的状况。如定期统计报表就是我国定期取得统计资料的重要方式。它有国家统一规定的表格和要求，一般由上而下统一布置，然后由下而上提供统计资料。

一次性调查是指针对企业当前所面临的问题，组织专项调查，以尽快找到解决问题的方法的一种调查方式。企业的很多专项调查都属于一次性调查，如新产品命名调查、顾客满意度调查、市场营销组合调查、广告效果调查、竞争对手调查等。

3. 按调查的研究对象分类

按调查的研究对象划分，市场调查可分为以下两类。

1）消费者调查

调查的对象是购买商品、使用商品的消费者，或者是有可能购买商品、使用商品的潜在消费者。当然，这里的"消费者"和"购买"都应从广义上去理解。

例如，在媒介研究、广告研究中，听众、观众、读者（统称受众）就是使用媒介的消费者。

2）非消费者调查

调查对象为消费者以外的其他对象，包括企业的职员和领导者、销售渠道的从业者、政府和研究机构的相关人员、媒介的从业人员等，还可能包括零售店、百货商店、工厂、银行等单位或企业。

3. 按调查性质不同分类

按调查性质不同可分为探索性调查、描述性调查、因果关系调查、预测性调查。

探索性调查又称试探性调查或非正式调查，是指当调查的问题或范围不明确时所采用的一种方法。主要用来发现问题，寻找机会，解决"可以做什么"的问题。一般采用文献资料的搜集、小组座谈会或专家座谈会等调查方法。例如，某企业发现最近一段时间某产品销售量下降，当具体原因不明时，企业只能采用探索性调查，在小范围内找一些专家、业务人员、用户、内行等以座谈会形式进行初步询问调查，或参考以往类似的调查资料，发现问题所在，为进一步的调查做准备。

描述性调查是指进行事实资料的收集、整理，把市场的客观情况如实地加以描述和反映，描述性调查通常会描述被调查者的人口统计学特征、习惯偏好和行为方式等。通过描述性调查来解决诸如"是什么"的问题，它比探索性调查要更深入、更细致。

因果关系调查是指为了了解市场各个因素之间的相互关联，进一步分析何为因，何为果的一种调查类型。其目的是要获取有关起因和结果之间联系的证据，用来解决诸如"为什么"的问题，即分析影响目标问题的各个因素之间的相互关系，并确定哪几个因素起主导作用。

预测性调查是指对未来市场的需求变化做出估计，属于市场预测的范围。所以，常用一些预测模型来进行定量分析。

调查性质不同，所采用的调查方法也不同，将所收集的资料进行分析也会有所侧重。比如探索性调查侧重于定性研究，预测性调查侧重于定量研究。

4. 按资料来源分类

按资料来源划分，市场调查可分为文案调查和实地调查两类。

1）文案调查

文案调查也称桌面调查，通过搜集已有的资料、数据、调研报告和已发表的文章等有关的二手信息，加以整理和分析。其优点是简单、快速、节省经费；缺点是缺乏时效性，即不一定适合当前的情况。

2）实地调查

实地调查又称第一手资料调查，在制定详细的调研方法的基础上，由调研员直接从被访者那里获得资料，再进行整理和分析，从而写出调查报告。实地调查法包括观察法、访问法和实验法等。实地调查法所花费的人力、时间和费用较桌面调查法要大得多。

五、市场调查的方法

市场调查方法从资料获取的渠道可分为：二手资料调查法与实地调查法；从调查对象选择的范围分为：全面调查与抽样调查。

1. 二手资料调查法

二手资料调查法是指查寻并研究与调研项目有关资料的过程，这些资料是经他人收集、整理的，有些是已经发表过的。调查收集的二手资料也叫现有资料。

1）二手资料调查法的特点

（1）迅速便捷和低成本。二手资料调查法比实地调查法更省时、省力，组织起来也比较容易，某些资料只需简单的加工，同时也为实地调查打下基础。

（2）可以克服时空条件的限制。二手资料收集既可以获得现实资料，还可以获得实地调查所无法取得的历史资料；既能获得本地范围内的资料，还能借助于报纸、杂志及互联网等收集其他地区的资料。尤其是在做国际市场调查时，由于地域遥远、市场条件各异，采用二手资料收集非常方便。

（3）受到各种影响因素小。二手资料收集既不会受调查者的主观情感判断的影响，也不会出现实地调查中因被调查者的阅历参差不齐、情绪不佳等造成的错误结果。

2）二手资料调查法的缺点

（1）加工、审核工作较难。文案调查方法依据的主要是历史资料，过时资料比较多，需要一定的加工过程。需要调查者对其历史背景进行分析，并依据当前的情况进行调整，但许多资料经人多次传抄引证，已经成为第三手、第四手资料，使用时难以考察其时代背景；有的被人故意扭曲事实，其真实性、可靠性令人怀疑。

（2）滞后性和残缺性。二手资料收集所获得的资料总会或多或少地落后于现实，特别是印刷文献资料；而且进行文献调查往往很难把所需的文献资料找齐全。

（3）对调查者的专业知识、实践经验和技巧要求较高。二手资料收集要求调查人员有较广的理论知识、较深的专业知识及技能，否则难以加工出令人满意的资料。

3）二手资料调查法的分类

二手资料调查法包括文案调查法和网络调查法。

1）文案调查法。文案调查法是指通过搜集各种历史和现实的动态统计资料，从中摘取与市场调查课题有关的资料，在办公室内进行统计分析的调查方法。文案调查法又称为间接调查法、资料分析法或室内研究法。在信息时代，技术使得第二手资料的容量、结构和可获得的途径发生飞速变化，任何一个数据库都可以搜集到数以千计的数据，如报纸、商业期刊、新闻发布会、行业简报等。

（2）网络调查法。网络调查法是利用 Internet 的交互式信息沟通渠道来搜集有关统计资料的一种方法。网络调查法有两种形式，一是在网上直接用问卷进行调查，二是通过网络搜集统计调查中的一些二手资料。

网络调查法的优点是便利、快捷，调查效率高，调查成本低；缺点是调查范围受到一定的限制，在调查时还有可能遭到计算机病毒的干扰和破坏，甚至前功尽弃。

2. 实地调查法

通过查找资料进行市场调查时，会常常遇到一些报纸杂志、经济或统计年鉴、数据资料中的许多市场信息不适合、不完全可信，有明显纰漏的情况。经过筛选后，剩余的有用信息已经寥寥无几。这时，需要使用实地调查来收集到第一手资料，因此一手资料调查的方法也叫实地调查法。

实地调查法包括观察法、访问法和实验法。具体内容见第二部分任务3选择市场调查方法。

3. 全面调查法

全面调查法是对调查对象的所有单位一一进行调查的方法。例如要掌握全国人口总数及构成情况，就需要对全国每一户居民进行调查。各种普查和多数定期统计报表都属于全面调查。全面调查需要耗费较多的人力、物力、财力和时间，因此通常只用来反映最基本最重要的社会经济现象资料。

4. 抽样调查法

抽样调查是一种非全面调查，它是从全部调查研究对象中抽选一部分单位进行调查，并据以对全部调查研究对象做出估计和推断的一种调查方法。显然，抽样调查虽然是非全面调查，但其目的却在于取得反映总体情况的信息资料，因而也可起到全面调查的作用。

抽样调查有以下三个突出特点：第一，按随机原则抽选样本；第二，总体中每一个单位都有一定的概率被抽中；第三，可以用一定的概率来保证将误差控制在规定的范围之内。

根据抽选样本的方法，抽样调查可以分为非概率抽样和概率抽样两类。非概率抽样不是按照等概率原则，而是根据人们的主观经验或其他条件来抽取样本，常用于探索性研究。概率抽样是根据随机原则来抽选样本，并从数量上对总体的某些特征做出估计推断，对推断出可能出现的误差可以从概率意义上加以控制。

1）非概率抽样方法（Non-probability Sampling）

（1）偶遇抽样（Random Sampling）。常见的未经许可的街头随访或拦截式访问、邮寄式调查、杂志内问卷调查等都属于偶遇抽样的方式。它的优点是花费小（包括经费和时间）、抽样单元可以接近、容易测量并且合作；缺点是存在选择偏差，如被调查者的自我选择、抽样的主观性偏差等。

（2）判断抽样（Judgement Sampling）。判断抽样是基于调研者对总体的了解和经验，从总体中抽选有代表性的单位作为样本，这种方法的优点是发挥研究者的主观能动性，但受主观因素影响较大。

（3）配额抽样（Quota Sampling）。配额抽样是根据总体的结构特征来给调查员分派定额，以取得一个与总体结构特征大体相似的样本。配额保证了在这些特征上样本的组成与总体的组成是一致的。

（4）雪球抽样（Snowball Sampling）。雪球抽样是先随机选择一组调查对象，访问这些调查对象之后，再请他们提供另外一些属于所研究的目标总体的调查对象，根据所提供的线索，选择此后的调查对象。

2）概率抽样方法（Probability Sampling）

（1）分层抽样（Stratified Sampling）。分层抽样是将总体的 N 个单位分成互不交叉、互不重复的若干个部分，称之为层；然后在每个层内分别抽选若干个样本，构成一个容量样本的一种抽样方式。分层的作用主要有三个：一是为了工作的方便和研究目的的需要；二是为了提高抽样的精度；三是为了在一定精度的要求下减少样本的单位数以节约调查费用。分层抽样是我们应用上最为普遍的抽样技术之一。

（2）整群抽样（Cluster Sampling）。整群抽样是将总体中各单位归并成若干个互不交叉、互不重复的集合，称之为群；然后以群为抽样单位抽取样本的一种抽样方式。应用整群抽样时，要求各群有较好的代表性，即群内各单位的差异要大，群间差异要小。整群抽样的优点是实施方便、节省经费，特别适用于缺乏总体单位的抽样框。

（3）等距抽样（Interval Sampling）。等距抽样是将总体中各单位按一定顺序排列，根据样本容量要求确定抽选间隔，然后随机确定起点，每隔一定的间隔抽取一个单位的一种抽样方式。等距抽样的最主要优点是简便易行，且当对总体结构有一定了解时，充分利用已有信息对总体单位进行排队后再抽样，则可提高抽样效率。

（4）多阶抽样（Multi-stage Sampling）。多级抽样是指在抽取样本时，分为两个及两个以上的阶段从总体中抽取样本的一种抽样方式。其具体操作过程是：第一阶段，将总体分为若干个一级抽样单位，从中抽选若干个一级抽样单位入样；第二阶段，将入样的每个一级单位分成若干个二级抽样单位，从入样的每个一级单位中各抽选若干个二级抽样单位入样，以此类推，直到获得最终样本。其优点在于适用于抽样调查的面特别广，没有一个包括所有总体单位的抽样框，或总体范围太大，无法直接抽取样本等情况，可以相对节省调查费用。

在抽样调查中，常用的名词主要有：

1. 总体

总体是指所要研究对象的全体。它是根据一定研究目的而规定的所要调查对象的全体所组成的集合，组成总体的各研究对象称为总体单位。

2. 样本

样本是总体的一部分，它是由从总体中按一定程序抽选出来的那部分总体单位所组成的集合。

3. 抽样框

抽样框是指用以代表总体，并从中抽选样本的一个框架，其具体表现形式主要包括总体全部单位的名册、地图等。

抽样框在抽样调查中处于基础地位，是抽样调查必不可少的部分，其对于推断总体具有相当大的影响。

4. 抽样比

抽样比是指在抽选样本时，所抽取的样本单位数与总体单位数之比。

对于抽样调查来说，样本的代表性如何，抽样调查最终推算的估计值真实性如何，首先取决于抽样框的质量。

5. 置信度

置信度也称为可靠度，或置信水平、置信系数，即在抽样对总体参数做出估计时，由于样本的随机性，其结论总是不确定的。因此，采用一种概率的陈述方法，也就是数理统计中的区间估计法，即估计值与总体参数在一定允许的误差范围以内，其相应的概率有多大，这个相应的概率称作置信度。

6. 抽样误差

在抽样调查中，通常以样本做出估计值对总体的某个特征进行估计，当二者不一致时，就会产生误差。因为由样本做出的估计值是随着抽选的样本不同而变化的，即使观察完全正确，它和总体指标之间也往往存在差异，这种差异纯粹是抽样引起的，故称为抽样误差。

7. 偏差

所谓偏差，也称为偏误，通常是指在抽样调查中除抽样误差以外，由于各种原因而引起的一些偏差。

8. 均方差

在抽样调查估计总体的某个指标时，需要采用一定的抽样方式和选择合适的估计量，当抽样方式与估计量确定后，所有可能样本的估计值与总体指标之间离差平方的均值即均方差。

六、市场调查的程序

市场调查程序指了解、记录、整理及分析市场情况的活动顺序与步骤。为了达到预期目标，市场调查要有计划地进行。

1. 明确调查目标，确定调查问题

调查目标的确定是一个从抽象到具体、从一般到特殊的过程。调查者首先应限定调查的范围，找出企业最需要了解和解决的问题；然后分析现有的与调查问题有关的资料，如企业销售记录、市场价格变化等。在此基础上明确本次调查需要重点收集的资料，最后再写出调查目标和问题的说明。

2. 确定调查方案

市场调查的第二个阶段是要制订一个搜集资料的计划，也即市场调查方案。市场调查是一项复杂、严肃且技术性较强的工作，一项全国性的市场调查往往要组织成千上万人参加，为了在调查过程中统一认识、统一内容、统一方法、统一步调，圆满完成调查任务，就必须事先制订出一个科学、严密、可行的工作计划和组织措施，以使所有参加调查工作的人员都依此执行。在设计一个调查计划时，要求做出决定的有调查的内容、调查的方法、调查问卷、抽样方案、人员安排、经费安排等。调查方案是调查研究的指导方针和行动纲领及依据。

3. 选择调查方法

做任何一件事情，方法选择正确是成功的第一步，进行市场调查也不例外。任何调查都离不开资料收集，在有些情况下，调查人员通过一些报纸、期刊、经济或统计年鉴等就能得到他所需的调查资料；但在有些情况下，除了能得到一些模糊的统计数字外，其他资料是收集不到的，这时调查人员就必须通过访问法、观察法、实验法等实地调查去收集原始资料；在实地调查时，为了达到"事半功倍"的目的，一般选择抽样调查方式。

4. 设计市场调查表格

市场调查方法确定后，根据市场调查目标，需要使用适合的市场调查表格。常见的市场调查表格有调查问卷、观察表和访问提纲。一般来说，市场调查问卷主要适用于访问调查、邮寄调查、留置调查；观察表主要适用于观察法调查；访问提纲主要适用于访问调查的采访访问调查方式。各种调查表格需要根据调查目标设计，对调查内容的覆盖应完整，表达应清

楚、准确。

5. 组织实施市场调查

市场调查的组织和实施阶段，涉及的内容包括调查机构的选择、调查人员的选择与培训，调查的时间、地点，调查过程控制，调查质量控制等多个方面。为此，需要组建一支专业的调查团队，经过系统培训才能上岗，执行市场调查任务。

6. 整理与分析市场调查资料

调查实施阶段收集的资料是分散的，需要对其进行确认、汇总、分组的工作，以便进行统计分析。整理市场资料包括接收和清点资料、检查和校订资料、编码、录入数据、查错、处理缺失数据、统计预处理和制表、作图和进行统计分析。

7. 预测市场发展趋势

基于市场调查所取得的有关资料，通过资料整理和分析，对加工过的资料，运用相应的统计方法，对市场供求变化及其他因素的发展变化趋势做出专业性的描述和推断。市场预测是企业在经营管理活动中必须进行的重要工作，有利于制订企业计划和生产目标。企业可以通过科学的预测分析结论，了解各项市场环境变化，探测消费者消费趋势的走向，判断未来市场的发展情况，甚至还可以了解竞争对手的状况。

8. 编写市场调查报告

调查报告是对某项工作、某个事件、某个问题，经过深入细致的调查后，将调查中搜集到的材料加以系统整理，分析研究，以书面形式向组织和领导汇报调查情况的一种文书。主要内容包括：说明研究的目的，它的理论基础是什么，要解决什么问题，有什么意义。调查报告的主要部分是资料分析，要把资料分析的步骤、所用的公式或图表等一一列出。最后针对资料的分析，说明存在的问题并提出相应的对策和建议。

9. 跟踪市场调查报告

当一项市场调查项目完成后，调查报告就成为该项目的少数历史记录和证据之一。作为历史资料，市场调查报告很有可能被重复使用，从而大大提高其存在的价值。而市场是瞬息万变的，再次使用该调查报告时，市场资料的时效性不能保证反映出最新的市场行情。因而，市场调查机构应与委托企业滚动地进行市场调查结论的沟通，进行调查报告跟踪，更新数据，完善调查结果。

🏁 案例链接

【案例3】 通用汽车公司经营决策调整

斯隆掌管美国通用汽车公司大权时，美国经济已发展到一个新的水平，消费者已不满足于"低层次需要"。斯隆根据当时消费者多层次的购买动机，果断地调整了经营策略，本着"分期付款、旧车折价、年年换代、密封车身"的原则，向消费者提供新一代轿车，其中包括适合富翁需要的最豪华、最气派的凯迪拉克牌，向中产阶层提供的别克牌、奥尔兹莫比牌等，向普通大众提供的简易、廉价的雪佛兰牌，因而抢走了福特"替代马车式的T型汽车"的大部分市场，一举奠定了它的汽车"新帅"地位。通用汽车公司从此称霸于世界。

思考与练习

一、单项选择题（以下各小题所给出的4个选项中，只有一项最符合题目要求，请将正确选项的代码填入括号内。）

1. 市场调查方法从（　　）分为二手资料调查与实地调查。
   A. 调查人员组织　　B. 资料获取渠道　　C. 调查对象选择范围　　D. 调查区域特征
2. 市场调查方法从（　　）分为全面调查与抽样调查。
   A. 调查人员组织　　B. 资料获取渠道　　C. 调查对象选择范围　　D. 调查区域特征

二、多项选择题（以下各小题所给出的选项中，有两项或两项以上符合题目要求，请将符合题目要求选项的代码填入括号内。）

1. 构成市场的三要素包括（　　）。
   A. 人口　　B. 购买力　　C. 购买欲望　　D. 营销服务
2. 市场可以分为哪些类别？（　　）
   A. 消费者市场　　B. 运输市场　　C. 生产资料市场　　D. 人才市场
3. 市场调查的原则包括（　　）。
   A. 客观性　　B. 时效性　　C. 系统性　　D. 经济性
4. 市场宏观调查包括（　　）和政治法律环境调查、自然地理环境调查。
   A. 人口环境调查　　B. 经济环境调查　　C. 社会文化环境调查　　D. 技术环境调查
5. 市场微观调查包括（　　）和消费者、竞争者。
   A. 企业本身　　B. 供应商　　C. 营销中介　　D. 公众

三、名词解释

1. 抽样调查；
2. 全面调查；
3. 实地调查。

四、简答题

1. 市场信息有哪些特点？
2. 市场调查有哪些主要特征？

学生活动

1. 自拟一则二手资料调查的市场调查专题，并进行思考，对调查活动进行设计。
2. 自拟一则实地调查的市场调查专题，并进行思考，对调查活动进行设计。

项目 2

实施汽车市场调查项目

《2022—2028 年中国汽车行业市场运行状况及投资潜力研究报告》共十二章。首先介绍了汽车行业市场发展环境、汽车整体运行态势等，接着分析了汽车市场运行的现状，然后介绍了汽车市场竞争局势。随后，报告做了重点汽车企业经营状况分析，最后分析了汽车行业发展趋势与投资预测。本研究报告数据主要采用国家统计数据，海关总署，问卷调查数据，商务部采集数据等数据库。其中宏观经济数据主要来自国家统计局，部分行业统计数据主要来自国家统计局及市场调研数据，企业数据主要来自国统计局规模企业统计数据库及证券交易所等，价格数据主要来自各类市场监测数据库。

任务分解

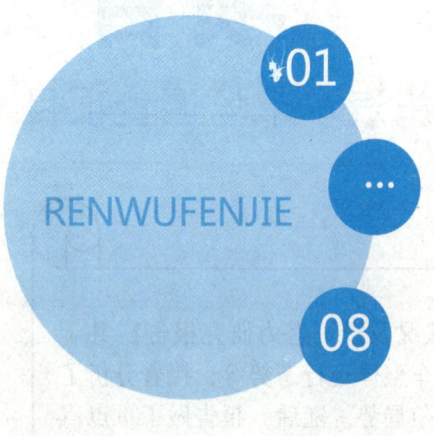

01　RENWUFENJIE　08

任务1　明确汽车市场调查目标
任务2　设计汽车市场调查方案
任务3　选择汽车市场调查方法
任务4　设计汽车市场调查表格
任务5　组织实施汽车市场调查
任务6　整理与分析汽车市场调查资料
任务7　编写汽车市场调查报告
任务8　跟踪汽车市场调查

调查流程

任务 1　明确汽车市场调查目标

核心内容

1.1　明确市场调查的意图
1.2　了解营销问题背景
1.3　确定市场调查目标

任务目标

知识目标：
1. 理解市场调查目标的作用；
2. 明确市场调查目标确定的程序。

能力目标：
1. 具有制定调查目标、明确调查目的的能力；
2. 具有语言表达能力。

素养目标：
1. 维护组织目标实现的大局意识和团队能力；
2. 爱岗敬业的职业道德和严谨、务实、勤勉的工作作风。

任务解读

在企业每天的经营活动中，各个部门可能都会面临这样或那样的问题，例如，经过千辛万苦开发出来的新产品没有得到市场的认可，销售局面迟迟不能打开；由于企业缺乏知名度，产品在国际市场上竞争能力弱；产品研发部门刚刚立项准备新的开发计划，突然传来市场上已有同类产品的消息。遇到这些令人烦恼的问题，很自然就会问"怎么办？""如何才能加以改正？"等等。

如果自己是这家公司的一名市场调查人员，当遇到这些问题时，应该怎么办呢？首先不要急于订立市场调查计划，而应该围绕问题和相关人员进行充分的研究分析，以这些问题为基础，从分析中找出原因，才能清晰地确定调查意图，最终调查才会有意义。

知识导学

明确调查目标是市场调查的第一步也是最重要的一步，做好这一步需要了解调研问题的背景。主要包括：客户为什么要做市场调查；企业以往的经营情况、销售量、市场占有率、利润、在同行中的优势和劣势的主观估计等；企业对市场前景的主观预测；客户要作的决策及要实现的目标是什么；对现有消费者的基本情况及消费行为的主观了解；客户财力及准备投入的调查费用；相关的法律环境和经济环境等。

一、确定市场调查目标的作用

任何一家企业，在进入市场前一定要先确定其市场目标，进行市场调查也是如此。否则，就如盲人摸象般"粗枝大叶"，不能正确地认清市场前景，这样的企业或商家一旦进入市场将毫无主动权，在市场无情的硝烟中很难幸免。相反，若为自己企业的市场调查正确定位了相符的调查目标，则可使调查按照预期的目标去完成，也能为企业营销策略的信息需求找到对的判断依据。

案例链接

【案例1】 盲人摸象

盲人摸象出自《大般涅槃经》三二。原文：尔时大王，即唤众盲各各问言："汝见象也？"众盲各言："我已得见。"王言："象为何类？"其触牙者即言象形如芦菔根，其触耳者言象如箕，其触头者言象如石，其触鼻者言象如杵，其触脚者言象如木臼，其触脊者言象如床，其触腹者言象如瓮，其触尾者言象如绳。

【译文】

从前，有四个盲人很想知道大象是什么样子，可他们看不见，只好用手摸。胖盲人先摸到了大象的牙齿。他就说："我知道了，大象就像一个又大又粗又光滑的大萝卜。"高个子盲人摸到的是大象的耳朵。"不对，不对，大象明明是一把大蒲扇嘛！"他大叫起来。"你们净瞎说，大象只是根大柱子。"原来矮个子盲人摸到了大象的腿。而那位年老的盲人呢，却嘟囔："咳，大象哪有那么大，它只不过是一根草绳。"原来他摸到的是大象的尾巴。四个盲人争吵不休，都说自己摸到的才是大象真正的样子。而实际上呢？他们一个也没说对。后以盲人摸象比喻看问题以偏概全。

通过与企业决策者沟通、与产业专家交流，进行了二手资料分析，了解营销问题背景的一系列工作，实际上是我们对企业做了一个摸底调查。在此基础上，可以根据项目要求设立调查假设，或形成某种思路。假设是未经实践充分检验的理论，它是调查目标和理论模型之间的中间环节，是建立和发展科学理论的桥梁。调查者可以根据所提出的假设确定自己的调查方向，进行有目的的、有计划的观测和实践，避免盲目性和被动性。在此基础上，你就应该从容地确定市场调查目标了。

汽车市场调查目标的确定是一个从抽象到具体、从一般到特殊的过程。调查者首先应限定调查的范围，找出企业最需要了解和解决的问题；然后分析现有的与调查问题有关的资料，如企业销售记录、市场价格变化等。在此基础上明确本次调查需要重点收集的资料，最后再写出调查目标和问题说明。

二、制定市场调查目标的程序

制定市场调查目标的程序包括三个主要阶段：明确市场调查的意图、明确市场调查的内容和明确市场调查能够解决的问题。

1. 明确市场调查的意图

明确市场调查的意图是指为什么要进行调查，市场调查意图是什么，调查结果有何用途。

2. 明确市场调查的内容

明确市场调查的内容是指通过调查要获得什么信息，调查内容是什么，通过调查要获取哪些市场信息。

3. 明确市场调查能够解决的问题

明确市场调查能够解决的问题是指利用已获得的信息做什么，为什么进行此次调查，能够解决哪些问题。

🚗 **任务引领**

> **任务信息**
>
> 某汽车销售服务有限公司发现其销售量已连续下降 6 个月，总经理想知道销量不景气的真正原因。是整体汽车市场不景气，广告支出减少，消费者偏好转变，还是工作人员服务不到位？

针对该项案例任务，要明确其调查的目标，可以试着对下面的问题进行思考：
请分析该调查专题的汽车市场调查目标是什么。
（1）市场调查意图是什么？调查结果有何用途？
（2）调查内容是什么？通过调查要获取哪些市场信息？
（3）为什么进行此次调查？能够解决哪些问题？
本内容抛砖引玉，希望给你以案例任务进行思考，对其调查目标的确定有一些启发。

1.1 明确市场调查的意图

当你购买一辆自己心仪已久的汽车时，你一定会要求试乘试驾；当你购买一双时髦的运动鞋之前，试穿是决定你是否刷卡买单的必要环节。

市场调查的主要目的是收集与分析市场资料，帮助企业更好地做出决策，以减少决策的失误，因此，调查的第一步就是要求决策人员和调查人员认真地商定研究目标。

"良好的开端是成功的一半"，同样，对一个问题能够做出恰当的定义等于已经解决了一半。在任何一个市场问题上都存在许多可以调查的方面，如果对该问题定义模糊，那收集信息的成本可能会超过调查提出的结果价值。

为了明确市场调查意图，可以进行以下操作。

一、与企业决策者进行充分沟通交流

在接受委托进行市场调查时，首先需要让企业的决策者理解市场调查的重要作用，使他们能够坚定地支持市场调查工作，同时，也要让他们了解市场调查工作过程及结论的局限性。

🚗 **任务分析**

> **任务分析-1**
>
> 承接该调查任务的市场调查者应先分析有关资料，找出研究问题并进一步做出假设，提出研究目标。假如调查人员认为上述问题是消费者偏好转变的话，再进一步分析、提出若干假设。例如，消费者认为该公司汽车产品设计落伍，竞争汽车品牌的广告设计较佳，等等。

市场调查可以提供与管理决策相关的信息，但并不能提供解决问题的办法，这需要企业决策者结合实践加以判断。作为市场调查活动的操作者，也需要了解从决策者角度来看，企业究竟面临着什么样的问题，希望从中获得有利于确定调查目标的信息。

1. 选择恰当的时机和方式，对企业决策者进行访问

为了发现管理问题，调研者必须擅长和决策者接触。有许多因素使这种接触变得非常复杂。如，和决策者接近比较困难，有些单位对接近最高领导规定了非常复杂的程序和礼节。在我国，由于市场调查的重要性还不是人所共知，因而一些企业内部的调研部门在本单位的地位较为低下，决定了在调研的初期阶段接近关键的决策者非常困难。当然，如果我们是被聘请的专业调查公司，情况或许会好一些，但依然得讲究方式方法，尽快与企业决策者进行沟通。另外，一个企业可能不止一位关键决策者，无论是单独见面还是集体见面都可能有困难。这就应该根据企业面临的问题，有意识地首先选择与直接相关的决策者见面，进行访谈。

2. 对问题进行初步分析

问题分析是一种为了发现营销问题的实质和产生的原因而进行的全面综合检查。如果在与企业决策者沟通之前已经就一些问题进行了讨论与分析，这将为和决策者接触及发现问题的潜在原因做出非常有用的准备。在与企业决策者进行访问时，可以将准备好的问题提出来，与决策者进行讨论。

与企业决策者共同进行问题分析包括以下几方面内容。

（1）导致企业必须采取行动、进行决策转变的事件，或者问题的演变过程。例如，某产品在短期内突然出现市场份额的急剧下降。

（2）针对以上问题，分析最可能的影响因素，以及决策者可以选择的不同措施。这些措施包括近期措施和长远措施。例如，产品市场份额短期大幅下降，主要原因是"产品陈旧""价格过高""消费者偏好发生转移"，还是"广告不新颖"等。

（3）企业决策者希望的市场情况是什么？

（4）评价有关新措施的不同选择标准。例如，对生产新的产品，可以用销售额、市场份额、盈利性、投资回报等标准进行评价。

（5）与制定新措施有关的企业文化。了解企业文化有利于市场调查工作的组织与实施，有利于调查结论的形成。

问题的初步分析可以发现潜在的问题，极大地促进对调查目标的确定。作为专业调查公司，由（企业）顾客单位中的一个或几个人充当联络员或与调查人员组成一个小组，将更有利于调查人员与决策者的接触。

3. 与决策者沟通交流的注意事项

（1）调查人员与决策者自由地交换意见在调查活动中是非常必要的。决策者应与调查人员相互合作、相互信任。

（2）营销调研是一项群体活动，在调研人员和决策者的接触中，双方必须坦诚，不应该有任何隐瞒，必须开诚布公。

（3）调研人员与决策者的关系必须友善、密切。决策者与调研人员应保持持续的接触而不只是偶尔的接触。

（4）作为专业调查人员，与决策者的接触应具有创新性，而不能模式化。

二、与行业专家进行沟通交流

专家包括委托单位内部的专家和外部的专家。

作为专业调查公司人员，在确定调查目标时，与决策者访谈告一段落后，紧接着就应该与对公司和产品制造非常熟悉的行业专家进行沟通交流。

在进行访谈时，调查人员一定要全神贯注，这些专家的知识与经验可以通过随意的交谈获得，无须进行调查问卷的设计和制作，但也应做好必要的准备工作。

1. 进行专家访谈，先列出访谈提纲

在见面之前，应该事先将访谈内容开列一个提纲，但是会见无须严格按照提前准备的题目顺序和问题进行，可以灵活地对计划进行随机调整，只要达到获得专家知识的目的即可。和专家会面，只是为了界定调研问题，不应该希望马上就能找到解决问题的方法。

2. 要善于甄别专家，有选择地吸收其经验

在市场调查活动中，有些人自称有知识并积极地希望参与，但他们未必是真正的专家。因此，一般在进行专家访谈时，应该事先对专家的背景进行调查，做到心中有数。此外，由于业务活动需要，还有可能向委托单位以外的专家求助，这时操作起来就比较困难，因此，必须通过熟人介绍或其他一些公关活动，使其接受我们的访问。

与专家沟通交流的方法更多地适用在为工业公司或产品技术特性而进行的营销调研中，这类专家相对比较容易发现和接近。这种方法也适用于没有其他信息来源的情况，例如，对一个全新的产品进行调研，专家对现有产品的改造和重新定位可以提供非常有价值的建议。

三、查看是否存在可以利用的二手资料

分析二手资料对于界定调研问题非常必要。通常情况下，收集二手资料是市场调查活动的开始，在此基础上，才进行原始资料的收集。尽管收集二手资料不可能提供特定调查问题的全部答案，但二手资料在很多方面都是有用的。

四、进行定性调研

在有些情况下，根据从决策者、专家处获得的信息及收集的二手资料仍不足以清楚确定市场调查问题，这时可以采取定性调研的方法来了解问题及相关的潜在因素。定性调研没有固定格式，具有一定的探索性，主要用来发现问题、寻找机会，解决"可以做什么"的问题。

1.2 了解营销问题背景

为了了解营销调研问题的背景，调研人员必须首先了解客户的公司和产业，尤其应该分析对界定调研问题会产生影响的各种因素。

这些因素限定了调研问题的环境内容，主要包括：有关客户公司和产业的历史资料及前景预测、公司的资源及各种限制、决策者的目标、购买者的行为、法律环境、经济环境，以及公司营销手段和生产技术等。

🚗 任务分析

> **任务分析-2**
>
> 通过"明确市场调查意图"这一工作环节，已经可以初步了解到企业所面临的"营销问题"是什么。
>
> 这时，不要急于开始正式的市场调查工作，要对问题进一步澄清，以利于确切地界定市场调查目标。如果你是一家专业公司的市场调查人员，你应该了解这些问题出现的背景，这样才能在分析相关因素的基础上进一步明确市场调查目标。
>
> 某汽车销售服务有限公司发现其销售量已连续下降达 6 个月，总经理想知道销量不景气的真正原因是什么。是整体汽车市场不景气，广告支出减少，消费者偏好转变，还是工作人员服务不到位？

这种调研方法以少量样本为基础，经常采用的调研手段包括：召集小型座谈会或专家座谈会，让大家畅所欲言；与被访问者语言沟通（询问被调查者对刺激性语言的第一反应）

及深层次会见（面对面地会见以详细了解被调查者的想法）等。有时也采用其他探索性调研手段，如对少量被调查者进行实验性调研，尽管在这个阶段进行的调研并不正式，但能提供很有价值的信息。

从定性调研中获得的信息，结合与决策者的交谈，与产业专家会见及对第二手资料的分析，就能够使调研者充分了解问题的内容。

一、了解企业自身条件

1. 了解企业历史资料

了解与委托单位销售、市场份额、盈利性、技术、人口、人口统计学和生活方式有关的历史资料及趋势预测，能够帮助调研人员理解潜在的营销调研问题，对这种资料的分析应该在行业和公司的层次上进行。

例如，一个汽车企业销售量下降，而整个行业的市场销售上升；这种情况下，调查研究的问题和整个行业的市场销售同时下降是完全不同的问题，前者可以具体到这个公司。因此，该公司的历史资料及其趋势预测，对于揭示企业面临潜在的问题和机遇很有价值，尤其是在公司资源有限和面临其他限制条件时。

2. 了解企业可利用资源和调查面临的限制条件

作为专业调查公司，如果想恰当正确地确定调查问题的范围，就必须考虑到公司可以利用的资源（如公司和调研技术），以及面临的限制条件（如成本和时间）。

例如，一个大规模的调查项目需要花费10万元，而公司的预算经费只有4万元，显然这个项目不会被企业管理者批准。在很多时候，市场调查问题范围都不得不被压缩以适应预算限制。如调查方案计划对公司的顾客进行调查时，就会将调查范围从全国压缩到几个主要的区域市场。

一般情况下，在市场调查计划中只增加少量成本，就会使调查问题的范围大幅度扩展，这会显著增强调研项目的效用，也容易获得委托单位管理者的批准。当决策必须尽快做出时，对于调查公司来讲，时间的安排非常重要。例如，企业决策者通常要求在一定时间内完成一个调研项目，这个项目的结果可能要提交即将召开的董事会。

3. 了解企业目标

企业制定决策的目的就在于实现目标。管理决策的形式是建立在清楚了解企业的目标和决策者的个人目标基础上的，因此，市场调查项目要取得成功，提出切实可行的调查结论，也必须能够服务于这两种目标。

我们受托到企业后，一般情况下，企业决策者往往很少能清楚地讲出个人和企业的目标，相反，他们常常用缺乏可操作性的语言来描述这些目标，如"提高公司形象"等。因此，直接向决策者提问并不能发现所有的相关目标，调查人员必须有能力找出这些目标。一个经常使用的方法，就是对一个问题当面告诉决策者各种可行的思路，然后问决策者愿意采取何种解决思路，如果决策者回答"不"，就进一步探讨寻找依靠这种思路无法实现的目标。

二、了解企业的环境条件

1. 了解消费者行为

消费者行为是市场调查问题环境内容的一个重要组成部分。在大多数的营销决策中，所有的问题都会回到预测消费者对于营销者具体行为的反映上来。理解潜在的消费者行为对于理解市场调查问题非常有用，预测消费者行为应考虑以下因素：

（1）消费者和非消费者的人数及地域分布。

(2) 消费者人口统计和心理特征。

(3) 产品消费习惯及相关种类物品的消费。

(4) 传播媒体对消费行为及对产品改进的反应。

(5) 消费者对价格的敏感性。

(6) 零售店主要光顾人群。

(7) 消费者的优先选择。

2. 了解企业所处的法制环境

法制环境包括公共政策、法律、政府代理机构。重要的法律领域包括专利、商标、特许使用权、交易合同、税收、关税等，法律对营销的每一个组成部分都有影响。另外，还有管理各个产业的相关法律。法制环境对于界定营销调研问题有重要作用。

3. 了解企业所处的经济环境

营销调研问题的环境内容的另一个重要组成部分是经济环境，包括购买力、收入总额、可支配收入、价格、储蓄、可利用的信息及总的经济形势。经济的总体状况（快速增长、慢速增长、衰退和滞胀）会对消费者和企业信用交易及购买昂贵产品的意愿产生影响，因此，经济环境对于市场营销问题的潜在影响也是巨大的。

4. 了解企业的营销及技术手段

企业营销方案每一组成部分的知识、营销的技术手段会对营销调研项目的性质和范围产生影响。如开发一项技术产品，如果没有相关的制造技术和推销手段，就根本无法做到。通过对企业原有营销知识及技术手段的了解，可以从中找到部分确定市场调查问题的依据。

一个企业的营销及技术手段会影响其营销项目和战略实施。在更大范围上说，技术环境的其他组成部分也应被考虑在内。技术的进步，如计算机的持续发展，对营销调研产生了深刻的影响。例如，计算机的结账系统，使超级市场经营者能够监督每天消费者对于产品的需求，并能向调研者随时提供相关数据。这样，零售的信息就能随时获得，这不仅包括公司品牌，也包括其他竞争性的品牌。

数据收集的快速性和精确性使调研者能够对复杂的问题，如改进产品所带来的市场份额的每日变化，进行研究调查。

在对营销调研问题的环境内容获得充分的了解后，调查者就能够识别出管理决策问题和营销调研问题。

1.3　确定市场调查目标

调查目标的确定是一个从抽象到具体、从一般到特殊的过程。调查者首先应限定调查的范围，找出企业最需要了解和解决的问题；然后分析现有的与调查问题有关的资料，如企业销售记录、市场价格变化等。在此基础上明确本次调查需要重点收集的资料，最后写出调查目标和问题的说明。

通过与企业决策者沟通、与产业专家交流，进行了二手资料分析，了解营销问题背景的一系列工作，实际上是我们对企业做了一个摸底调查。在此基础上，可以根据项目要求设立调查假设，或形成某种思路。假设是未经实践充分检验的理论，它是调查目标和理论模型的

中间环节，是建立和发展科学理论的桥梁。调查者可以根据所提出的假设确定自己的调查方向，进行有目的、有计划的观测和实践，避免盲目性和被动性。

在此基础上，你就应该从容地确定市场调查目标了。

一、确定市场调查目标

1. 不要将调查目标定得太大

在业务实践中，确定调查目标时，有的调查研究人员生怕漏掉什么，常常将目标定义得太宽，太宽的定义无法为调查的后续工作提供明确的方向。

例如，研究品牌的市场营销战略，改善公司的竞争位置，改进公司的形象等，这些问题都不够具体，因而无法提示解决问题的途径或方案设计的途径。

2. 不要将调查目标定得太窄

在业务实践中，确定调查目标时，有的调查研究人员将目标定义得太窄，这就会使得决策者根据调查结果做决策时缺乏对市场情况的全盘把握，甚至导致决策的失败。

例如，在一项为某汽车产品销售公司进行的调研中，管理决策问题是如何对付某竞争对手发起的降价行动。由此，研究人员确定的备选行动路线为：作相应的降价以适应该竞争者的价格；维持原价格但加大广告力度；适当降价，不必与竞争者相适应，但适当增加广告量。

实际上，这些目标太具体，以至于成了备选行动，而这些备选的行动可能都没有什么希望。后将调查目标重新定义为：如何提高市场占有率，增加系列产品的利润。通过定性研究，结果表明：在双盲试验中，消费者并不能区分不同品牌的产品，而且消费者将价格看作指示产品质量的一个因素。这些发现就导出了另一个有创造性的备选行动路线：提高现有品牌价格的同时引进两个新品牌，一个品牌的价格与竞争者相适应，另一个品牌将价格降得更低些。

3. 正确定义调查目标

为了减少定义目标时常犯的两类错误的出现，可以先将调研目标用比较宽泛的、一般性的术语来陈述，然后，确定具体的研究提纲。比较宽泛的陈述可以为问题提供较开阔的视角以避免出现第二类错误，而具体的研究提纲集中了问题的关键方面，从而可以为如何进一步操作提供清楚的指引路线。

二、建立市场调查假设

为加强调查的目的性，调查者可事先提出假设，即先给出调查的观点，然后寻找材料加以说明。例如，一些零售商店根据现有的材料，可提出如下假设：一是商店销售额下降是因为竞争对手增加、顾客分流所致，企业的营销策略无问题；二是商店销售额下降是因为产品定价太高，周围顾客购买力水平低造成，竞争对手不是主要因素。依据假设进行调查，是探索性调查经常采用的方法，它可以使调查者抓住重点，提高效率，并带着结论去调查。

为使调查目标更加明确和集中，企业也可以事先组织一次试调查，即依据现有的资料和所作假设进行试验性的访问调查。做法是调查组织者与一些有经验的调查员一起到某个地区，按判断抽样法选取部分调查对象，与他们进行面对面交谈，然后参照面谈记录，对调查目标进行修正，并进一步明确调查问题的性质和特征。

思考与练习

一、单项选择题（以下各小题所给出的4个选项中，只有一项最符合题目要求，请将正确选项的代码填入括号内。）

1. 了解与委托单位销售、市场份额、营利性、技术、人口、人口统计学和生活方式有关的（   ）及趋势预测，能够帮助调研人员理解潜在的营销调研问题。
   A. 相关性　　　B. 调查表格　　　C. 历史资料　　　D. 大数据技术

2. 通常情况下，（   ）是市场调查活动的开始，在此基础上才进行原始资料的收集。
   A. 收集二手资料　　B. 观察法　　C. 设计问卷　　D. 调查资料分析

3. （   ）环境包括公共政策、法律、政府代理机构。
   A. 经济　　　B. 文化　　　C. 人口　　　D. 法制

二、多项选择题（以下各小题所给出的选项中，有两项或两项以上符合题目要求，请将符合题目要求选项的代码填入括号内。）

1. 在确定调查目标时，与决策者沟通交流必须注意（   ）。
   A. 决策者应与调查人员相互合作、相互信任
   B. 决策者与调研人员应保持持续的接触，而不只是偶尔接触
   C. 双方必须坦诚，不应该有任何隐瞒，必须开诚布公
   D. 调研人员与决策者的关系必须友善、密切

2. 收集二手资料应有以下基本要求（   ）。
   A. 围绕营销问题的内容
   B. 根据资料来源，结合适当的收集方法做到去伪存真、去粗取精
   C. 从众多资料中将对调查目的有价值的资料选取出来
   D. 去除那些不确切、有限制的资料

3. 在分析营销问题时，预测消费者行为应考虑以下因素（   ）。
   A. 消费者和非消费者的人数及地域分布
   B. 人口统计和心理特征
   C. 对价格的敏感性
   D. 零售店主要光顾人群
   E. 传播媒体对消费行为及对产品改进的反应

4. 在业务实践中，确定调查目标时，有的调查研究人员将目标定义得太窄，就会（   ）。
   A. 收集资料不充分
   B. 调查结论不科学
   C. 决策者缺乏对市场情况的全盘把握
   D. 可能导致决策的失败

三、判断题（请在下面题目中的括号里面填"√"或者"×"。）

1. 与企业决策者沟通，有利于调查人员尽快获取企业面临的问题及相关信息，从而加快了市场调查工作的步伐，也就不用再与企业职工进行沟通交流。　　　　　　　（   ）

2. 为了保证收集、分析问题全面，我们在调查时应该进行企业营销问题的背景调查，目的是替代正式调查过程中的某些环节。（　　）

3. 一般情况下，企业决策者往往很少能清楚地讲出个人和企业的目标，相反，他们常常用缺乏可操作性的语言来描述这些目标。（　　）

4. 在现实生活中，许多消费者认为年龄、收入等都属于个人隐私，不愿意真实回答，所以在调查时可以把这些问题省略，以免影响消费者情绪。（　　）

5. 依据假设进行调查，是探索性调查经常采用的方法，它可以使调查者抓住重点，提高效率，并带着结论去调查。（　　）

三、简答题

1. 与决策层、专家交流对调查公司获知企业面临的营销问题有哪些帮助？
2. 在消费者调查中，为什么要了解消费者人口统计特征？
3. 为什么说市场调查目标不能定得过宽，也不能定得过窄？
4. 怎样建立市场调查假设？其主要目的是什么？
5. 如果市场调查目标不明确，调查活动会怎样进行？

学生活动

试着就一些汽车市场营销问题确立市场调查目标，并与同学讨论。具体要求如下：
1. 标题确切；
2. 调查可行。

任务2　设计汽车市场调查方案

核心内容

2.1　理解市场调查方案设计的含义与意义
2.2　把握市场调查总体方案设计
2.3　认识调查方案的可行性研究及评价
2.4　利用调查方案引导文

任务目标

知识目标：
1. 理解市场调查方案的含义；
2. 理解市场调查方案的意义；
3. 掌握市场调查方案设计工作的实施步骤；
4. 了解市场调查方案的可行性研究方法；
5. 了解市场调查方案评价的指标；

6. 掌握市场调查方案的内容和格式。

能力目标：

1. 具有制订工作计划、独立决策和实施的能力；
2. 具有计划和统筹安排的能力；
3. 利用 Office 办公软件进行文案设计和制作的能力。

素养目标：

1. 维护组织目标实现的大局意识和团队能力；
2. 爱岗敬业的职业道德和严谨、务实、勤勉的工作作风。

任务解读

在汽车市场调查活动中，当调查机构确定了营销调查的"问题"后，就应针对调查问题设计调查方案和方法。任何正式的市场调查活动都是一项系统工程，在调查过程中统一认识、统一内容、统一方法、统一步调，圆满完成调查任务，在具体开展调查工作前，应该根据调查研究的目的和调查对象的性质，事先对调查工作的各个阶段进行通盘考虑和安排，制定出合理的工作程序，即提出相应的调查实施方案。调查工作的成败，在很大程度上取决于所制定调查方案的科学、系统、可行与否。为了调查任务的顺利完成，需要制定一个合乎调查需要的调查方案。

知识链接

经过初步的方案选择后，需要你对整个调查活动作一个安排，即编写市场调查方案。

市场调查方案是调查项目的实施方案，是对某项调查工作，从目标要求、工作内容、方式方法及工作步骤等做出全面、具体而又明确安排的计划类文书。市场调查方案也叫调查项目执行方案，是指正式开始为完成某项目而进行的活动或努力工作过程的方案制定，是市场调查项目能否顺利和成功实施的重要保障和依据，其成败在一定程度上决定了市场调查项目实施的成败。

2.1 理解市场调查方案设计的含义与意义

一、市场调查方案设计的含义

市场调查方案设计，就是根据调查研究的目的和调查对象的性质，在进行实际调查之前，对调查工作总任务的各个方面和各个阶段进行通盘考虑和安排，提出相应的调查实施方案，制定出合理的工作程序。

市场调查的范围可大可小，但无论是大范围的调查工作，还是小规模的调查工作，都会涉及相互联系的各个方面和各个阶段。这里所讲的调查工作的各个方面是对调查工作的横向设计，就是要考虑到调查所要涉及的各个组成项目。例如，对某市商业企业竞争能力进行调查，就应将该市所有商业企业的经营品种、质量、价格、服务、信誉等方面作为一个整体，对各种相互区别又有密切联系的调查项目进行整体考虑，避免调查内容上出现重复和遗漏。这里所说的全部过程，则是对调查工作纵向方面的设计，是指调查工作所需经历的各个阶段和环节，即调查资料的搜集、调查资料的整理和分析等。只有对此事先做出统一考虑和安排，才能保证调查工作有秩序、有步骤地顺利进行，减少调查误差，提高调查质量。

二、市场调查方案设计的意义

市场调查是一项复杂、严肃、技术性较强的工作，一项全国性的市场调查往往要组织成千上万人参加，为了在调查过程中统一认识、统一内容、统一方法、统一步调，圆满完成调查任务，就必须事先制定出一个科学、严密、可行的工作计划和组织措施方案，以使所有参加调查工作的人员都依此执行。

第一，从认识上讲，市场调查方案设计是从定性认识过渡到定量认识的开始阶段。虽然市场调查搜集的许多资料都是定量资料，但应该看到，任何调查工作都是先从对调查对象的定性认识开始的，没有定性认识就不知道应该调查什么和怎样调查，也不知道要解决什么问题和如何解决问题。

第二，从工作上讲，调研方案设计起着统筹兼顾、统一协调的作用。在市场调查的过程中会遇到很多复杂的问题，有些与调查本身相关，有些并非与调查本身相关，如样本的原则与确定、调查经费、调查时间等，只有通过调研方案的设计，设置好调研工作的流程，才能分清主次，根据需要和可能采用相应的调查方法，使调查工作有序进行。

第三，从实践要求上讲，调查方案设计能够适应现代市场调查发展的需要。现代市场调查已由单纯的搜集资料活动发展到把调查对象作为整体来反映的调查活动，与此相适应，市场调查过程也应被视为市场调查设计、资料搜集、资料整理和资料分析的一个完整工作过程，调查设计正是这个全过程的第一步。

总之，市场调查方案有两方面的作用：一是给雇主即调查委托方审议检查之用，以作为双方的执行协议；二是作为市场调查者实施执行的纲领和依据。

任务引领

> **任务信息**
>
> 某汽车销售服务有限公司在进行市场调查活动实施之前，应该进行大量的初步调研和设计工作。调查活动实际上可以按照进行的时间顺序分成调查前、调查中、调查后三个主要阶段。在调查前，需要进行调查方案的设计。

针对该任务，要真正理解调查方案的作用，明确调查方案设计的要求，调查方案的可行性要求，调查方案的内容和格式，可以试着对下面问题进行思索：

请分析该调查专题的汽车市场调查方案应如何设计，如何拿出该方案。

（1）市场调查方案设计工作的工作步骤如何？

（2）市场调查方案的可行性如何评价？

（3）市场调查方案的主要内容是什么？格式如何设计？

本内容抛砖引玉，希望你以该任务进行思考，对调查方案的制作有一些启发。

🚗 任务分析

> **任务分析**
> 　　市场调查的总体方案设计是对调查工作各个方面和全部过程的通盘考虑，包括整个调查工作过程的全部内容。调查总体方案是否科学、可行，是整个调查成败的关键。
> 　　市场调查可以提供与管理决策相关的依据。作为一个完整的市场调查方案，必然有一定的格式。不同项目的调查方案格式有所区别，但一般格式包括前言部分、调查课题的目的和意义、调查的内容和具体项目、调查的对象、调查的方法、调查工作的时间进度安排、经费预算、调查结果的表达形式等几个部分。

2.2　把握市场调查总体方案设计

市场调查总体方案设计主要包括确定具体的调查提纲等 8 个内容，具体见图 2.2.1 市场调查方案总体设计工作步骤。

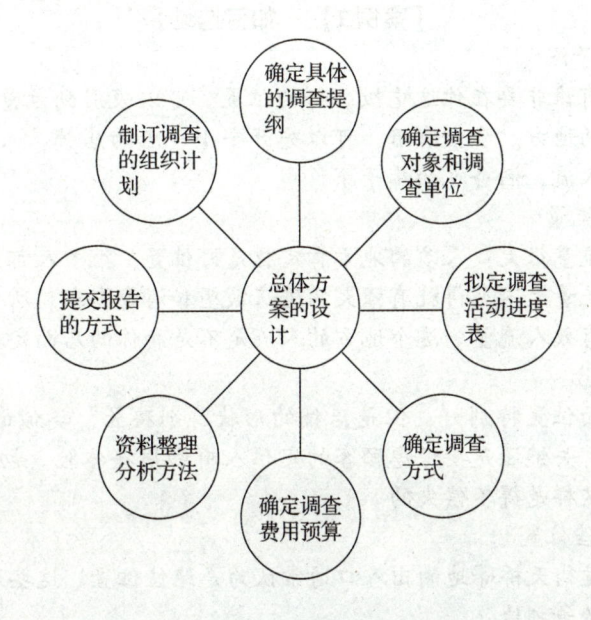

图 2.2.1　市场调查方案总体设计工作步骤

一、确定调查目的

明确调查目的是调查设计的首要问题，只有确定了调查目的，才能确定调查的范围、内容和方法，否则就会列入一些无关紧要的调查项目，而漏掉一些重要的调查项目，无法满足调查的要求。例如，1990 年我国第四次人口普查的目的就规定得十分明确，即"准确地查清第三次人口普查以来我国人口在数量、地区分布、结构和素质方面的变化，为科学地制定国民经济和社会发展战略与规划，统筹安排人民的物质和文化生活，检查人口政策执行情况提供可靠的依据。"可见，确定调查目的，就是明确在调查中要解决哪些问题，通过调查要取得什么样的资料，取得这些资料有什么用途等问题。衡量一个调查设计是否科学和标准，主要就是看方案的设计是否体现调查目的的要求，是否符合客观实际。

调查课题的目的和意义较前言部分稍微详细，应指出项目的背景、想研究的问题和可能的几种备用决策，指明该项目调查结果能给企业带来的决策价值、经济效益、社会效益，以及在理论上的价值。

编写市场调查方案首先要明确的就是调查目的。有的客户对市场调查业务比较熟悉，所提要求也十分明确。有些对市场调查还不熟悉的客户，指出的问题未经考虑，范围广泛，这就需要研究人员针对企业本身和企业想要了解的问题进行调查、访问，熟悉企业背景，讨论企业的生产和销售情况，明确企业调查的目的和内容。

"某平行进口车经贸公司选址市场调查"中调查目的和意义：

根据商业活动规则，合理选址是商业成功的重要环节，有"一是位置，二是位置，三还是位置"的说法，形象地强调了选址对商业活动的重要性。组织这次以"某平行进口车经贸公司选址市场调查"为主题的调查活动，目的是收集相关市场信息，指导做好平行车经贸公司选址工作。

案例链接

【案例1】 如何选址？

1. 酒香也怕巷子深

时代不同，没有谁非要在你这吃饭。好的位置，可以吸引到注意力。即使资金不足，也要租在相对闹市的地方。资金有限，可以先开个小一点的店铺，人流多资金周转就快。切忌求面积而不求人流，酒香也怕巷子深。

2. 关注有效人流量

人来人往，人流量很大，人多的地方肯定就是好位置，很多人都是这么认为的。但这都是表面现象，人流量大不见得就有强大的进店欲望和消费需求。所以关注的不能只看人流量，还需要关注有效人流量。这个地方的人流是不是和你的店面定位匹配才是关键。

3. 注重用餐体验

总会有一些店面位置特别好，但是店铺的形状特别狭长，类似的这种情况最让人纠结。对于这种情况，关键还是要考虑顾客的定位人群和用餐体验。切忌因为贪图好位置，影响了用餐体验，这样是得不偿失的。

4. 不必争抢绝佳位置

地铁、街道、过街天桥等地的出入口通常认为是绝佳位置。这些地方视野好，交通便利，是餐饮行业的必争之地。

但是如果你经营的是一些休闲类的食品，也可不必争抢这些位置。街道中间虽然人员密度小些，但有多人次往返，也是一个不错的选择。

5. 关注市场容量

所有的店面选址都必须确保一个原则——有足够的市场容量。

如果这个地方有足够的市场容量，而你的店面也有明确的定位和竞争优势，跟随竞争者的选址策略是可取的。如果这些条件都不能满足，那还是不要扎堆跟风了。谨慎选择批发市场。五六年前，互联网对大众生活冲击还不是很大的时候，批发市场商圈十分重要。经济活跃是由人带动人，只要有人就不用担心餐饮做不起来。

如今电商时代来临，一切经济消费的变化令人猝不及防。类似手机通信城的批发市场上人越来越少，考察好批发市场的行业发展再决策定要不要选在这里。

二、确定调查对象和调查单位

明确了调查目的后，就要确定调查对象和调查单位，主要是为了解决向谁调查和由谁来具体提供资料的问题。

调查对象就是根据调查目的、任务确定调查的范围以及所要调查的总体，它是由某些性质上相同的许多调查单位组成的。

调查单位就是所要调查的社会经济现象总体中的个体，即调查对象中的一个个具体单位，它是调查中要调查登记的各个调查项目的承担者。例如，为了研究某市各广告公司的经营情况及存在的问题，需要对全市广告公司进行全面调查，那么，该市所有广告公司就是调查对象，每一个广告公司就是调查单位。又如，在某市职工家庭基本情况一次性调查中，该市全部职工家庭就是这一调查的调查对象，每一户职工家庭就是调查单位。

在确定调查对象和调查单位时，应该注意以下4个问题：

第一，由于市场现象具有复杂多变的特点，因此在许多情况下，调查对象也是比较复杂的，必须以科学的理论为指导，严格规定调查对象的含义，并指出它与其他有关现象的界限，以免造成调查登记时由于界限不清而发生的差错。例如，以城市职工为调查对象，就应明确职工的含义，划清城市职工与非城市职工、职工与居民等概念的界限。

第二，调查单位的确定取决于调查目的和对象，调查目的和对象变化了，调查单位也要随之改变。例如，要调查城市职工本人基本情况，这时的调查单位就不再是每一户城市职工家庭，而是每一个城市职工了。

第三，调查单位与填报单位是有区别的，调查单位是调查项目的承担者，而填报单位是调查中填报调查资料的单位。例如，对某地区工业企业设备进行普查，调查单位为该地区工业企业的每台设备，而填报单位是该地区每个工业企业。但在有的情况下，两者又是一致的，例如，在进行职工基本情况调查时，调查单位和填报单位都是每一个职工。在调查方案设计中，当两者不一致时，应当明确从何处取得资料并防止调查单位重复和遗漏。

第四，不同的调查方式会产生不同的调查单位。如采取普查方式，调查总体内所包括的全部单位都是调查单位；如采取重点调查方式，只有选定的少数重点单位是调查单位；如果采取典型调查方式，只有选出的有代表性的单位是调查单位；如果采取抽样调查方式，则用各种抽样方法抽出的样本单位是调查单位。

确定调查对象和调查范围，主要是为了解决向谁调查和由谁来具体提供资料的问题。调查对象就是根据调查目的、任务确定调查的范围及所要调查的总体，它是由某些性质上相同的许多调查单位组成的。

一般情况下，调查对象的选择是根据消费品的种类及其分销渠道来确定的。也就是说，产品由生产者到消费者手中都经过了哪些环节，那么消费品的调查对象也就是哪几类人。一般消费品，如自行车，价格一般在几百元，它的分销渠道要比耐用品的长些，一般为生产者—经销商—用户或生产者—代理商—经销商—用户。因此，调查对象的选择主要为消费者、经销商。而有些价格低廉、形态较小的日用消费品，由于消费者一般是时用时买，以方

便为宜，故它的零售商较多，分销渠道长，调查对象也就增加了零售商这个环节。需要注意的是，必须严格规定调查对象的含义和范围，以免造成调查登记时由于含义和范围不清而发生错误。例如，城市个体经营户的经营情况调查，必须明确规定个体经营户的性质、行业范围和空间范围。

三、确定调查项目

调查项目是指对调查单位所要调查的主要内容，确定调查项目就是要明确向被调查者了解哪些问题，调查项目一般就是调查单位的各个标志的名称。例如，在消费者调查中，消费者的性别、民族、文化程度、年龄、收入等，其标志可分为品质标志和数量标志，品质标志是说明事物质的特征，不能用数量表示，只能用文字表示，如性别、民族和文化程度；数量标志表明事物的数量特征，它可以用数量来表示，如上例中的年龄和收入。标志的具体表现是在标志名称后所表明的属性或数值，如上例中消费者的年龄为30岁或50岁，性别是男性或女性等。

在确定调查项目时，除要考虑调查目的和调查对象的特点外，还要注意：

第一，确定的调查项目应当既是调查任务所需又是能够取得答案的。凡是调查目的需要又可以取得的调查项目要充分满足，否则不应列入。

第二，项目的表达必须明确，要使答案具有确定的表示形式，如是否式。否则，会使被调查者产生不同理解而做出不同的答案，造成汇总时的困难。

第三，确定调查项目应尽可能做到项目之间相互关联，使取得的资料相互对照，以便了解现象发生变化的原因、条件和后果，便于检查答案的准确性。

第四，调查项目的含义要明确、肯定，必要时可附以调查项目解释。调查的主要内容和项目是依据所要解决的调查问题和目的所必需的信息资料来确定的。

例如编写"关于××汽车品牌专营店商业选址的调查"内容和项目，如表2.2.1所示。

表 2.2.1　关于××汽车品牌专营店商业选址的调查

类别	项目	内容
消费与购物环境	商业氛围	商业区域范围大小，商业活动等级
	交通条件	是否靠近地铁、公共交通密度、停车是否方便
	银行分点情况	银行分点数量
	卫生环境	周围环境卫生情况、地面光洁情况
	周围居民居住情况	居住密度、居住房建筑类型
	休闲与娱乐	娱乐场所和类型
消费群体情况	人流量	不同时段人流
	年龄	青少年、中年、老年
	性别	男、女
	衣着	低档、中档、高档

调查项目的选择要尽量做到"精"而"准"。具体而言,"准"就是要求调查项目反映的内容要与调查主题有密切的相关性,能反映调查要了解问题的信息;"精"就是调查项目所涉及的资料能满足调查分析的需要,不存在对调查主题没有意义的多余项目。盲目增加调查项目,会使资料统计和处理有关的工作量增加,既浪费资源,又影响调查的效果。

四、制定调查提纲和调查表

当调查项目确定后,可将调查项目科学地分类、排列,构成调查提纲或调查表,方便调查登记和汇总。调查表一般由表头、表体和表脚三个部分组成。

表头包括调查表的名称、调查单位(或填报单位)的名称、性质和隶属关系等。表头上填写的内容一般不做统计分析之用,但它是核实和复查调查单位的依据。

表体包括调查项目、栏号和计量单位等,它是调查表的主要部分。

表脚包括调查者或填报人的签名和调查日期等,其目的是明确责任,一旦发现问题,便于查寻。调查表式分单一表和一览表两种。单一表是每张调查表只登记一个调查单位的资料,常在调查项目较多时使用。它的优点是便于分组整理;缺点是每张表都注有调查地点、时间及其他共同事项,造成人力、物力和时间的耗费较大。一览表是一张调查表可登记多个单位的调查资料。它的优点是当调查项目不多时,应用一览表能使人一目了然,还可将调查表中各有关单位的资料相互对比;其缺点是对每个调查单位不能登记更多的项目。

调查表拟定后,为便于正确填表、统一规格,还要附填表说明。内容包括调查表中各个项目的解释、有关计算方法以及填表时的注意事项等。填表说明应力求准确、简明扼要、通俗易懂。

五、确定调查时间和调查工作期限

调查时间是指调查资料所属的时间。如果所要调查的是时期现象,就要明确规定资料所反映的是调查对象从何时起到何时止的资料。如果所要调查的是时点现象,就要明确规定统一的标准调查时点。

调查期限是规定调查工作的开始时间和结束时间,包括从调查方案设计到提交调查报告的整个工作时间,也包括各个阶段的起始时间,其目的是使调查工作能及时开展、按时完成。为了提高信息资料的时效性,在可能的情况下,调查期限应适当缩短。

调查进度安排是否合适,会直接影响到调查的完成情况,影响到调查工作的质量。而调查进度表经双方一致认可后,市场调查公司就必须严格按照这个进度表来执行,保证市场调查的所有工作在进度表规定的时间内完成。

进度的安排要综合考虑所有相关因素。确定调查进度主要考虑的因素有客户的要求,兼职调查员和督导员的数量和比例,调查员每天所完成的工作量等。

1. 客户的要求

客户的要求是市场调查公司安排调查进度时必须考虑的第一重要因素。

2. 兼职调查员和督导员的数量和比例

实施期间可以工作的兼职调查员的人数和督导员的数量和比例也直接影响到调查进度。

3. 调查员每天所完成的工作量

确定调查员每天应完成的工作量主要从下面几个方面考虑：

(1) 调查员的工作能力。

(2) 调查员的责任心。

(3) 调查问卷的复杂程度。

(4) 调查的方式。

(5) 调查的区域和时段。

在实际调查活动中，根据调查范围的大小，时间有长有短，但一般为一个月左右。基本原则是：

(1) 保证调查的准确性、真实性，不走马观花。

(2) 尽早完成调查活动，保证时效性，同时也节省费用。

一般情况，调查过程安排如下：

第一周准备（与客户商讨、确认计划建议书，进行二手资料的收集，了解行情，设计调查表格）；

第二周试调查（修改、确定调查表格）；

第三周具体实施调查；

第四周进行数据处理；

第五周编写报告，结束调查。

通常，在安排各个阶段工作时，还具体详细地安排需做哪些事项，由何人负责，并提出注意事项，所以需制作时间进度表。市场调查计划进度表，如表 2.2.2 所示。

表 2.2.2　市场调查计划进度表

工作与活动内容	时	参与单位和活动小组	主要负责人及成员	备注

此方案若得以认可，调查组将在 2022 年 5 月 28 日前完成调查工作，并提交调查报告，具体时间安排如表 2.2.3 所示。切记：计划应该设计得有一定的弹性和余地，以应付可能的意外事件的影响。

表 2.2.3 市场调查进度计划表

工作与活动内容	时间	参与单位和活动小组	主要负责人及成员	备注
总体方案、抽样方案和问卷初步设计	2022年4月1日至4月10日			
预调查及问卷（调查表格）测试	2022年4月11日至4月15日			
问卷修正、印刷	2022年4月16日至4月18日			
访问员挑选与培训	2022年4月19日至4月20日			
调查访问	2022年4月21日至5月18日			
整理并打印报告	2022年5月19日至5月24日			
报告打印提交	2022年5月25日至5月28日			

六、确定调查地点

在调查方案中，还要明确规定调查地点。调查地点与调查单位通常是一致的，但也有不一致的情况，当不一致时，就有必要规定调查地点。例如，人口普查，规定调查登记常住人口，即人口的常住地点。若登记时不在常住地点，或不在本地常住的流动人口，均需明确规定处理办法，以免调查资料出现遗漏和重复。

七、确定调查方式和方法

在调查方案中，还要规定采用什么组织方式和方法取得调查资料。搜集调查资料的方式有普查、重点调查、典型调查、抽样调查等。具体调查方法有文案法、访问法、观察法和实验法等。在调查时，采用何种方式、方法不是固定和统一的，而是取决于调查对象和调查任务。在市场经济条件下，为准确、及时、全面地取得市场信息，尤其应注意多种调查方式的结合运用。

八、确定调查资料整理和分析方法

采用实地调查方法搜集的原始资料大多是零散的、不系统的，只能反映事物的表象，无法深入研究事物的本质和规律性，这就要求对大量原始资料进行加工汇总，使之系统化、条理化。目前这种资料处理工作一般已由计算机进行，这在设计中也应予以考虑，包括采用何种操作程序以保证必要的运算速度、计算精度及特殊目的。

随着经济理论的发展和计算机的运用,越来越多的现代统计分析手段可供我们在分析时选择。可以通过专业软件进行数据分析,大大提高了便捷性和数据可利用性。

九、确定提交报告的方式

其主要包括报告书的形式和份数、报告书的基本内容、报告书中图表量的大小等。

确定市场调查结果的表达形式,如最终报告是书面报告还是口头报告,是否有阶段性报告。

十、制订调查的组织计划

调查的组织计划,是指为确保实施调查的具体工作计划,主要是指调查的组织领导、调查机构的设置、人员的选择和培训、工作步骤及其善后处理等。必要时,还必须明确规定调查的组织方式。

另外,调查方案中要明确调查费用预算。

调查费用根据调查工作的种类、范围不同而不同,当然,即使同种类,也会因质量要求差异而不同,不能一概而论。但经费预算基本上遵循一定原则,费用项目具体如下:资料收集、复印费;问卷设计、印刷费;实地调查劳务费;数据输入、统计劳务费;计算机数据处理费;报告撰稿费;打印装订费;组织管理费;税收;利润。

一般市场调查时间大都紧张,但实际上尽快完成调查结果,费用可能减少;另外,企业也应给予充分的经费,以保障调查的成功。

根据若干市场调查案例可以总结一般的经费预算比例,即规划费(20%)、访问费(40%)、统计费(30%)、报告费(10%)。若接受委托代理的市场调查,则需加上全部经费20%~30%的服务费,作为税款、营业开支及代理公司应得的利润。

表2.2.4所示为市场调查经费预算表。

表 2.2.4　市场调查经费预算表

调查项目:				
调查单位与主要负责人:					
调查时间:					
经费项目	数量	单价	金额	备注
1. 资料费				
2. 文件费				
3. 差旅费				
4. 统计费				
5. 交际费				
6. 调查费				
7. 劳务费				

续表

经费项目	数量	单价	金额	备注
8. 杂费				
……				
合计				

表 2.2.5 所示为市场调查估价单案例。

表 2.2.5　市场调查估价单案例

费用支出项目	数量	单价/元	金额/元	备注
方案设计策划费	1 份	20 000	20 000	
抽样设计实施费			2 000	
问卷设计费	1 份	1 000	1 000	
问卷印刷装订费	4 400 份	4	17 600	
调查员劳务费	220 人	100	2 2 000	
……				
总计			62 000	

调查费用的估算对市场调查效果的影响很大，对市场调查部门或单独的市场调查机构而言，每次调查所估算的费用当然是越高越好，但是费用开支数目要实事求是，不能过高也不能过低。合理的支出是保证调查顺利进行的重要条件，在这个问题上应避免两种情况：一是调查时间的拖延，这样必然造成费用开支的加大；二是缩减必要的调查费用。调查活动必须有一定的费用开支来维持，减少必要的开支只会导致调查的不彻底或无法进行下去。

最后，调查方案中有时也涉及一些独立的补充内容和说明项目，这时就需要利用附录部分来呈现。有如下一些情况可供参考：

（1）开列出课题负责人及主要参加者的名单，并可扼要介绍一下团队成员的专长和分工情况。

（2）指明抽样方案的技术说明和细节说明。

（3）调查问卷设计中有关的技术参数、数据处理方法及所采用的软件等。

（4）调查中使用的调查表格。

（5）调查中使用仪器设备的规格说明和使用说明等。

2.3　认识调查方案的可行性研究及评价

调研费用预算表

一、调查方案的可行性研究

在对复杂社会经济现象所进行的调查中，所设计的调查方案通常不是唯一的，需要从多个调查方案中选取最优方案。同时，调查方案的设计也不是一次完成的，而要经过必要的可行性研究，对方案进行试点和修改。可行性研究是科学决策的必经阶段，也是科学设计调查方案的重要步骤。对调查方案进行可行性研究的方法有很多，现主要介绍逻辑分析法、经验判断法和试点调查法三种方法。

1. 逻辑分析法

逻辑分析法是检查所设计的调查方案的部分内容是否符合逻辑和情理。例如，要调查某城市居民的消费结构，而设计的调查指标却是居民消费结构或职工消费结构，按此设计所调查出的结果就无法满足调查要求，因为居民包括城市居民和农民，城市职工也只是城市居民中的一部分。显然，居民、城市居民和职工三者在内涵和外延上都存在着一定的差别。又如，对于学龄前儿童，要调查其文化程度；对于没有通电的山区要进行电视广告调查，等等，都是有悖于情理的，也是缺乏实际意义的。逻辑分析法可对调查方案中的调查项目设计进行可行性研究，而无法对其他方面的设计进行判断。

2. 经验判断法

通过组织一些有丰富市场调查经验的人士，经过对设计出的市场调查方案进行初步判断推理，以说明调研方案的合理性和可行性。

3. 试点调查法

对于大规模的市场调查来讲，试点调查是整个调研方案可行性研究中十分重要的步骤。试点调查法是指小范围内选择部分单位进行试点调查，对调研方案进行实地检验，通过这一过程可以使调研方案更加科学和完善，而不仅仅是资料的收集。在试点调查中，选好试点很关键，因为一般情况下对方案的实施把握性不大时，用这种方式做的这一小范围的测试就很重要。通过试点调查可以为正式调查取得实践经验，可以修改、补充、丰富和完善对调查主题的认识，并且可以把对调查的客观认识推进到更高的阶段。

二、调查方案的评价

对调查方案进行质量评价时可以从以下几个方面进行：

1. 方案设计是否体现调查目的和要求

如果在设计方案时忽视调查目的，使调查方案脱离调查的目的，就会影响整个方案的质量，因为后期所确定的调查内容、调查方法、工作进度安排表、问卷设计、调查费用的预算等内容都要围绕调查的目的而确定。

2. 方案设计是否科学、完整和适用

调查方案的设计是否科学、完整和适用决定了所搜集资料的准确性和有用性，所以在进行方案设计时必须考虑到方案设计的科学性、完整性和适用性。

3. 方案设计能否使调查质量有所提高

调查工作的质量如何，很多时候受设计的调查方案的影响，所以在设计调查方案时要考虑到该方案能不能使调查的质量有所提高，如能不能保证所设计的方案更具有可操作性，更容易获得所需要的资料和信息。

2.4 利用调查方案引导文

在前面总体方案明确的前提下，可以根据需要进行调查方案的个性化设计。下面以一则调查方案的引导文直观地描述一下调查方案的内容框架和基本格式。

Part 1　封面

　　　　　　　　　　＿＿＿＿＿＿＿＿＿＿＿＿＿＿＿市场调查方案
　　　　　　　　　　＿＿＿＿＿＿＿＿＿＿＿＿（调查主题）

调查机构名称：＿＿＿＿＿＿＿＿＿＿＿＿
调查人员：＿＿＿＿＿＿＿＿＿＿＿＿
报送单位名称：＿＿＿＿＿＿＿＿＿＿＿＿
调查方案提交时间：＿＿＿＿＿＿＿＿＿＿＿＿

Part 2　目录

目　录

1　前言 …………………………………………………………………………………	＊
2　调查目的和意义 ………………………………………………………………………	＊
3　调查内容与具体项目 …………………………………………………………………	＊
3.1　调查内容 ……………………………………………………………………………	＊
3.2　调查项目 ……………………………………………………………………………	＊
4　调查对象和调查范围 …………………………………………………………………	＊
5　调查方法 ………………………………………………………………………………	＊
6　资料整理与分析的方法 ………………………………………………………………	＊
7　调查时间进度安排 ……………………………………………………………………	＊
8　调查经费与预算 ………………………………………………………………………	＊
9　调查结果的表达形式 …………………………………………………………………	＊
10　附录 …………………………………………………………………………………	＊
附录1 ……………………………………………………………………………………	＊
附录N …………………………………………………………………………………	＊

Part 3　正文

1　前言

正文（首行缩进）

2　调查目的和意义

正文（首行缩进）

3　调查内容与具体项目

正文（首行缩进）

3.1　调查内容

正文（首行缩进）

3.2　调查项目

正文（首行缩进）

4　调查对象和调查范围

正文（首行缩进）

5　调查方法

正文（首行缩进）

6　资料整理与分析的方法

正文（首行缩进）

7　调查时间进度安排

正文（首行缩进）

8　调查经费与预算

正文（首行缩进）

9　调查结果的表达形式

正文（首行缩进）

10　附录

附录 1

正文（首行缩进）

附录 N

正文（首行缩进）

——————End——————

思考与练习

一、单项选择题（以下各小题所给出的4个选项中，只有一项最符合题目要求，请将正确选项的代码填入括号内。）

1. （　　）是指应用各种科学的调查方法，搜集、整理、分析市场资料，对市场的状况进行反映或描述，以认识市场发展变化规律的过程。
   A. 市场调查　　B. 市场预测　　C. 市场分析　　D. 市场考察

2. （　　）是根据市场过去和现在的表现，应用科学的预测方法对市场未来的发展变化进行预计或估计，为科学决策提供依据。
   A. 市场调查　　B. 市场预测　　C. 市场分析　　D. 市场考察

3. （　　）是由市场预测者自己采用各种市场调查方法，对市场信息进行搜集、整理、分析的结果，即通过市场调查取得的市场资料。
   A. 一手资料　　B. 二手资料　　C. 直接资料　　D. 间接资料

4. （　　）是指从由别人所组织的各种调查搜集和积累起来的材料中，摘取出的市场或与市场有紧密联系的社会经济现象的有关资料。
   A. 一手资料　　B. 二手资料　　C. 直接资料　　D. 间接资料

5. （　　）尤其适用于市场现象数量方面的调查研究。
   A. 抽样调查　　B. 问卷调查　　C. 访问调查　　D. 实验调查

6. 所谓（　　），是指商品供应量大于需求量，商品的需求方占有利地位。
   A. 买方市场　　B. 卖方市场　　C. 多头市场　　D. 空头市场

7. 所谓（　　），是指商品的需求量大于供应量，商品的供给方占有利地位。
   A. 买方市场　　B. 卖方市场　　C. 多头市场　　D. 空头市场

8. （　　）是以货币为媒介的商品交换过程，是商品交换活动连续进行的整体。
   A. 货币流通　　B. 资本流通　　C. 商品流通　　D. 商品交换

9. （　　）是由为满足个人生活需要而购买商品的所有个人和家庭组成，是社会再生产消费环节的具体表现，是经济活动的最终市场。
   A. 生产者市场　　B. 消费者市场　　C. 产业市场　　D. 分配市场

10. （　　）是在产业用品的买卖双方作用下形成的，是产业用品买方需求的总和。
    A. 生产者市场　　B. 消费者市场　　C. 产业市场　　D. 分配市场

二、多项选择题（以下各小题所给出的选项中，有两项或两项以上符合题目要求，请将符合题目要求选项的代码填入括号内。）

1. 根据不同的购买者有不同的购买目的对市场进行分类，市场可以分为（　　）。
   A. 生产者市场　　B. 消费者市场　　C. 产业市场　　D. 分配市场

2. 市场资料按照其来源不同，可以分为（　　）。

A. 一手资料　　　B. 二手资料　　　C. 直接资料　　　D. 间接资料

3. （　　）是市场调查中搜集资料的最常用方法。

A. 抽样调查　　　B. 问卷调查　　　C. 访问调查　　　D. 实验调查

4. 在进行市场调查和市场预测时，经常使用的市场含义有（　　）。

A. 市场是商品交换的场所

B. 市场是某种商品或某类商品的需求量

C. 市场是买方和卖方的结合，是商品供求双方相互作用的总和

D. 市场是商品流通领域反映商品交换关系的总和

5. 通常情况下，可以采用（　　）来搜集、整理和分析直接市场资料。

A. 典型调查　　　B. 重点调查　　　C. 抽样调查　　　D. 实验调查

6. 搜集市场资料的方法常用的有（　　）。

A. 抽样法　　　B. 问卷法　　　C. 访问法　　　D. 观察法

7. 间接市场资料的出处常见的有（　　）。

A. 经济公报　　　B. 报纸杂志　　　C. 经济年鉴　　　D. 统计年鉴

8. 直接资料的主要特点是（　　）。

A. 适用性强　　　B. 可信度高　　　C. 费用低　　　D. 局限性小

9. 间接资料的主要特点是（　　）。

A. 适用性强　　　B. 可信度高　　　C. 费用低　　　D. 局限性小

10. 应用间接资料应注意（　　）。

A. 对资料进行认真分析　　　　　　B. 提高对资料的综合分析能力

C. 重视关键资料的积累　　　　　　D. 重视各种资料的积累

三、简答题

1. 简述市场调查方案有哪些分类。

2. 一份完整的市场调查方案书的主要内容是什么？

3. 为什么市场调查方案制定得科学是调查活动开展的重要前提，组织实施的严格管理是调查效果的重要保证？

学生活动

根据你查阅资料的习惯，请对中国汽车市场整体现状进行初步调研，写一份调研的总结材料。

具体要求：

1. 要求用 Word 进行编辑，并适当做排版设计。

2. 内容应针对中国汽车整体市场或整体市场中的某一微观领域。

3. 总字数在 800 字左右。

任务 3　选择汽车市场调查方法

核心内容

3.1　认识市场调查资料的种类
3.2　明确调查资料的种类与调查方法的关系
3.3　运用文案调查法进行市场调查
3.4　运用观察法进行市场调查
3.5　运用访问法进行市场调查
3.6　运用实验法进行市场调查
3.7　运用网上调查法进行市场调查

任务目标

知识目标：
1. 掌握市场调查资料的种类；
2. 明确调查资料的种类与调查方法的关系；
3. 掌握文案调查法的特点和应用范围；
4. 掌握观察调查法的特点和应用范围；
5. 掌握访问调查法的特点和应用范围；
6. 掌握实验调查法的特点和应用范围；
7. 掌握网上调查法的特点和应用范围。

能力目标：
1. 一定的独立决策的能力；
2. 根据实际情况，辨别事物和进行策略选择的能力。

素养目标：
1. 维护组织目标实现的大局意识和团队能力；
2. 爱岗敬业的职业道德和一定的行动力。

任务解读

做任何事情，方法选择正确是成功的第一步，进行市场调查也不例外。任何调查都离不开资料收集，在有些情况下，调查人员通过一些报纸、期刊、经济或统计年鉴等，以及互联网信息，就能得到所需的调查资料。但在有些情况下，除了能得到一些模糊的统计数字以外，其他资料是收集不到的，这时调查人员就必须通过访问法、观察法、实验法等实地调查去收集原始资料。在实地调查时，为了达到"事半功倍"的目的，因为全面调查会花费更多的时间、财力、物力、人力成本，一般选择抽样调查的方式。下面就来全面认识一下各种调查方法。

知识导学

市场调查资料搜集是根据市场调查的任务和要求，运用科学的方法，有计划、有组织地从市场搜集资料的工作过程。而市场调查则是根据调查的目的和要求，选择最优的方法，通过逐项调查，搜集能够反映市场经济社会现象以及与之相关联的市场资料的过程。

市场调查资料搜集是市场调查的关键环节，担负着提供基础市场研究资料的任务，所有的市场研究预测和决策，都建立在市场调查资料搜集的基础之上。因此，做好市场调查资料的搜集工作，获得翔实、全面的市场调查资料和数据，为市场预测和决策提供客观依据，是保证研究质量的关键因素之一。

任务引领

任务信息

汽车市场调查者能够通过多种渠道搜集资料，有些数据是已经存在于身边的，有些数据则需要到特定区域地点，采用一定的手段和方法进行获取。当下是一个信息时代，是大数据时代，关键是我们如何寻找、获取信息，如何使数据信息为我所用。应该学会辨别数据资料的类型，掌握常用的调查方法。

3.1 认识市场调查资料的种类

基于不同的标准，可以将市场调查资料分成多种类型，而不同类型的市场调查资料又各具特色。研究不同类型市场调查资料的作用和特点，针对不同类型的市场调查资料选择最适宜的调查方法，有利于调查员获得准确、翔实、可靠、系统、完善的市场资料。

1. 按照市场资料和信息的来源分类

按照市场资料和信息来源的不同，可以将市场调查资料分为内部资料（信息）和外部资料（信息）。内部资料是指资料来自企业内部，即企业内部人员所掌握的企业信息和资料；外部资料是指资料来自企业外部。一般来说，获得外部资料的渠道主要有 4 个，即经销商、消费者、竞争对手和其他外部环境。

2. 按照获取资料的过程分类

按照获取资料过程的不同，可以将市场调查资料分为一手资料（原始资料）和二手资料（次级资料）。

（1）一手资料。一手资料是指调查员通过实地调查，直接向有关调查对象搜集的资料。一手资料往往具有较强的针对性和目的性，便于调查员就当前课题展开研究分析。

（2）二手资料。二手资料是指经过他人搜集、记录或整理所积累的各种数据资料。二手资料一般来自本国和他国私人或政府的出版物、电子数据库、网站数据库等。采用二手资料，一方面要注意所选用资料的权威性、可靠性；另一方面也要注意资料的时效性与针对性。二手资料大多来源于他人搜集整理的资料，往往是针对过去某相关调研项目搜集的，这就需要调查员注意所获取数据的时效性和针对性，以及是否符合当前调研项目的需要。

3. 按照市场调查资料的负载形式分类

按照市场调查资料负载形式的不同，可以将其分为文献性资料、物质性资料和思维性资料。

（1）文献性资料。文献性资料是指从各种文献中搜集的市场调查资料。

（2）物质性资料。物质性资料是指以各种物质形式负载的市场调查资料，如新产品的样品资料、商品展览宣传资料等。

（3）思维性资料。思维性资料是指人们头脑中负载的相关市场调查资料，如人们对市场进行分析得出的资料以及对未来市场发展走势的预测资料等。

4. 按照市场调查资料涉及的范围分类

按照市场调查资料涉及范围的不同，可以将市场调查资料分为宏观市场调查资料和微观市场调查资料。

（1）宏观市场调查资料。宏观市场调查资料是指企业外部经营宏观环境的各种市场调查资料。它包括宏观经济与社会环境资料，如国民经济资料、融资环境资料、自然资源资料等。

（2）微观市场调查资料。微观市场调查资料是指微观层面的市场资料，包括企业经营状况资料、产品销售资料、税收利润资料等。

5. 按照市场资料的时间分类

按照市场资料时间的不同，可以将市场调查资料分为动态市场资料和静态市场资料。全面搜集市场动态及静态资料，并加以整理和分析，是科学预测和决策的前提。

（1）动态市场资料。动态市场资料主要反映市场现象在不同时期或者不同阶段发展变化的信息，表现的是一种动态发展的概念。

（2）静态市场资料。静态市场资料是对某一时刻市场活动的说明，重点强调某一时间段的静态情况。

3.2 明确调查资料的种类与调查方法的关系

市场调查资料的搜集方法可以分为很多种，人们经常采用的基本方法主要有实地调查法、文案调查法等。其中每一类还可以细分为不同的步骤和具体方法，在实际调研中可以根据具体的工作内容、要求和特点，选择最适宜的调查方法，也可以选择多种调查法组合应用。

任务分析

> **任务分析-1**
> 在任务引入中，提到我们应该学会辨别数据资料的类型，并且掌握调查方法。那么调查方法的种类有哪些？获取不同的数据，需要采用哪一种方法更为合适呢？首先应当明确在汽车市场调查中，调查方法包括哪些，以及其与资料类型的对应关系。下面就来解决这个问题。

在具体应用过程中，首先要充分考虑调查方法的目标要求和成本。由于采用任何一种调查方法进行市场调查都需要付出成本，因此要考虑调查工作的经济效益问题，在保证资料真实和可靠的前提下，还需要根据问题的总体特征和目标要求，结合实际情况选择最优的调查方法。其次，还要根据获得资料类型的不同选择调查方法，如一手资料和二手资料的搜集应采取的调查方法就有所差异。图 2.3.1 所示为调查方法框架图。

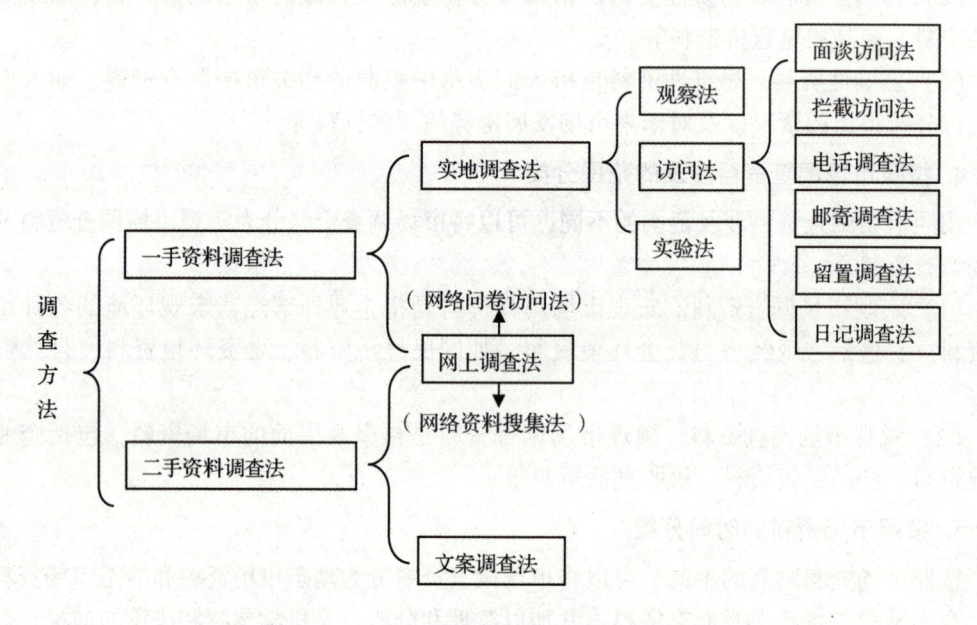

图 2.3.1 调查方法框架图

一、选择二手资料搜集的方法

二手资料是指经过他人搜集、记录、整理所积累的各种数据和资料。在正式调查之前，可以通过查找报纸或其他文献资料，初步了解调查对象的性质、范围、内容和重点，为正式调查创造条件。一个企业管理者在闲暇之余收集各种统计资料，并进行分析，也可以为企业经营决策提供信息支持。许多调查，原始资料往往需要二手资料的配合，才能更好地研究问题。

1. 选择二手资料调查法的依据

（1）调查人员对某项调查需要研究的具体问题不明确，或者是需要找出问题的症结或对调研的方向不明朗，需要初步了解调查对象的性质、范围、内容时，调查前可首选二手资料调查法，为组织正式调查做准备，即作为实地调查、观察调查或抽样调查的预备调查。

（2）调查人员正在进行一项跨国性的市场调查时，二手资料调查法就非常适用。

（3）调查人员欲估算实地调查结果的准确性和可靠性、考证各种调查假设、推算所掌握的数据资料、探讨现象发生的各种原因时，可选用二手资料调查法。

（4）在以下5类调查中，二手资料调查法效果最佳：工业产品；高级耐用品；对外贸易；实地调查的预备调查；作为企业经常性的市场调查以不断了解市场动态。

在实际市场调查中，一般情况下先分析二手数据，只有当二手数据用完或不适合了，才考虑实地调查收集。

（5）为设计调查方案提供帮助。在市场调查方案的设计中，调查者往往需要利用历史信息，了解总体范围、总体分布、总体单位数目、关键指标或主要变量，才能有效地定义总体、设计样本框、确定样本量、确定抽样方式等，以设计出可行的科学的市场调查方案。

2. 明确二手资料来源

明确二手资料的来源，是调查人员提高资料搜集效率的重要前提。文案调查资料种类多、数量大，在调研中，根据资料的来源不同，调查资料一般分为内部资料和外部资料。

内部资料主要是企业内部的市场销售信息系统经常搜集的资料；外部资料主要是企业外部的单位所持有的资料。内部资料是在企业的正常运转过程中搜集、整理并使用的，它对于分析、辨别存在的机会与问题，制定与评价相应的决策方案都是必不可少的。对于现代企业营销管理来讲，建立市场营销信息系统，将企业的内部资料全部放入信息系统的数据库中，是非常必要的。这样做便于查、删、修、改，实施动态管理。外部资料是存在于企业外部的各种各样信息源（如报刊、出版物等）上的资料。在线数据出现以前，图书馆一直是文案调查资料的唯一重要来源。如今，越来越多的企业借助于国际互联网，进入在线数据库来搜集第二手资料。

3. 适合调查二手资料的方法

适合调查二手资料的方法有文案调查法和网上调查法。

文案调查的对象就是各种历史和现实的统计资料，即二手资料。当所需的某个市场的资料有限且已有可靠的文献资料时，文案调研往往是比较有效的调查方法。但是当需要更深入地了解某个市场情况时，实地调查仍是必不可少的。因此文案调查往往是实地调查的基础和前道工序。除非第二手资料已被充分利用，否则不要轻易做重复调查。

网上调查是随着互联网的发展而出现的。网上调查实际上包括两种情况，一种情况是调查人员利用互联网上现有的数据资料，高效、便捷地获得想要的信息，即利用网上调查进行网络二手资料的搜集。网上调查的另一种情况是利用网络进行一手资料的搜集。

二、选择一手资料搜集的方法

一手资料是指自己直接经过搜集整理和直接经验所得的资料。

1. 选择一手资料调查法的依据

在市场调查活动中，一般以收集二手资料作为开始，但有时由于调查目标的特殊要求或一些客观条件限制，导致二手资料不够用、不好用、不全面、不系统。

"耳听为虚，眼见为实"。在通过查找资料进行市场调查时，会常常遇到问题，如一些报纸杂志、经济或统计年鉴、数据资料中的许多现有市场信息不适合、不完全可信，有明显的纰漏。经过筛选后，剩余的有用信息已经寥寥无几。这种情况下，就需要调查人员运用适当的调查方法搜集一手资料。

2. 明确一手资料来源

一手资料，需要调查人员开展实地调查或者网络访问调查获得。需要调查人员凭借细致、认真的工作态度，对信息进行搜集，保证数据资料的真实性、有用性，对信息进行记录和汇总。

一手资料往往需要较为复杂的加工和整理工作。

3. 适合调查一手资料的方法

适合调查一手资料的方法是实地调查法，有些情况下也用网上调查法进行一手资料的搜集。

实地调查法是市场调查中对原始资料及第一手资料的收集整理，常用的方法有访问调查法、实验调查法和观察调查法。一般应用于下列领域：公司及其产品形象调查、产品使用调查、价格调查、销售渠道调查、广告调查等，也常用于对市场大小范围的调查、消费者购买力的调查、市场占有率等的调查研究。

3.3 运用文案调查法进行市场调查

文案调查法也叫桌面调查法，是获得二手资料（次级资料）的重要手段。文案调查法是指通过搜集各种历史和现实资料，从中获取与调查有关的信息，并进行分析整理的调查方法，也称间接调查法、资料分析法或室内研究法。

文案调查法是搜集已经加工过的二手资料或次级资料，而不是对原始资料的搜集，不需要进行实地调查或采访。文案调查法以搜集文献性信息资料为主，它具体表现为对各种文献资料的搜集、整理和汇总。文案调查法所搜集的资料包括动态资料和静态资料两个方面，在实际应用中往往偏重于动态资料的搜集和整理。

🏁 **案例链接**

> **【案例1】 动态资料和静态资料**
>
> 动态资料是记录社会活动的发展及演变过程的资料，如党政机关的变化、国民收入的提高、社会经济的繁荣、交通设施的扩建、人口的增长、教育的发展以及国际形势、各国动态、节令活动、社会动态等，均属此类资料。
>
> 静态资料是指不会随着时间和外界环境变化而变化，一直保持恒定不变的资料，如中国四大发明是指南针、火药、印刷术和造纸术。
>
> 在汽车市场调查中，主要涉及动态资料。因此，要格外重视资料的时效性。

文案调查法的优点是资料搜集过程简易、经济便利，调查方法机动灵活，调查员可以快速方便地获得所需二手资料，满足市场研究的需求。

🚗 任务分析

> **任务分析-2**
> 汽车市场调查者能够找到许多已经搜集过的数据，这些数据已经被搜集、编制，甚至是分析过的，关键在于知道去哪里寻找。在信息时代，技术使得二手资料的容量、结构和获得途径发生了很大变化，任何一个数据库都可以搜集到数以千计的数据，但我们应该学会甄别，选择更高效、更可靠的方法和手段。

文案调查法也存在一些缺点，包括以下三个方面：

第一，数据的搜集和整理工作较为烦琐，由于二手资料大部分是针对某一或某些目的而搜集的，因此搜集者需要查阅、整理大量的二手资料，才能获得自己所需要的信息。

第二，二手资料主要是历史性的数据和资料，往往缺乏最新的信息，存在一定的时间滞后性。

第三，有些二手资料的可靠性不高。因此，在搜集二手资料的过程中，一定要注意对资料进行审查与评价，确定资料的来源是否可靠。

二、文案调查法的应用

文案调查法在市场调查中具有很重要的地位和作用。虽然文案调查法所搜集的资料具有一定的局限性，但二手资料依然是市场调查与预测资料的重要来源。在实际工作中，二手资料调查法主要应用在以下 4 个方面。

1. 进行市场探测性研究

文案调查法有利于调查员及时发现问题以及明确需要研究的问题，从而为进一步的研究确定方向，为市场研究提供重要参考依据。例如，文案调查法可以提供市场供求趋势、市场占有率、市场覆盖率等历史数据和信息，为市场供求预测提供历史数据参考。

2. 配合其他调查方法开展更全面和科学的研究

文案调查法主要是对二手动态资料的搜集和整理。许多市场调查与预测工作具有一定的深度和广度，需要原始资料与二手资料、动态资料和静态资料的相互配合补充，才能很好地完成课题的研究。

3. 进行经常性的市场研究

文案调查法有利于全面系统地搜集各种统计资料、财务资料和业务资料，具有较强的机动性和灵活性，并能随时根据企业经营管理的需要，搜集、整理和分析各种市场信息，定期为决策者提供有关市场的调查报告。此外，文案调查法不受时间的限制，既可以获得实地调查所无法取得的历史资料，也可以掌握有关市场环境方面的大量资料，从而为进行经常性的市场研究积累资料。

4. 为调查方案提供数据支持和帮助

通过文案调查法的实施，调查人员既可以初步了解调查对象的性质、范围、内容和重点等，又可以通过分析历史信息，探讨现象发生的各种原因并进行说明。

3.4 运用观察法进行市场调查

任务分析

观察法调查某区域车辆情况

> **任务分析-3**
>
> 观察法是调查者到现场利用感官或借用仪器设备来搜集被调查者行为表现及有关市场信息资料的一种方法。观察法包括对人的行为的观察和对客观事物的观察。对人的行为的观察，可以通过语言、声调、表情、动作等作出判断。对事物的观察，可以通过观察各种有关记录、实物和产品的生产经营过程，了解调查对象及其单位的情况。

观察调查法是指调查员通过直接跟踪，记录感兴趣的人和事物的行为轨迹，来获得所需资料的一种方法。由于观察调查法不需要向被调查者直接咨询，而是由调查员根据观察、记录获得市场信息，因此观察法具有客观、直接、自然、全面的特点。

一、观察调查法的基本类型

按不同的分类标准，可以将观察调查法分成多种类型。

1. 按照调查双方接触程度分类

按调查双方接触程度的不同，可以将观察调查法分为直接观察法和间接观察法。

（1）直接观察法。直接观察法就是观察人员直接到商店、家庭、街道、工厂等调查场所，与被调查者近距离接触，在不惊扰被调查者的前提下，对其行为进行实地观察的方法。实施直接观察法既可以是调查员直接到调查现场实地观测，也可以借助仪器观测。

案例链接

> **【案例2】 仪器观察法**
>
> 美国一家广告公司为了进行广告收视率的调查，采用了仪器观察法。广告公司在征得用户的同意后，在1 250个家庭的电视机上安装了电子记录器，电子记录器与公司总部相连，每90秒扫描一次，只要观众收看某一电视节目超过3分钟，电子记录器就能把有关电视的频道、节目等信息记录下来，然后对资料进行汇总、分析，以此了解观众收看了什么样的电视机和电视节目，进而确定广告播出的黄金时间。

（2）间接观察法。间接观察法是指调查人员在距调查对象相对较远的地方，对调查对象的行为遗留痕迹、行为结果或者与行为相关人物进行观察的方法，是属于事后观察的方法。

直接观察法与间接观察法的区别，关键不在于调查员与被调查者接触距离的远近，而在于调查员是直接观测被调查者正在进行的行为，还是通过观察被调查者行为的结果、痕迹或是能够反映被调查者行为特征的物品推测其过去的行为。

🚩 案例链接

> **【案例3】 神秘顾客**
>
> 你听说过"神秘顾客"吗？你愿不愿意作"神秘顾客"？究竟什么是"神秘顾客"呢？
>
> "神秘顾客"是国外进行市场调查时比较常用的一种方法。"神秘顾客"又称伪装购物者。"神秘顾客"与一个正常购买商品的顾客一样，会与服务人员进行交流，咨询与商品有关的问题，挑选商品，比较商品，最后做出买或不买某种商品的决定。但是，"神秘顾客"与服务人员的交流并不是询问式调查，而是为了观察服务人员的态度、行为并以此对产品和服务做出评价。
>
> 在我国，很多外企经常运用"神秘顾客"来调查其在中国的分公司或代理商。例如，肯德基就用"神秘顾客"监督分店，肯德基（KFC）国际公司遍布全球60多个国家和地区，单在中国2017年的连锁餐厅就达到5 300家以上。然而，肯德基国际公司地处万里之外，怎么保证它的下属循规蹈矩呢？曾经有一次，上海肯德基有限公司收到3份国际公司寄来的鉴定书，对他们外滩快餐厅的工作质量分3次鉴定评分，分别为83分、85分、88分。公司中外方经理都为之瞠目结舌，这3个分数是怎么评定的？原来，肯德基国际公司雇用、培训了一批人，让他们伪装顾客，秘密潜入店内进行检查评分。这些"神秘顾客"来无影、去无踪，而且没有时间规律，这就使快餐的经理、雇员时时感受到某种压力，丝毫不敢疏忽，服务质量也就越来越好。

🚩 案例链接

> **【案例4】 汽车服务中的"密采"**
>
> "密采"就是秘密采集信息的意思。其实就是神秘顾客的另一种叫法，总结起来，神秘顾客、密采、神秘客、密访，这些词的意思是一样的，都是做同样的事情。
>
> 厂方派密采专员，用录音笔等录音设备，伪装顾客，隐藏厂方调查人员的身份，对汽车经销商和服务人员的服务情况进行调查。
>
> 在经营活动中，汽车厂方会不定时找人进行秘密采购，检查经销商和服务人员（销售顾问）是不是严格按照厂家指定的销售流程来进行销售。密采对销售顾问来说是风险，也是机会。因为根据密采结果，表现不好的销售顾问会被扣钱，成绩优秀的销售顾问则会得到奖励。汽车厂方这么做的目的就是保证客户能得到优质的服务。

2. 按照调查人员参与程度分类

按调查人员参与程度的不同，可将观察调查法分为完全参与性观察法、非参与性观察法和不完全参与性观察法。

（1）完全参与性观察法。完全参与性观察法是指调查人员隐瞒自己的真实身份，以一

个被调查者的身份藏身于被调查者人群中，亲自参与到被调查对象的各项活动中去的方法。其优点是可以亲自体验被调查者的处境与感受，从而可以较快、较直接地了解实际发生的情况。

（2）非参与性观察法。非参与性观察法是调查员以旁观者的身份，在不干扰被调查者正常行为的情况下，客观地记录下观察对象的行为的方法。这种方法的优点是数据可靠性高，缺点是不能深入了解被调查者的内心活动。

（3）不完全参与性观察法。不完全参与性观察法是调查者在取得被调查者的信任和允许后，亲自参与并观察他们的群体活动从而获得资料的方法。

3. 按照观察过程标准化程度分类

按观察过程标准化程度的不同，可把观察调查法分为结构式观察法和非结构式观察法。

（1）结构式观察法。结构式观察法是指调查员根据调查目的，完全按照标准化规划程序进行总体规划，事先设计好观察提纲，确定好要观察的对象、内容、步骤和方法，并以标准化的程序、手段和技术，进行系统性观察调研的方法。这种方法适合于调查人员对调查内容了解较少，而且调查内容简单规范的调查任务。结构式观察法的优点是易于操作，不易出现差错；缺点是方式过于规范死板，所观察资料的范围较窄。

（2）非结构式观察法。非结构式观察法是相对于结构式观察法而言的，是指观察者在调查前并不对观察的项目内容、步骤和程序作严密的设计或规定，在观察过程中也不采取标准规范化的记录方式，而是根据具体情况，灵活机动地对周围发生的事情进行观察。这种观察方法便于观察者灵活掌握，容易取得较真实的资料，适用于具有探索性或一定研究深度的专题调查。

4. 直接观察与间接观察

直接观察是指观察者直接到现场观看被观察者的情况，即观察者直接"看"到被观察者的活动。

间接观察是指观察者通过对与被观察者关联的自然物品、社会环境、行为痕迹等事物进行观察，以便间接反映调查对象的状况和特征。例如，通过对住宅小区内停放的车辆档次等方面的观察，可以反映该小区人们生活水平的变化等。

5. 其他类型的观察

其他类型的观察，如自我观察、设计观察、机器观察等。

自我观察就是个人按照一定的观察提纲自己记载自己的行为、行动进行自我观察，观察者既是主体，又是被观察对象。

设计观察是指观察者没有扮演任何角色，被观察的人没有意识到他们受到观察，在这种经过设计的环境中进行的调查活动。

机器观察是指借助机器完成的调查活动。在特定的环境中，机器观察比人员观察更客观、精确，更容易完成任务。

二、观察法的优缺点

1. 观察法的优点

（1）可以实际记录市场现象的发生，能够获得直接具体的生动材料，对市场现象的实际过程和当时的环境气氛都可以了解,这是其他方法不能比拟的。

(2) 观察法不要求被调查者具有配合调查的语言表达能力或文字表达能力,因此适用性较强。

(3) 观察法还有资料可靠性高、简便易行、灵活性强等优点。

2. 观察法的缺点

(1) 只能观察到人的外部行为,不能说明其内在动机。

(2) 观察活动受时间和空间的限制,被观察者有时难免受到一定程度的干扰而不完全处于自然状态等。

总之,应用观察法,需扬长避短,尽量减少观察误差。

三、观察调查法的应用

观察调查法在市场调查中的应用非常广泛,可以应用于对实际活动和迹象的观察,对语言行为的观察,对空间关系、事件和地点的观察。

1. 观察顾客的行为

通过观察顾客在营业场所的活动情况,可以了解顾客的特征、构成、行为偏好以及自身情况,可以帮助企业有针对性地采取恰当的促销方式。调查员要经常观察或者摄录顾客在商场、销售大厅内的活动情况,将重点放在观察顾客的购物偏好、对商品价格的反应、对商品性能的评价、对商场服务的态度等方面。

2. 判断商品资源和商品销售前景

市场调查员通过观察商品的生产状况、仓库存储以及销售情况,判断商品资源数量,提出市场产品供给形式的报告,为企业的营销决策提供数据参考。同时,调查人员还可以到产品用户使用地观察调查,了解产品质量、性能及用户反应等情况,实地了解使用产品的条件和技术要求,从中发现产品更新换代的前景和趋势,为企业制定经营发展的长期规划提供依据。

3. 了解营业状况

通过观察营业场所的购买行为和现场环境综合分析判断企业的经营管理水平。例如,观察商店内柜台布局是否合理,顾客选购付款是否方便,柜台商品是否丰富,顾客到台率与成交率以及营业员的服务态度等。

观察法不适宜于用来做大面积的调查,也难以搜集到调查对象的主观意识方面的资料,因而,观察法适用于小范围探索或辅助研究,适于用作其他调查方法的辅助方法。

另外,观察法也常用于对竞争对手进行跟踪或暗访观察、新产品试销观察等情况。

3.5 运用访问法进行市场调查

访问调查法是指调查员以直接访谈询问的方式,或通过邮寄、电话、问卷、座谈以及个别访问形式,向被调查者搜集市场资料的一种方法,是基于问答模式获取和搜集信息的方法。

访问调查法是一种可以直接或间接获得一手资料的方法，尤其是随着电话与计算机的普及、互联网的快速发展，访问调查法以其经济、便利和信息获得量大的特点，被人们广泛采用。

访问法-良好沟通中说的技巧

一、访问调查法的分类

1. 按访问方式分类

按访问方式的不同，可以将访问调查法分为直接访问法和间接访问法。直接访问法是调查员与被调查者面对面地进行交谈并获得信息的方式，其优点是调查员可以直接深入到调查对象当中进行访问，便于获得一手资料，如直接访谈、在市场向用户咨询等。间接访问法是指调查员通过电话或以问卷等书面形式间接地对被调查者进行访问，如电话咨询、邮件询问等。

2. 按访问形式和内容传递方式分类

按访问形式和内容传递方式的不同，可以将访问调查法分为面谈调查法、电话调查法、邮寄调查法、留置问卷调查法和日记调查法等。

3. 按访问内容分类

按访问内容的不同，可以将访问调查法分为标准化访问法和非标准化访问法（见图2.3.2）。标准化访问法又称结构性访问法，是指调查员按照事先拟好的调查问卷或调查表，分步骤地向被调查者访问，主要适用于数据搜集和市场的定量分析；非标准化访问法又称非结构性访问法，是指调查员自由地对被调查者访问，主要适用于非数据信息的搜集和市场的定性研究。

标准化访问

- 访问准备阶段
  - 制订访问计划
  - 确定访问对象
  - 约定时间地点
- 面谈阶段
  - 自我介绍
  - 提出问题
  - 记录问题
- 访问结束阶段
  - 适时结束面谈
  - 整理资料
  - 撰写调查报告

非标准化访问

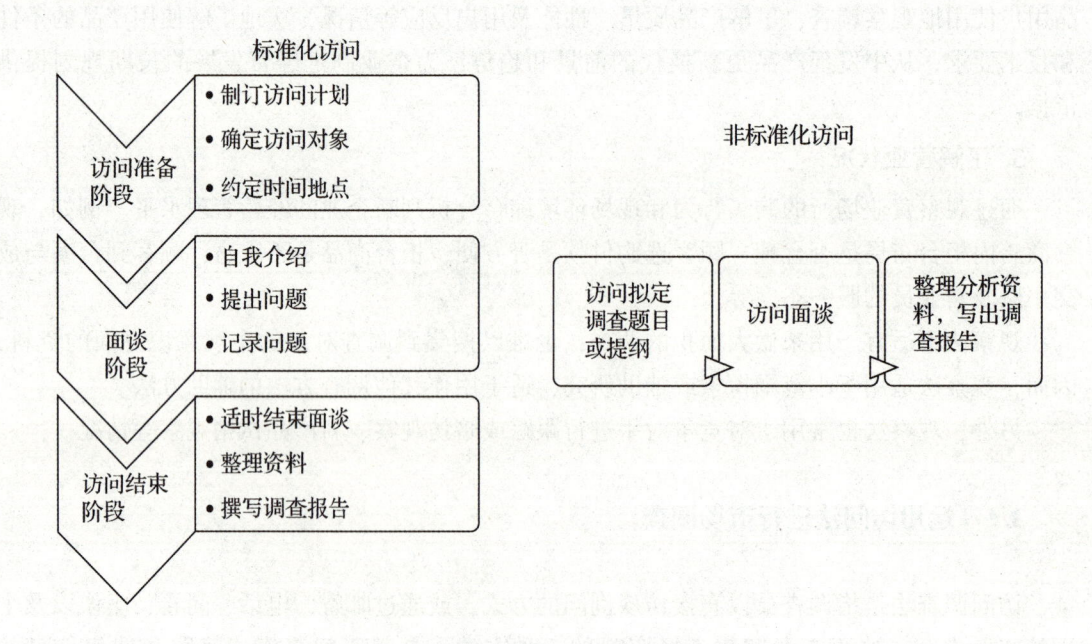

访问拟定调查题目或提纲 → 访问面谈 → 整理分析资料，写出调查报告

图 2.3.2　标准化访问和非标准化访问的比较

🚗 **任务分析**

> **任务分析-4**
>
> 访问调查法就是调查人员采用访谈询问的方式向被调查者了解市场情况的一种方法，它是市场调查中最常用的、最基本的调查方法。根据调查需要，访问调查法实施时可以没有统一的问卷，结构化程度不严格，可以利用一些访问提纲等工具；有些情况下，需要较高的要求，需要对较大样本进行同一调查主题下的调查，这时需要借助调查问卷工具进行调查。下面认识一下不同类型的访问调查法。

二、访问调查法的主要类型及其特点

面谈调查法是调查员根据调查提纲直接访问被调查者，当面询问有关问题的一种调查方法。根据调查对象人数的不同，可将面谈调查法分为个别面谈和群体面谈。个别面谈是通过口头询问单个调查对象获得相关信息，群体面谈则通过座谈会等形式展开。例如，通过与消费者个别面谈的方式，可以搜集商品需求、购物习惯、个人情况等信息；通过群体面谈的方式，邀请一些专家和消费者就市场价格状况、未来市场走向以及产品需求状况进行讨论、分析和判断，从而获得一手资料。

和问卷调查法不同，面谈调查法往往能够获得较高的回答率；由于被调查者与调查员面对面交流，因此所获得信息的可靠性较高；在调查过程中，可根据被调查者的性格特征、心理变化、对访问的态度及各种非语言信息，灵活调整询问方式和内容；所获信息具有针对性，可以通过交互式的交流方式，迅速获得调查员需要获得的信息。

1. 面谈调查法

面谈调查法的主要缺点是调查时间长、成本高，由于要对被调查者进行实地询问，因此需要投入大量的人力、物力；对调查人员的素质要求较高，需要调查员具有较高的相互交流、资料搜集和整理的能力；样本的选取受时空约束较强，由于调查员要直接和被调查者面对面交流，会受到调查双方所在地理区域的影响。

这种情形往往也是指入户访问。

2. 拦截访问法

拦截访问是通过在商店大堂或商业街上拦截被调查者从而寻求交谈机会、收集信息的调查方式。其操作简便，成本不高，但有非随机抽样的缺点，且交谈时间不宜过长。

街头拦截访问法

拦截访问法通常按访问模式有以下两种形式：

一种是访问员在事先选定的若干地点，按一定程序和要求（如每隔几分钟拦截一位，或每隔几个行人拦截一位）选取访问对象，征得对方同意后，在现场按问卷进行简短的调查；

一种是指中心地调查（Central Location Test）或厅堂测试（Hall Test），是在事先选定的

若干场所内，租借好访问专用的房间或厅堂，根据研究要求，可能还摆放若干供被访者观看或试用的产品，按照一定程序和要求，拦截访问对象，征得其同意后，带到专用的房间和厅堂进行面访调查。这方法常用于需进行实物显示的或特别要求有现场控制的探索性研究，或需进行实验的因果关系研究，如广告效果测试、新品入市研究等。

拦截访问法的优势是费用低于入户访问。其主要原因是访问员大部分时间用于访问本身，而不像入户访问那样需要长时间寻找被访问者，从而提高了访问的效率。另外，在直接面对访问者进行启发和运用专门问卷等方面具有同入户访问一样的优势。

拦截访问法的不足主要是访问地对访问样本的代表性有一定的局限性，街头拦截访问的拒访比例较高。

3. 电话调查法

电话调查法是指通过电话向被调查者询问有关调查内容和征询市场反应的一种调查方法。这是为解决带有普遍性且带有一定紧迫性问题而采用的一种调查方法。电话调查具有经济、便捷、容易控制等优点，但由于电话调查使用时间不能过长，因此往往不能深入调查问题。以上三种访问法的对比如表 2.3.1 所示。

表 2.3.1 三种主要访问法的对比

形式	优点	缺点
拦截访问调查（问卷调查）	①这种方法将"面谈"与"笔谈"结合起来，可缩短调查的周期。 ②可以降低调查员经验不足或调查员经验差异对调查质量的影响。 ③能够对被访者回答的完整和可信度给予及时评价和检查。 ④可保证问卷有较高的回收率	①调查费用较高。 ②对调查员的责任心有较高的要求
面谈调查	①调查有深度。调查员可以提出许多不宜在人多的场合讨论的问题，深入了解被调查者的状况、意愿或行为。 ②真实性高。记录的真实性可以得到当场检查，减少调查误差。在征得被访者的同意后，还可以采用录音机等辅助手段帮助提高记录的可靠性。 ③调查的灵活性高。调查员可以根据情况灵活掌握提问次序，随时解释被访者对问题提出的疑问，这些都有利于完成收集资料的任务。 ④拒答率较低。与其他方式相比，个别访问容易得到较高的访问率	①调查周期较长。访谈需要较长的时间，这不利于提高汽车市场调查的时效性。 ②调查费用较高。 ③对调查员的素质要求较高。 ④调查的匿名保证较差，调查的项目范围受到一定的限制。 ⑤调查的质量容易受到调查时间、被访者情绪等其他因素干扰

续表

形式	优点	缺点
电话调查	①获取所需的资料时间短。 ②节约时间和费用。 ③容易得到面对面访谈方法不易得到的调查对象的合作	①电话调查的项目要简单明确，交谈时间不可能太长，因而谈话内容深度有限。 ②调查过程中无法显示照片、图表等背景资料，这极大地限制了各种调查工具的综合使用。 ③在电话普及率较低的地区，电话调查的范围受到限制。 ④由于未面对面交谈，回答内容真伪不明确，记录也难以全面准确

4. 邮寄调查法

邮寄调查法是将调查问卷邮寄给被调查者，由被调查者根据调查问卷的填写要求填写好后再寄回的一种调查方法。这种方法的调查区域不受限制，只要可以通信的地方就可以展开调查；调查成本较低，不需要花费调查员的交通食宿费用；资料可靠性较高，由于不需要和被调查者面对面交流，而且往往采用匿名的方式回答，因此通常可以获得包括个人隐私在内的大量详细资料。但是，邮寄调查的周期较长，影响资料的时效性，且调查对象不确定，对资料的回收和资料的质量都很难保证。为了克服这些不足，使调查顺利进行，提高回收率和准确性，调查问卷或表格的设计要具有科学性，在寄出的邮件里附上回信的邮资，并承诺寄回者有参加抽奖的机会，以调动被调查者的积极性。

5. 留置问卷调查法

留置问卷调查法是调查员当面将调查表格或问卷交给被调查者，在告知调查意图和要求后，由被调查者自行填写回答，然后再由调查员按约定日期收回表格或问卷的一种调查方法。

这种调查方法的优点是：形式灵活，回收率高，费用较低，答卷时间长从而使信息可靠性高；缺点是：周期相对较长，缺乏互动性，无法获得被调查者的个人特征和偏好。

6. 日记调查法

日记调查法是指对固定样本连续调查的单位发放登记簿或账本，由被调查者逐日逐项记录，再由调查员定期加以整理、汇总的一种调查方法。这种调查方法适用于研究动态规律，成本费用低，资料来源可靠，数据全面、系统；但周期长，样本量相对较少，对数据处理水平要求较高。

7. 网上访谈法

网上访谈法也称网络访谈法或者联机访谈法，是借助互联网与被调查者交流的方法，其具体方法为：根据调查的目的选择调查对象，通过事先邀请，告诉被调查者所要进行的调查内容，让其在指定时间同时登录网站，进行访谈交流，获得市场调查资料。

网上访谈法具有开放性、自由性、平等性、广泛性和直接性等特点。由于网上市场调查具有传统市场调查手段和方法所不具备的一些特点和优势，有时又被称为现代方式调查法。

网上访谈法具有经济性、快速性和方便性的特点。网上访谈法可以节省大量的时间和各种费用，尤其是随着网络的普及，调查费用会越来越低；同时，网上访谈法不用考虑时间和空间的限制，可以进行全天候调查，各地方的人都可以在一起匿名交流，从而使调查人员在最大范围内获得相对真实可靠的信息。

网上访谈法也存在一些缺点。例如，网上访谈法会受到网络普及率的限制，同时上网接受访谈的人可能会很少，所以使用网上访谈法在调查范围上存在缺陷；另外，网上接受访谈的对象的身份具有不确定性，且上网人群多数是青少年，这又在一定程度上限制了网上访谈法获得资料的全面性与可靠性。

3.6 运用实验法进行市场调查

实验调查法是指市场调查人员有目的、有意识地改变一个或几个影响因素，来观察市场现象在这些因素影响下的变动情况，以确定市场中各种因素的因果关系而使用的信息收集方法。

一、实验调查法的原理

实验调查法通过改变两个或几个变量的方式（称为处理）测量它们对另一个或几个变量的影响。被处理的变量叫自变量，反映受自变量影响而变化的变量叫因变量。例如，为了调查某种商品价格变化对销售量的影响，可以进行实验调查，这时价格是自变量，销售量是因变量。

实验的目的是证明一种变量（自变量）的变化，能否引起另一种变量（因变量）随之变化。例如，一种新广告投放到某试销市场，该市场的销售量得到提高，但是其他没有投放新广告的市场销售量并没有增长，那么实验人员就可以这样认为，是新的广告导致了销售量的增长。

二、实验调查法的优缺点

实验法的主要优点是：可以探索不明确的因果关系，实验结论有较强的说服力。

实验法的主要缺点包括费时、费用高、管理控制困难、保密性差等。

三、实验调查法的应用

实验调查法一般适用于调查什么样的产品质量、包装、式样等受顾客喜欢的产品实验和不同的产品价格、包装、营销策略对销售量影响的销售实验。如果对产品质量、性能、式样、包装等方面的情况都做市场调查，了解什么样的产品受市场的欢迎，可以为企业的各项决策提供参谋，就可以用产品实验。

在汽车行业中，与实验法有关的是著名的汽车噪声实验、汽车风洞实验、汽车碰撞实验等。

案例链接

【案例5】 汽车风洞实验

最早的风洞可以追溯到1871年,英国人韦纳姆用它来测量物体与空气相对运动时受到的阻力。韦纳姆的风洞结构非常简单,一个长3.05 m两端开口的木箱,截面是45.7 cm×45.7 cm,木箱的一端安装有风扇,向外吹风。

真正把风洞实用化的是发明飞机的莱特兄弟,他们造的风洞结构和韦纳姆的基本一致:一个木头管子,一头装上一组叶片进行吹风,实验的飞机模型放在管子中间。莱特兄弟的这个风洞截面为40.6 cm×40.6 cm,长1.8 m,能模拟40~56.3 km/h的风速,正是通过这个简单的风洞,莱特兄弟以非常小的代价重复了上千次实验,最终获得了理想的机翼设计。

再到后来,飞机飞行速度和尺寸不断增加,各种各样的风洞也随之诞生。1931年5月27日,全球首个全尺寸风洞在弗吉尼亚州汉普顿附近的兰利研究中心投入使用。这个风洞提供了一个宽19.28 m,高9.144 m的实验空间,被用于从"第二次世界大战"战斗机、太空舱到潜水艇、现代喷气机的各种空气动力学测试。德国人朱卡尔·本茨和哥德利普·戴姆勒造的人类历史上第一辆汽车只有十几公里每小时的速度,显然这个速度还不用考虑什么空气阻力的问题。随着汽车发动机功率的变大,车速也越来越快。汽车速度在超过80 km/h后,轮胎带来的滚动摩擦通常就已经小于车身受到的风阻了,这就需要汽车在设计时考虑空气阻力的问题。如果是现在的纯电动汽车,降低风阻还有增加续航能力的"疗效"。此外减少噪声、保证高速行驶时的稳定性和安全性,也都是汽车要在风洞中解决的问题。

3.7 运用网上调查法进行市场调查

随着互联网的迅速发展,利用网络资料进行调查的模式,由于其经济、便捷、高效可靠的资料搜集优势而获得广大调查员的青睐,并得到广泛推广。

网上调查法又称网络调研法或网络调查法,是当代极为重要的调查手段之一,是企业利用互联网搜集和掌握市场信息的一种重要调查方法。网上调查法是通过网络有计划、系统地搜集调查、记录、整理和分析相关市场信息,为客观地测定及评价当前市场及在市场提供依据的调查方法。

网上调查法严格来说又具体分为二手资料查找的网上调查法和一手资料搜集的访问调查网上调查法。

一手资料搜集的访问调查网上调查法在上述访问法内容中已有解读说明。

二手资料查找的网上调查法,应用范围几乎适合于所有的调查。随着互联网平台信息的覆盖面、时效性等逐步完善,网络资料已经成为人们了解事物、研究事物的重要手段。

常用的汽车市场调查的网络渠道主要是一些汽车网站、汽车生产和经销商的官方网站、

汽车相关 App、车友论坛、微博、贴吧等。

任务分析

任务分析-5

在商品经济社会，激烈的竞争迫使每个企业充分分析并掌握同行业竞争者的各种情况，做到知己知彼，从而扬长避短，充分发挥自身的优势。网上调查法源自互联网和信息技术的发展。目前很多网上发布的信息，可以让人们第一时间就能了解新闻动态、市场行情，较传统的信息传递方式效率高出很多倍。但网络信息的真伪性在鉴别时难度又比较高，需要调查人员有较高的判别能力和较强的职业操守。

一、网上调查法的特点

互联网作为一种信息流通渠道和工具，具有其他信息搜集工具不具有的许多特点。例如，互联网具有的全面开放性、广泛参与性、自主选择性以及可直接接触性等特点，使网上调查法具有传统调查方法所不可比拟的优势。

1. 成本低廉

由于网上调查所需设备简单（只需有一台联网的计算机，通过站点发布电子问卷或组织网上座谈），数据处理方便（统计分析软件自动处理），因此不需要付出传统调查方法所需的大量人力、物力成本。

2. 方式快捷

采用网上调查法不受时空的限制，信息传播速度快；利用互联网短时间内就可以完成问卷的发送回收和数据的处理，整个过程迅速、简捷，明显优于传统的调查方法。

3. 结果客观真实

由于网上调查法不需要让调查员直接干预数据搜集，从而可以避免因调查人员的主观性造成的数据失真。同时，在调查涉及个人隐私等敏感问题时，问卷设计常常采用间接、委婉和假设的方法，减少网民的顾虑，便于他们诚实地回答问题，使调查结果更加客观和真实。

4. 回馈信息翔实

不同于传统的调查方法，网上调查法可以通过在网站上发布大量的声音、动画、图像和文本资料，向被访问者提供大量的相关信息，使其充分了解所要调查的内容和方式，从而使被调查者反馈翔实、可靠的信息。

网上调查法与传统调查法的对比如表 2.3.2 所示。

表 2.3.2　网上调查法与传统调查法的对比

对比项目	网上调查法	传统调查法
经济性	高：不需要花费大量人力、物力进行数据的搜集与整理	低
范围	较大，全世界范围内，不受时空限制	较小，受成本和区域的限制
周期	短：数据搜集、处理迅速	长：数据采集、处理程序烦琐

续表

对比项目	网上调查法	传统调查法
时效性	调查全天 24 小时均可进行	受时间限制
被访问者的便利性	被访问者自行决定时间、地点回答问卷，不受限制	不方便，受时空限制较大
结果的可靠性	客观翔实：调查对象受外界影响较小，且多为主动回答问题，可信度高	主观性较强：被访问者往往被动回答问卷，主动性不高，易受外界干扰，调查结果可信度相对较低

二、网上访问调查的应用范围

网上调查主要是利用互联网上的各类网站进行市场调查研究，其特点是形式灵活、可利用资源丰富，尤其是一些建有网络调研服务系统的大型公用网站，一般拥有大量有关企业和消费者的资料，通过网络自动甄选、处理这些会员资料，可以方便地获得调查员想得到的资料。因此，网上调查被广泛地应用于产品消费、社会民情民意、广告效果、企业生产经营情况、竞争对手研究等方面的调查。

1. 产品消费调查

网上调查可以很好地获得现实与潜在消费者对产品和服务的需求、偏好、习惯、价格意向等方面的资料，便于企业快速获得产品消费市场需求结构、偏好以及特征等资讯，为制定最优的生产销售策略提供依据。

2. 社会民情民意调查

利用网上调查法，可以快速及时地对一些社会热点问题，如公众对国家某项政策出台的态度、对公众人物的评价、对医疗就业问题的反应等社会与公共政策方面的问题进行调查研究，为政府、社团以及各类研究组织提供大量的资料。

3. 广告效果调查

由于影响产品销售情况的因素很多，因此很难通过产品销售情况测量广告效果，而网上调查很容易获得广告投放到达率、认知率、认同率、喜爱接受率以及对消费者购买决策的影响程度等资料。

4. 企业生产经营情况调查

网上调查可以通过两种方法对企业的生产经营情况进行调查：一是向企业直接发出网上问卷，由企业进行填写，此类方法适用于政府或行业统计调查；二是查询企业在网上公布的相关生产经营情况获得调查资料。

5. 竞争对手研究

在商品经济社会，激烈的竞争迫使每个企业充分分析并掌握同行业竞争者的各种情况，做到知己知彼，从而扬长避短，充分发挥自身优势。调查内容一般包括市场上主要竞争对手的市场占有率、经营特点、竞争优势、产品技术研发情况、销售网络以及服务水平等。

思考与练习

一、填空题（把合适的内容填在方框中。）

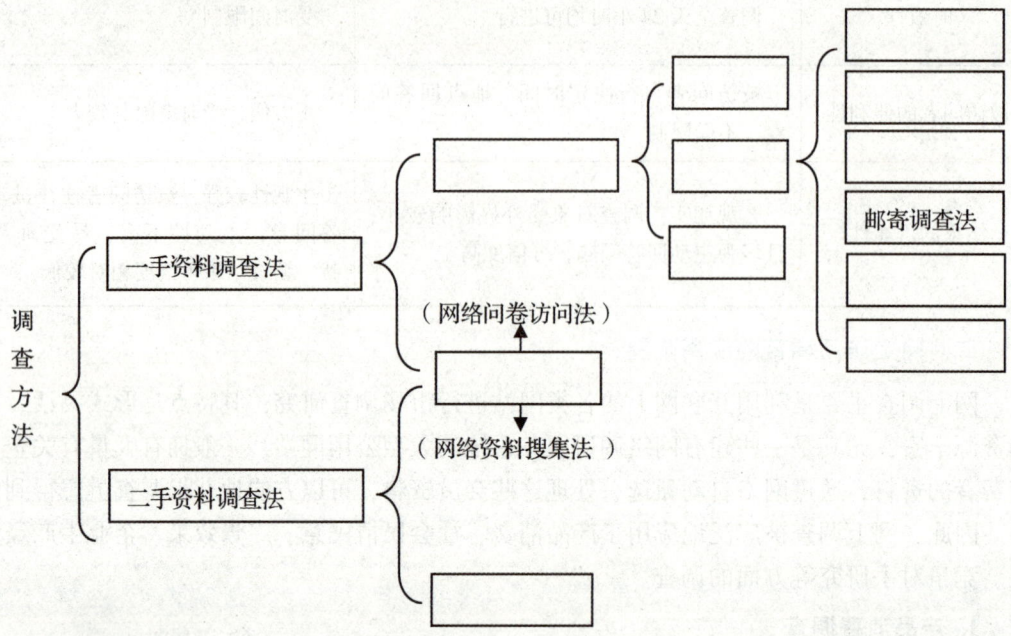

```
                    ┌─ 一手资料调查法 ─┬─ [    ] ─┬─ [    ]
                    │                  │          ├─ [    ]
                    │                  │          ├─ 邮寄调查法
调查方法 ─┤                  │          ├─ [    ]
                    │                  │          └─ [    ]
                    │                  ├─（网络问卷访问法）
                    │                  │     ↕
                    │                  ├─ [    ]
                    │                  │     ↕
                    │                  ├─（网络资料搜集法）
                    └─ 二手资料调查法 ─┴─ [    ]
```

二、单项选择题（以下各小题所给出的4个选项中，只有一项最符合题目要求，请将正确选项的代码填入括号内。）

1．基于不同的标准，可以将市场调查资料分成多种类型。一手资料和二手资料是根据（　　）进行划分的。

　　A．市场资料和信息的来源　　　　B．获取资料的过程
　　C．市场调查资料的负载形式　　　D．市场调查资料涉及的范围

2．"耳听为虚，眼见为实"。这句话，是说明（　　）在市场调查研究中不可替代的作用。

　　A．文案调查法　　B．网上调查法　　C．实地调查　　D．二手资料收集法

3．（　　）是指不会随着时间和外界环境变化而变化、一直保持恒定不变的资料。比如中国四大发明是指南针、火药、印刷术和造纸术。

　　A．静态资料　　B．动态资料　　C．网上资料　　D．文案资料

三、多项选择题（以下各小题所给出的选项中，有两项或两项以上符合题目要求，请将符合题目要求选项的代码填入括号内。）

1．二手资料依然是市场调查与预测资料的重要来源。在实际工作中，调查法主要应用在（　　）。

　　A．进行市场探测性研究　　　　　B．配合其他调查方法展开更全面和科学的研究
　　C．进行经常性的市场研　　　　　D．为调查方案提供数据支持和帮助

2．按照调查双方接触程度，观察法可以分为（　　）。

　　A．直接观察法　　B．间接观察法　　C．非参与性观察法　　D．非结构式观察法

3. 标准化访问主要包括哪些阶段？（　　）
   A. 准备阶段　　　B. 面谈阶段　　　C. 访问结束阶段　　　D. 资料分析阶段
4. 拦截访问调查的缺点包括（　　）。
   A. 调查费用较高　　　　　　　　B. 对调查员的责任心有较高的要求
   C. 调查周期较长　　　　　　　　D. 调查的匿名保证较差
5. 不需要与被调查对象见面的访问包括（　　）。
   A. 电话访问　　　B. 网上调查访问　　　C. 留置访问　　　D. 邮寄访问

四、简答题

1. 简述市场调查资料的类型。
2. 访问调查法的具体方法有哪些？各自的主要特点是什么？
3. 简述观察法的基本类型。
4. 简述实验调查法在汽车领域应用的案例。
5. 简述文案法的特点。
6. 总结分析网上调查法的特点和适用情况。

学生活动

【实践与训练1】

运用网上调查二手资料查找的方法，探索汽车领域的实验法。写一份调研的总结材料。

具体要求：

1. 要求用 Word 进行编辑，并适当做排版设计。
2. 总字数在 300 字左右。

任务4　设计汽车市场调查表格

核心内容

4.1　明确调查表格的作用
4.2　认识调查表格的形式
4.3　设计观察表格
4.4　设计访问提纲
4.5　设计调查问卷
4.6　利用问卷星制作调查问卷

任务目标

知识目标：

1. 理解调查表格的作用；

2. 认识调查表格的形式；
3. 掌握观察表格设计的方法；
4. 掌握访问提纲设计的方法；
5. 掌握调查问卷设计的方法；
6. 掌握问卷星制作问卷的方法。

能力目标：
1. 具有制订工作计划、独立决策和实施的能力；
2. 具有人际沟通的能力；
3. 语言表达能力较强。

素养目标：
1. 具有维护组织目标实现的大局意识和团队能力；
2. 具有爱岗敬业的职业道德和严谨、务实、勤勉的工作作风。

任务解读

假如你已经制定好市场调查方案，选定了适当的调查方法，即将开展市场调查的资料搜集工作。在一手资料收集的过程中，往往要针对多个样本进行资料搜集，而针对同一个样本资料搜集内容几乎相同的情况下，就需要制定一份格式化的表格，便于对资料进行搜集、记录和整理。

本次任务是设计调查实施所需的调查表格，为进一步的调查做好准备。

知识导学

调查表格是调查中使用的重要工具，在调查中往往要用到调查表格进行调查信息资料的采集与记录。尤其是在实地调查开展的过程中，由于调查人员要应对大量并且动态的市场信息，要将这些信息有效地搜集起来，因此必须进行记录，便于事后整理与分析。

4.1 明确调查表格的作用

调查表格有利于格式化记录调查信息。格式化是相对于非格式化来说的。格式化和非格式化也可以叫结构化和非结构化。由于数据的多样性，结构化更有利于数据的梳理和分析。

市场信息数据存在的形态往往是非格式化的，在调查人员实施调查的过程中，要将需要搜集的信息资料在搜集时就进行必要的格式化处理，为后续信息资料的整理分析，进而发现信息中蕴含的规律性和问题性打下基础。归根到底，它也是市场调查与研究的手段，这种格式化的方式就是实现市场调查目的的手段。

4.2 认识调查表格的形式

在市场调查中，选择的调查方法不同，调查时需要使用的调查表格也不同。调查表格通常用在一手资料搜集过程中。根据实地调查的不同，观察调查法和访问调查法需要用到的调查表格不同。

观察调查法是调查人员对所调查的对象进行观察并将要搜集的信息记录下来，这时用到的调查表格也就是观察表格，使用观察表格及时地将观察到的信息记录下来，能避免调查人员事后遗忘，也有利于资料的整理，尤其是进行"一式多份"的调查的情况下。

访问调查法根据实施的具体形式，涉及的调查表格可以分为访问提纲、调查问卷。访问提纲用在面访调查或者称为采访调查中，调查问卷用在拦截调查、邮寄调查、留置调查、网上访问法的调查中。访问提纲相对于调查问卷来说，其内容主要体现交谈问题的目录，以开放式的方式对访问对象提出询问。调查问卷所含纳的信息量相对来说涉及的要素更多，调查相关的客观信息与主观信息相结合，涉及的信息点和信息量是比较丰富的。调查问卷中问题的形式包括封闭式和开放式的综合运用。调查方法与其所使用调查表格类型关系图如图2.4.1所示。

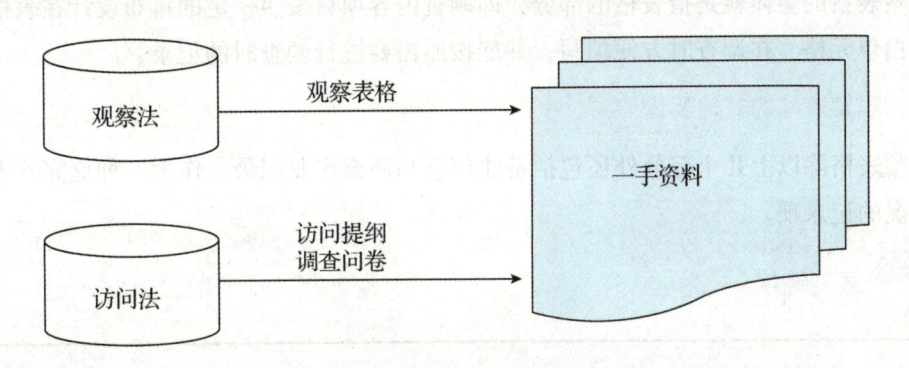

图 2.4.1 调查方法与其所使用调查表格类型关系图

任务引领

任务信息

某汽车销售服务有限公司在进行市场调查的活动实施之前，应该进行调查表格的设计工作。在选择了合适的调查方法后，根据调查方法开展的需要，设计观察表格或者访问提纲或者调查问卷。接下来要分别针对观察表格、访问提纲、调查问卷设计的方法进行研究，并能设计出这三类调查表格。

4.3 设计观察表格

观察表格或者是制成的观察卡片，是在观察调查法实施中使用的一种标准化记录工具，其记录结果即形成观察的最终资料。

观察表格由标题、表头、表格主体和表格其他要素4个主要部分组成。下面分别对观察表格的主要组成部分进行介绍说明。

一、观察表格的标题

观察表格的标题是观察表格的名词，用来定义观察表格并大致说明其主要内容和主要功

用。标题的关键词应简练并且足以完整表达观察表的名称。

如针对某一停车场进行车位情况的调查，使用的观察表的标题可以是"某（停车场名称或其所在区域名称）停车场车位情况观察表"或"某停车场车位情况记录表"。观察表格也可以叫调查表。

二、观察表格的表头

表头是指位于观察表标题之下、表格主体之上的一些说明观察调查实施情况的说明信息。

观察表格的表头有时间、地点（具体区域）、调查员姓名、天气情况等。

三、观察表格的主体

观察表格的主体就是指表格的部分，即调查内容项目按照一定的排布设计在表格中，并留出空白单元格，在调查时方便填写，并能按照需要进行调查时的记录。

四、观察表格的其他要素

观察表格除以上几个部分外还包括备注信息和调查作业记录，作为一种更完善表达调查实施情况的记录项。

🏁 **案例链接**

【案例1】顾客流量及购物调查表

表1　顾客流量及购物调查表

被观察单位＿＿＿＿＿＿＿＿＿＿＿＿＿＿＿

观察时间＿＿＿年＿＿＿月＿＿＿日　＿＿＿时至＿＿＿时

观察地点＿＿＿＿＿＿＿＿＿＿＿　观察员＿＿＿＿＿＿＿＿

项目	入　向	出　向
人　数		
购物金额		

调查期间发生与调查相关其他情况备案：
_____
_____

案例1中表1为某商场为观察购买者的行为而制作的顾客流量及购物调查卡片。使用时，在商场的进出口处，由几名调查员配合进行记录，调查表每小时使用一张或每半小时使用一张，该时间内出入的顾客及其购买情况可详细记录下来。

案例链接

【案例2】 顾客行为观察表

表2 顾客行为观察表

某超市顾客购物情况观察表　　　　日期：2020-01-01

时间		顾客基本情况						顾客购物情况					
		男性			女性			食品		日杂		服装	
时	分	老	中	青	老	中	青	男	女	男	女	男	女

　　案例2中表2为顾客行为观察表，适用于调查顾客的消费行为特征。往往在消费品市场，顾客的行为对商品的销售情况呈现一定的因果关系。除了商品本身的调查外，更重要的是掌握消费者的需求情况、消费者购物心理等。而消费者行为恰恰反映了这些问题，从表象入手了解更深层次的消费者潜在的消费心理是有利于经营者调整好营销方案的手段。

任务分析

> **任务分析-1**
> 　　观察表格的设计需要根据调查的目的、调查的内容、调查的组织等因素综合考虑后，按照调查实施时的需要，对表格进行设计。我们还需要明确观察表格的结构、主要形式、行和列的要素、表格必备的信息有哪些等。明确了这些问题，才能设计出一个有用的观察表格。

　　以上，我们以案例1和案例2了解了一些关于调查表格的要素及内容，以及适合的调查项目和调查表格形式的关系。这样，我们就可以初步地设计需要的观察表格了。

　　注意，观察表格设计得是否科学，是否适用，还要进行实践检验。即先印制少量进行小样本试调查。通过试调查，调整观察表格，使其更适合正式调查时使用。

🚩 **案例链接**

【案例3】 某路口人流量观察表

表3 某路口人流量观察表

H 市 W 街 1—3# 人流量观察表　日期：2019-10-01

时间		步行行人							过往车辆				
^	^	男性			女性			非机动车		轿车			卡车	
时	分	老	中	青	老	中	青	自行车	电动车	高档	中档	低档	重型	轻型

4.4　设计访问提纲

访问提纲是在访问调查的面访调查中应用的一种调查工具。当调查人员与被调查对象面对面交谈时，所交流的话题都应围绕调查主体及调查内容。这些调查内容，调查前应事先设计成问题，提问的顺序也应有一定的设计。

访问提纲的结构包括标题、调查问题和调查备注记录信息三个主要部分。访问提纲实际上是简化的调查问卷，因为访问的问题多以开放式问题存在，也有一少部分是封闭式问题。同时，访问提纲也容纳了部分观察表格表头和调查作业记录的元素。

🚗 **任务分析**

任务分析-2

访问提纲往往在面访过程中使用。目的是，按照事先设定的调查计划搜集需要的信息。对访问提纲进行设计，需要事先确定哪些问题采取封闭式提问，哪些问题采取开放式提问，以及问题提出的线索和过渡，使整个访问调查有机自成一体。

一、问题的主要形式

1. 封闭式问题

封闭式问题，是指问卷调查中的一种设问方式，指在调查问卷中，在提问的同时还提供若干答案，由回答者根据自己的实际情况选择问题答案。这些答案必须具有穷尽性（或具有调查代表性）和互斥性。一方面要列举出所有可能的答案，不能有所遗漏；另一方面各种答案之间要互不相容，不能出现重叠。

封闭式问题的优点是标准化程度高，所获得的资料集中，便于编码和统计分析；可以避免无关问题；填答问题比较方便，回答率较高，可节省调查时间。另外，可降低敏感问题的敏感度。

封闭式问题的缺点是灵活性差，不利于填答者深入、充分地表达自己的意见；填答中存在的一些偏误也不易被发现。有时答案罗列有限，若回答者欲回答的答案不在备选项内，则无法表明自己的意见，也增加了猜答和随便选的概率，因此降低调查准确性。

封闭式问题一般在大规模、正式的调查中使用较多。

2. 开放式问题

开放式问题是指市场调查在提出问题时，不给被调查者提供任何答案，而由被调查者根据客观实际情况自由填写。

开放式问题的优点是可让回答者自由发挥，能搜集到生动的资料，甚至得到意外的发现。

开放式问题的缺点是要求回答者有较高的知识水平和语言表达能力，能正确理解题意，于是导致回答率低。

3. 封闭式问题和开放式问题的应用

开放式问题和封闭式问题，各有不同的功用。提开放式的问题，可以使气氛变得自然、融洽，可以表示对对方的尊重，也可以避免由于记者提问过于局限而放过了好材料，因此常常在采访开始时使用；封闭式问题，因为提得较具体、尖锐，可以使谈话深入，可以攻破某些难点，也可以证实或核实某些问题，所以一般用于采访的主要、关键性阶段。在采访时，要根据具体情况灵活使用这两种类型的问题。一味地提开放式问题，会使采访变得拖沓、松散；而一味地提封闭式问题，也会使谈话变得过分紧张、拘谨。例如表 2.4.1。

表 2.4.1　某市汽配市场商家经营状况调查访谈记录

被访单位名称：		被访人姓名：	
访谈时间：	访谈地点：		访谈人：
访谈问题			
1. 经营的汽车配件有哪些种类？			
2. 销售情况最好的汽车配件有哪些？			
3. 汽车配件进与销各采用怎么样的方式或模式？			
4. 一般采用哪些方式来提高配件销售量？			
5. 较其他汽车配件商家比有何优势？			
6. 主要经营汽配的品牌、种类、市场价格分别是什么：			
7. 主要汽配件销售情况如何？			

4.5 设计调查问卷

调查问卷,简称问卷,也叫调查表、访问表格或询问工具,它是一种以书面形式了解被调查对象的反应和看法,并以此获得资料和信息的载体。问卷是为了达到研究目的和收集必要数据而设计好的一系列问题,是收集来自被调研对象信息的表格。调查问卷是市场调查前事先准备好的询问提纲或调查表,用一系列按照严密逻辑结构组成的问题,向被调查者调查具体事实和个人对某问题的选择、意见、态度和看法等。

问卷设计是依据调研的目的,列出所需了解的项目,并以一定的格式,将其有序地排列组合成调查表,也即调查问卷的活动过程。调查问卷的本质实际上就是具有特定格式的表格。

问卷设计包含了解问卷设计目标、明确问卷在何种访问方式下使用、选择问卷的形式、设计问句、设计问句结构、问句总体的组合等,最终形成科学合理、容易为调查者和被调查者所接受、符合调查要求、能有效获取所需信息资料的调查表。

任务分析

> **任务分析-3**
> 调查问卷是应用最广泛的调查工具。设计调查问卷需要明确调查问卷的类型、调查问卷的格式、问题设计的方法、问题的顺序排列、问卷的排版印制、问卷的修改等问题。在明确这些问题的基础上,让我们一起思考如何设计一份符合调查主题的调查问卷。

一、问卷设计的意义与要求

1. 问卷设计的意义

问卷在市场调查过程中处于十分重要的地位。获取足够的市场信息资料是市场调查的基础,其中第一手资料的获取又占有重要地位。问卷提供了统一、规范的资料收集程序和标准,从而使整个资料收集工作与调研目标相吻合。好的问卷有赖于正确科学的问卷设计。不适当的问卷设计将导致不完全,甚至错误的信息资料。

2. 问卷设计的要求

(1)与所需资料相适应。首先是问卷必须能保证获得调查所需的信息资料;其次是通过问卷调查得到的信息资料与所需的信息资料匹配。也就是说,问卷中不浪费一句问句去取得不需要的资料,也不遗漏一个问句以致需要的资料残缺不全。

(2)便于调查人员调查工作。在某种程度上说,问卷是市场调查人员实施调查的工具,所以,它必须易于为调查人员操作管理,便于调查人员顺利发问、记录,并确保所取得的信息资料正确、无偏差。

(3)便于被调查者回答。问卷最终是要在各种具体的环境中采用,并最终通过被调查对象的应答,提供有效的信息资料实现其价值,所以问卷必须便于被调查者应答。

(4)便于问卷结果的处理。资料收集一旦结束,就要进行信息资料的处理,为此,问卷设计时要充分考虑到在调查完成后,能够方便地检查其正确性和适用性,便于对调查结果的整理、统计和分析。

实现上述各点，要求问卷设计人员必须具有丰富的与人交往的经验，有清晰的思路和极大的工作耐心，还要懂得设计问卷的技能技巧。

二、问卷设计的过程

问卷设计的过程按照问卷是传统问卷还是网络问卷有不完全相同的程序。下面先明确传统问卷设计的过程。

1. 明确调研主题与所需的资料

首先必须充分了解委托人的意图和要求，明确调研的主题，使得在问卷设计之前就对这些问题加以准确的把握。

另外，还必须明确需要收集哪些方面的材料。在拟订问卷前，调研人员往往首先着手于比较容易的第二手资料的收集，而第一手资料是用以弥补第二手资料的不足和检验其准确性的。

2. 明确调查对象的类型和特点

不同的调研项目具有不同的调查对象，不同的调查对象具有不同的特点。调查问卷必须针对具体的调查对象的特点进行设计，才能保证问卷的合理性。

3. 明确数据收集的方法

问卷主要用于询问调查。询问调查的形式包括人员面对面访谈、电话访谈、邮寄调查与自我管理访问等。

4. 设计问卷

在完成上述三个步骤后，就可以进入问卷的设计阶段了。问卷设计又可以分为问句设计和问卷编排两个子过程。问句设计工作是设计问卷工作中的核心。问卷编排主要是与被调查对象问卷填写效果和客观性的保障方面相关。

5. 问卷评估与修订

问卷草拟成型后，可以由设计人员，也可以请少量具有丰富经验的专家对问卷进行初步评估。评估应该是全方位和深入仔细的，以下是一些供参考的评估的主要方面：

（1）问卷与委托人的意图相吻合的程度。

（2）问卷与所需信息资料的吻合程度。

（3）问卷与调查对象类型、特点的适应程度。

（4）问卷与询问调查形式的适应程度。

（5）问卷的主题是否明确。

（6）问卷是否太长。

（7）问卷是否杂乱。

（8）问卷中的问句是否合理。

（9）问卷的编排是否合理。

（10）问卷的形式，包括大小、形状、颜色、字体是否合理美观。

（11）问卷的印制是否精良，等等。

经过评估，对发现的问题和不足尽量给予解决，进行再设计或加以完善，形成比较正式的问卷初稿。

6. 获得各方认同

问卷初稿出来后，需要征求有关方面或人员的意见，获得他们的认同。

7. 预试和修订

问卷设计好后，还有必要将问卷进行小范围的试验。可以在同事中或经挑选的普通用户中进行试答。对问卷进行小组试验可以在这几方面产生作用：

（1）鉴定问句是否能被调查对象充分理解。
（2）鉴定问卷内容是否充分反映了所需资料的内容。
（3）可能有助于提供多项选择问句的答案。
（4）可以确定访问所需的平均时间。

8. 问卷印制

根据调查需求，印制一定的份数，以备开展调查使用。

对于网络问卷来说，其设计的过程前7个步骤基本是一致的，第八步是在挂在网络上的。

三、问句设计

所谓问句，一般的理解是指询问的句子。在市场调查中，问句是构成问卷的基本要素，它不仅指一般意义上提问用的句子，还包括将要记录的答案、编号和说明怎样回答三个部分。

例如：

您会在哪些渠道了解汽车的资讯？（请在答案前的□内打上"√"）

□（1）汽车4S店
□（2）汽车类网站
□（3）汽车商家自媒体
□（4）相关手机App

以上的问题、答案、填写说明和序号编号构成了整个问句。

消费者调研问卷及答题卡

此外，调研问卷中的问句不一定非要采用提问的形式和口吻，也可以采用叙述一种情况或事实然后征求意见。例如，由调查询问人员出示卡片，然后对被调查对象说："这张卡片上列举了许多品牌的汽车，请您指出您认为最喜爱、次喜爱和第三喜爱的汽车品牌。"

所以，调查问卷中的问句是一种具有特定含义的问句。

理想的问句设计应能使调查人员获得所需的信息，同时被调查者又能轻松、方便地回答问题。这就要求调查人员能依据具体调查内容要求，设计选用合适的问句进行调查。调研问卷可以按照其构造形式、所要收集资料的性质以及运用的技巧等方面的不同分为不同的类别。

1. 按照问句要收集的资料性质来分

问句按照问卷要收集的资料性质分为事实问句、意见问句和解释问句。

1）事实问句

要求被调查者依据现有事实来回答问题，不必提出主观看法。诸如"你使用的空调器是什么牌子的?""你家庭的年人均收入是多少?""你的职业是什么?"等等。这类问题常用于了解被调查者的特征(如职业、年龄、收入水平、家庭状况、居住条件、教育程度等)以及与消费商品有关的情况(如产品商标、价格、购买地点、时间、方式等),从中了解某些商品消费的现状。这类问题对调查人员确定某类产品的目标市场有很大帮助。

事实问句的主要特点是问题简单、回答方便,调查覆盖面广,调查结果便于统计处理;但也存在着不足,如由于时间长等原因,被调查者对某些事实记忆不清,或由于某些被调查者的心理因素影响,而使回答的结果在一定程度上失真。

2) 意见问句

主要是用于了解被调查者对有关问题的意见、看法、要求或打算。例如"你希望购买哪种牌号的自行车?""你打算何时购买高级组合音响?"等等。这类问题可以帮助调查人员了解被调查者对商品的需求意向,使企业能够根据消费者需求不断改进产品设计,经营运用对路的商品,从而增强企业的生存能力。

意见问句的主要特点是从这类询问中可以广泛地了解消费者对需求的要求、打算、意见,为决策者提供未来需求信息。但它也存在着不足。其一,这类询问仅能了解调查者的意见、看法,而无法了解产生这些意见、看法的真正内在原因。如上面提到的问题"你希望购买哪种牌号的自行车?"询问这一问题,调查者只能知道消费者喜欢哪种牌号的自行车,而并不能了解消费者究竟喜欢这种牌子的哪些方面,是质量、颜色、式样、还是其他?等等。其二,这类问题在一定程度上受心理因素影响。如在了解消费打算等问题时,被调查者会因家庭财产问题而不愿说真话等。

3) 解释问句

解释问句,又称阐述问句,主要是用于调查者想要了解被调查者的行为、意见、看法产生的原因。根据询问是否给出问题的选择答案,相应地可分为封闭式解释询问和开放式解释询问。这类询问可以在一定程度上弥补事实询问存在的不足。如前面提到的事实询问"你希望购买哪种牌号的自行车?"若想进一步了解购买行为的原因,可提出"您为什么希望购买这种牌号的自行车?"这就是解释性询问。

阐述问句的主要特点是能够较为深入地了解消费者的心理活动,从而找到问题及问题产生的原因,为解决问题提供依据。但是这种询问也存在不足,其一是结果较为复杂,尤其是开放式的解释问句,答复的结果不易整理;其二是此类问题涉及被调查者的主观因素较前面两种询问要多,被调查者因各种原因而回避问题,或只讲问题的次要方面,从而使调查结果的真实性受到影响。

2. 按照问句内容的结构来分

问句按照问卷要收集的资料性质分为事实问句、意见问句和解释问句,有结构化—非隐藏性问题、非结构化—非隐藏性问题、非结构化—隐藏性问题、结构化—隐藏性问题四种。

所谓结构化,是指数据收集设备的标准化程度。高度结构化的问题中,要询问的问题和可能的回答选项完全是事先确定好的。高度非结构化的问题中,事先确定的问题比较松散,被调查者回答问题时可以用自己的话自由回答。事先固定要询问的,需要开放式回答的问题属于中度结构化。隐藏性即数据收集方法中对被调查者隐藏调查目的的程度。隐藏性问题试图掩盖调查目的,而非隐藏性问题中明显表明调查的目的。

1）结构化—非隐藏性问题

这类问题应用最为广泛。在收集数据时，按照相同的顺序向被调查者询问相同措辞的问题。典型的题型为封闭题，以保证各被调查者回答的是相同的问题，从而使得到的回答可以比较。

例：对于目前北京新闻和新闻联播之间播出的短广告条数，您认为：

□应删减一些　□还可以再增加　□不用改变　□没意见

分析提示：上例明显属于结构化—非隐蔽性问题，一方面明显表达出调查目的，想了解观众对这一段广告条数的看法；另一方面居于高度结构化形式，被调查者只能从四个选项中选择一个答案。

结构化—非隐藏性问题的优点在于：数据的可靠性比较强，问题易于管理与分析；缺点是可能诱导被调查者的回答，如缺少重要选项，被调查者找不出适合自己的选项，可能会任意选择，结果出现偏差。它主要适于收集事实型信息和被调查者有明确看法的意向型问题，但不适于初步寻找动机等探索性调查。

2）非结构化—非隐藏性问题

其调查的目的比较明显，但对问题的回答却是开放式的。

事先对被调查者说出调查目的，对其进行深度访谈，属于开放题型。在访问中往往根据被调查者的回答决定访问的方向，因而不同的被调查者回答的问题和问题顺序都可能不同，乃至具体内容也会不同。

非结构化—非隐藏性问题的优点是：被调查者可以自由表达自己的意见，仔细而且有经验的访问员可以由此得出更深入、更准确的答案。其缺点是：由于访问员对回答的影响较大，该类问题对访问员的素质要求较高；同时，由于访问时间较长，回答率可能较低；此外，答案不便于分析，容易受分析者自身的影响，结果的可靠性、准确性可能低。当然，也可通过编码来减轻工作量，提高结果的可靠性和准确性。这类问题主要适用于探索性研究。

3）非结构化—隐藏性问题

可以在被调查者不愿回答的情况下，掩藏调查目的，挖掘被调查者潜意识的动机和态度。该类问题经常使用"投影"法，主要方法有词语联想技术、完成句子法、讲述故事法等。

例：目前北京新闻和新闻联播之间播出的短广告_____

晚上6：50看完北京新闻后我_____

分析提示：词语联想法和句子完成法是按固定顺序和语句提问，似乎是结构化问题。但由于被调查者的回答与讲述故事法一样为非结构的，因此也列为非结构化问题。

该类问题可以解决敏感性问题、回答率较低的问题等，但答案的审核、编码、分析比较烦琐，不同研究者对同一答案可能得出不同的结论，因而可靠性较差。主要适于探索性调查。

4）结构化—隐藏性问题

该类问题实践中使用较少。其特点在于：一方面，具有隐藏性，可以挖掘出被调查者潜意识的动机态度；另一方面，问题的结构化使答案便于编码和分析。

例：在使用视频App播放观看你喜爱的视频节目时，常插播一些广告短片，在看到这些广告时，您一般是：

□从头到尾都认真看广告
□只认真看感兴趣的广告
□不留意具体内容，但耐心等待接下来的节目
□换 App 看其他节目
□开着 App 播放器干其他事情
□其他_____

分析提示：该题通过被调查者在播放广告时的行为，推测被调查者对该广告的看法。当然在推测结果时存在一定的偏差，但其结果易于分析，且时间较短。

3. 问句的形式

1）开放式问句

开放式问句又可以称作自由式问句，是指被调查对象不受任何限制，可以自由回答问题的问句。这种问句的特点是调查者事先不拟定任何具体答案，让被调查者根据提问自由回答问题。例如"你喜欢穿什么式样的秋季外套？""你对我厂生产的××牌空调器有何意见？"这种询问方式因事先不提供回答答案，能使被调查者思维不受束缚，充分发表意见，畅所欲言，从而可以获得更为广泛的信息资料。但由于被调查者的回答漫无边际，各不相同，使调查结果难以归类统计和分析。

自由式问句比较适用于调查受消费者心理因素影响较大的问题，如消费习惯、购买动机、质量、服务态度等，因这些问题一般很难预期或限定答案范围，因此在探测性调查中常常采用这种询问方式。

2）封闭式问句

封闭式问句是指问句的答案已事先由调研人员设计好，被调查对象只要在备选答案中选择合适的答案的问句。

认识封闭式问题（2）

3）倾向偏差式问句

倾向偏差式问句是指通过提出态度不同的几个答案，用以测定被调查对象的态度转变需要偏差到何种程度的问句。

4）态度测量问句

这是一类用来测量态度程度的问句。态度测量是市场调查中一个很重要的内容，其问句的具体形式有很多种。

四、问卷设计必须注意的问题

问卷中问题提问合理、排列科学可以提高问卷回收率和信息的质量。

1. 文字要表达准确

问卷中问题文字要表达准确，不应使填卷人产生模棱两可的理解。如调查商品消费情况"您通常喜欢选购什么样的鞋子？"就是用词不准确，因为对"通常""什么"的含义不同的人有不同的理解，回答各异，不能取得准确的信息。如改为"您外出旅游时，会选购什么品牌的旅游鞋？"这样表达就很准确，不会产生歧义。

例：企业针对消费者购买某汽车产品后，对其价格和服务质量方面询问消费者"您对该车型的价格和服务质量满意还是不满意？"

分析提示：该问题实际上包括价格和服务质量两个方面的问题，结果"对价格不满意""对服务不满意"或"对价格和服务不满意"的被调查者可能回答"不满意"，该结果显然得不到企业想了解的信息。因而，该问题应分为两个问题询问：

"您对该车型的价格满意还是不满意？"

"您对该车型的服务质量满意还是不满意？"

这样，客户可以分别得到某产品的价格和服务质量方面的信息。

1）问卷要避免使用引导性的语句

如设计问卷时，问"××品牌的旅游鞋质优价廉，您是否准备选购？"这样的问题容易使填表人由引导得出肯定性的结论或对问题反感，简单得出结论，不能反映消费者对商品的真实态度和真正的购买意愿，所以产生的结论也缺乏客观性，结果可信度低。

例：某公司想把某汽车电视节目制作成VCD盘，为调查其潜在市场，所设计的问卷中标题和说明部分均表明调查是关于该电视节目的。问卷首先要求被调查者列举最喜欢的三个电视节目（开放题），结果该节目名列榜首，98%的被调查者声称最喜欢该节目。

分析提示：显然结果是有偏差的，原因是标题和说明部分给出了该节目的名称，使得被调查者先对该节目产生或加深了印象，从而诱导被调查者在回答自己喜爱的节目时，有意无意地给出这一节目名称，导致结果出现偏差。

2）问卷问句设计要有艺术性

避免对填卷人产生刺激而不能很好地合作。如下面两级问句：

A：您至今未买电脑的原因是什么？

(a) 买不起

(b) 没有用

(c) 不懂

(d) 软件少

B：您至今未购买电脑的主要原因是什么？

(a) 价格高

(b) 用途较少

(c) 性能不了解

(d) 其他

显然B组问句更有艺术性，能使被调查者愉快地配合。而A组问句较易引起填卷人反感、不愿合作或导致调查结果不准确。

3）问卷不要提不易回答的问题

可能有两种情况：一种是涉及填卷人的心理、习惯和个人生活隐私而不愿回答的问题，即使将其列入问卷也不易得到真实结果。遇有这类问题，如果实在回避不了，可列出档次区间或用间接的方法提问。如调查个人收入，如果直接询问，不易得到准确结果，而划分出不同的档次区间供其选择，效果就比较好。另一种是时间久、回忆不起来或回忆不准确的问题。

2. 决定每个问题的措辞

决定问题的措辞，就是将已定类型和内容转化为标准提问的依据以及被调查者能够理解并根据其回答的问题。表面看来，这一阶段不过是确定用词语气，然而其作用却是至关重要的。措辞不当往往会使被调查者误解题意或拒绝回答,引起计量误差,从而直接影响数据质量,事后弥补非常困难,而且成本太高。在这一步骤实践中,经常出现的问题有:

(1) 词不达意,问题的措辞没有准确反映问题的内容。造成这类问题的原因一般有:措辞错误,无法表达原意;模棱两可,令人产生歧义;缺少重要句子成分等。

例:在某调查中有单选题询问"贵公司从事的生产活动是什么",而现实中许多公司兼营多种产品活动,选择时仅按照备选答案的顺序,选出见到的第一个自己公司从事的产品活动,而非最主要的产品活动,显然得出的答案有偏。

(2) 被调查者无法正确理解问题。其原因主要有:

①缺少必要的定义说明。调查对象是非专业人员时,可能不理解某些专业词语的含义。

例:某VCD光盘生产厂家就市场潜力派人访问调查,询问:请问您是否使用过VCD 2.0版本技术?

□使用过　□没有使用过　□不知道

分析提示:因为不知道什么是2.0版本技术,有些被调查者可能已使用过却选择了没有使用过,所得的结果显然有误差。

此外,即使对于专业术语或日常用语,不同人的理解也可能不同。

例:请您估计一下,您平均一个月在音像制品上花多少钱?

分析提示:这里的"音像制品"虽然是常用词语,但是如果不对音像制品范围进行划定,则被调查者对其所含物品种类的理解有些人就可能认为是磁带、录像带等。还有,这里的"花多少钱",可以指购买,也可以指租借,不同人的理解显然也是不同的。

②用词生僻或过于专业。一般调查中,调查对象文化程度分布广泛,生僻、专业的词语会阻碍被调查者对问题的理解。

例:某保险公司调查顾客对本公司业务的印象,询问:

请问您对本公司的理赔时效是否满意?

请问您对本公司的展业方式是否满意?

分析提示:许多被调查者不明白什么是"理赔时效"和"展业方式",即便给出答案也没有意义。

③语词过于复杂,也容易使被调查者理解错误。

(3) 使被调查者不能准确回答。主要原因有:

①问题、答案选项的措辞诱导被调查者的思维。

例:您并不认为应该增加反污染法规吧?

分析提示:这种否定句提问对被调查者的回答有诱导作用。

②问题给出的答案选项含义模糊或相互交叉,使被调查者无法准确表达自己的意见和看法。例如:询问被调查者对某品牌商品的购买时间,选项中有"最近三个月内购买"和"最近一年内购买",如果被调查者是上周购买的,则选这两个选项都对。

③问题要求被调查者回忆、估计,而回忆是造成计量误差的主要原因。经常有些市场调查要求被调查者回忆以前三个月甚至半年、一年的购买情况,这显然取决于被调查者的回忆力和合作程度。某次汤料市场调查询问被调查者每次做几碗汤,尽管说明了碗的大致容量,但这种估计明显会有很大的计量误差。

④问题会有假定性，使被调查者无法准确回答。

例：您辞去日前的职位后是否会立即找其他工作？

分析提示：被调查者可能因为假设不成立（不打算辞职）而说不，也可能因为辞职后不会立即找其他工作而说不。

（4）缺少必要说明，问题或选项较抽象，都会使被调查者回答的口径不一，引起计量误差，甚至使数据无效。例如，询问消费者购买 VCD 的平均单价，但没有对单价进行定义说明。结果有人认为是一盒的价格，有人认为是一张盘的价格，结果得到的数字有数百元的，也有几元的。这样的结果根本无法用于推断总体。有些问题含有"偶尔""许多""大致"等含义模糊的词语，不同被调查者对其的理解显然也是不同的。

（5）问题的措辞使被调查者不愿意回答或不愿意真实回答，从而影响回答率。例如，直接询问一些敏感性问题总会使被调查者产生反感而拒答。又如被调查者可能不愿示弱或怕被看不起而说谎。所以，在决定措辞时要注意研究被调查者的心理。

（6）问题中出现褒义词、贬义词或否定问题都会影响被调查者的回答。

例：1941 年罗格（Rugg）进行的试验：

A：您是否认为美国应该禁止反对民主的公开言论？

B：您是否认为美国应该允许反对民主的公开议论？

分析提示：结果问题 A 中 54 070 的调查者回答"是"，问题 B 中 75% 的被调查者回答"否"，显然是过于严格的措辞"禁止"导致这两题结果的显著差异。

问卷措辞的确具有很大的灵活性和创造性，不同设计者往往具有不同的风格。这里主要针对以上问题提出预防和控制措施的相关原则，建议问卷的设计者反复推敲，尽量避免措辞引起的误差。

第一，遵守准确性原则，总措辞表达意思要准确并完整，不要模棱两可。一个问题只询问一个问题，不要随意为被调查者做假设。答案选项要准确详尽，避免互相交叉或包容。例如，经常询问的收入问题，应对收入的内容进行界定，是税后收入还是税前收入，是否包括第二职业收入、投资收益、转移收入等。

第二，问题不要带有倾向性，避免诱导性、暗示性。例如，褒义词、贬义词、否定问题都应尽量避免，即尽量给出中间的"一般/无所谓"选项（以下简称中间项）。该选项的存在会诱使被调查者不思考问题，直接选择中间项。实践中经常出现被调查者把量表中所有的题（或多数题）都选择为中间项，当然不给出中间项也会产生偏差，有些被调查者可能对问题本来没有明显偏好，而就近给出选择。但笔者认为，被调查者在"被迫"选择的同时已经过思考，选项能够代表他自己的想法。

第三，遵循可靠性原则，避免使用过于生僻、专业的词语。必须使用时，应进行定义和说明。措辞要标准、规范、具体，防止不同被调查者对同一问题的理解不同，同时还应有可比性。

第四，注意措辞尽量婉转，可以用第三人称提问。另外，如果条件允许，可以用随机化回答技术消除被调查者的疑虑。

第五，注意效率原则，措辞尽量用最简单的词语表达最确切的含义。当然，简单并非指问题越短越好。实践表明，问题越长，得到的回答越多、越准确。

例：某调查曾分别用短句①和长句②对不同样本进行试验：

①你的咽喉痛过吗？

②这个问题是关于咽喉疼痛的，我们正在寻找这方面的信息，请问你的咽喉曾经痛过吗？

分析提示：根据被调查者的医生提供的信息，检查调查所得数据的质量，结果表明长句②得到的回答更真实。

第六，注意可维护性原则，语句标准，口径统一。

五、问卷的整体设计

1. 问卷的结构

一份完整的调查问卷通常包括问卷标题、问卷说明、被调查者基本情况、调查主题内容、编码、作业证明的记载等内容。

1）问卷标题

问卷的标题是概括说明调查研究主题，使被调查者对所要回答什么方面的问题有一个大致的了解。标题应简明扼要，易于引起回答者的兴趣。例如"大学生消费状况调查""我与广告—公众广告意识调查"等。而不要简单采用"问卷调查"这样的标题，它容易引起回答者因不必要的怀疑而拒答。

2）问卷说明

问卷说明旨在向被调查者说明调查的目的、意义。有些问卷还有填表须知、交表时间、地点及其他事项说明等。问卷说明一般放在问卷开头，通过它可以使被调查者了解调查目的，消除顾虑，并按一定的要求填写问卷。问卷说明既可采取比较简洁、开门见山的方式，也可在问卷说明中进行一定的宣传，以引起调查对象对问卷的重视。下面举两个实例加以说明：

例：

亲爱的同学：

您好！我是××学院的学生，目前正在进行"市场调查与预测实务"的实践活动。为了更好地了解当前大学生的上网情况，我们组特做了一次调查，希望得到您的积极配合，您只需在符合您情况的答案上打上"√"即可，谢谢！

女士（先生）：

改革开放以来，我国广告业蓬勃发展，已成为社会生活和经济活动中不可缺少的一部分，对社会经济的发展起着积极的推动作用。我们进行这次公众广告意识调查，其目的是加强社会各阶层人士与国家广告管理机关、广告用户和经营者等各方的沟通和交流，进一步加强和改善广告监督管理工作，促进广告业的健康发展。本次问卷调查并非知识性测验，只要求您根据自己的实际态度选答，不必进行讨论。根据统计法的有关规定，对您的个人情况实行严格保密。

3）被调查者基本情况

这是指被调查者的一些主要特征，如在消费者调查中，消费者的性别、年龄、民族、家庭人口、婚姻状况、文化程度、职业、单位、收入、所在地区，等等。又如，对企业调查中的企业名称、地址、所有制性质、主管部门、职工人数、商品销售额（或产品销售量）等情况。通过这些项目，便于对调查资料进行统计分组、分析。在实际调查中，列入哪些项

目，列入多少项目，应根据调查目的、调查要求而定，并非多多益善。

4）调查主题内容

调查的主题内容是调查者所要了解的基本内容，也是调查问卷中最重要的部分。它主要是以提问的形式提供给被调查者，这部分内容设计得好坏直接影响整个调查的价值。

主题内容主要包括以下几方面：

①对人们的行为进行调查，包括对被调查者本人行为进行了解或通过被调查者了解他人的行为。

②对人们的行为后果进行调查。

③对人们的态度、意见、感觉、偏好等进行调查。

5）编码

编码是将问卷中的调查项目变成数字的工作过程，大多数市场调查问卷均需加以编码，以便分类整理，易于进行计算机处理和统计分析。所以，在问卷设计时，应确定每一个调查项目的编号，为相应的编码做准备。通常是在每一个调查项目的最左边按顺序编号。

如：①您的姓名；②您的职业；……而在调查项目的最右边，根据每一调查项目允许选择的数目，在其下方画上相应的若干短线，以便编码时填上相应的数字代号。

6）作业证明的记载

在调查表的最后，附上调查员的姓名、访问日期、时间等，以明确调查人员完成任务的性质。如有必要，还可写上被调查者的姓名、单位或家庭住址、电话等，以便于审核和进一步追踪调查。但对于一些涉及被调查者隐私的问卷，上述内容则不宜列入。

2. 问卷编组的设计

问卷编组设计是指对问卷全部内容的编排、格式、大小规格、纸张、印刷等的整体构思设计。组成问卷的各部分，排列次序通常是：

（1）说明词；

（2）作业证明记载；

（3）收集资料部分；

（4）样本特性分类资料；

（5）计算机编号分别列在各问句及答案的顶端。

每一部分之间最好有明显的间隔。

收集资料部分，也即问句的排列，对询问的顺利完成关系重大，必须给予充分的重视。我们将在第三点中单独给予阐述。

问卷格式应该按问卷大小规格来设计，要留出足够多的上、下、左、右四边，要使文字明显突出。

编排应该层次分明，字体的选择要求醒目。例如，问句靠左排，用粗体字；答案靠右排，用细体字等。字间距与行间距要适当，并且整份问卷要一致。如果是表格，也要排列得层次分明，一目了然。

纸张和印刷应该精美，显示问卷的重要性和价值，尤其是邮寄访问时能增加回收率。

总之，问卷的编组，要给人以清爽轻松和美观的感觉，避免有凌乱、拥挤、沉重的压迫感。这对于访问能否顺利进行，被调查对象是否乐意回答有很大影响。

3. 问句的排列必须遵循的几个重要原则

（1）由易到难，由简单到复杂，由浅到深。询问开始时需引起对方兴趣且容易回答，通常可以用一个过滤问句开始。

（2）由一个主题到另一个主题，需要有转接性的安排，保持问题的流畅，不要打断被调查者作答的思路。

（3）对于过渡性问句或其他的"接问""跳问第几题"等都要有妥善的排列，跳跃要注意逻辑性。

（4）一个主题或一个系列的问句要排列连贯，避免出现随意隔断，又再回到主题上来。

（5）凡是有可能触及个人隐私，或引起对方不愉快、困惑的问句要放在后面提出，因为经过一段时间的交谈，双方有了一定的熟悉，这类问题就比较容易为被调查者接受。

4.6 利用问卷星制作调查问卷

问卷星是一个专业的在线问卷调查、测评、投票平台，专注于为用户提供功能强大、人性化的在线设计问卷、采集数据、自定义报表、调查结果分析系列服务。问卷星官方网址 https：//www.wjx.cn/。

一、问卷星与传统调查方式相比的优势

与传统调查方式和其他调查网站或调查系统相比，问卷星具有快捷、易用、低成本的明显优势，已经被大量企业和个人广泛使用，典型应用包括：

1. 企业

客户满意度调查、市场调查员工满意度调查、企业内训、需求登记、人才测评以及培训管理。

2. 高校

学术调研、社会调查、在线报名、在线投票、信息采集以及在线考试。

3. 个人

讨论投票、公益调查、博客调查以及趣味测试。

如果是个人用户，可以用手机号等方式进行注册使用（见图2.4.2和图2.4.3）。

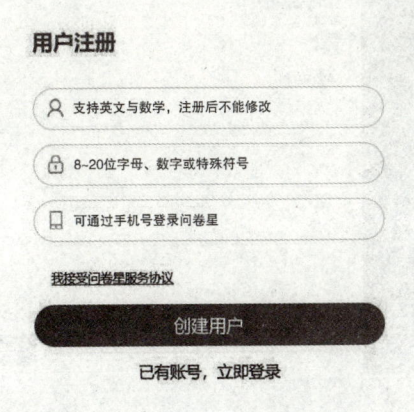

图 2.4.2　问卷星注册页面截图

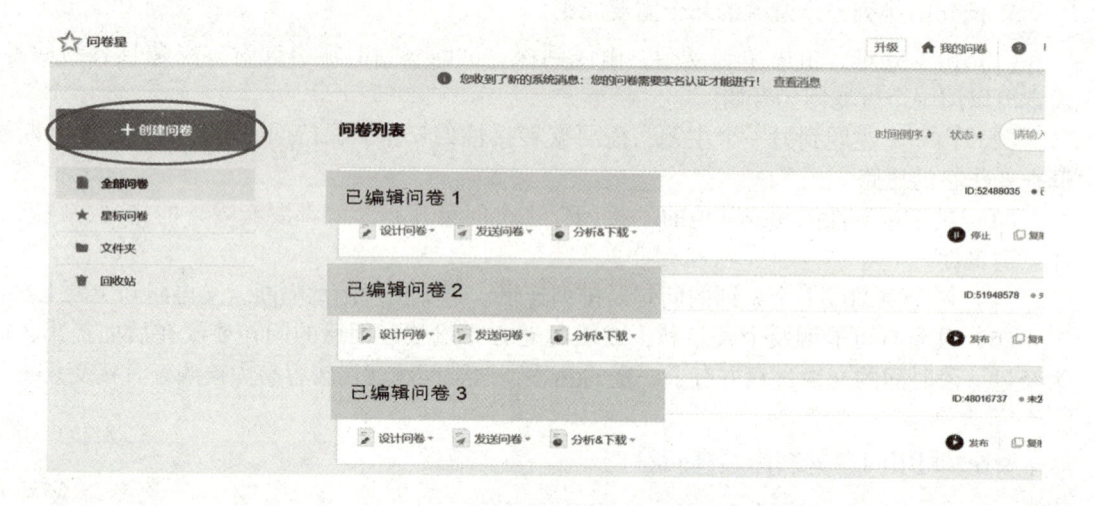

图 2.4.3 登录后用户主页面截图

二、问卷星使用流程与步骤

问卷星使用有 6 个步骤，从在线设计问卷到调查数据分析，使用便捷、功能强大，利用互联网进行问卷调查提高了调查效率，节省了人力、物力、财力等资源。

1. 在线设计问卷

问卷星提供了所见即所得的设计问卷界面，支持多种题型以及信息栏和分页栏，并可以给选项设置分数（可用于量表题或者测试问卷），可以设置跳转逻辑，同时还提供了数十种专业问卷模板供选择（见图 2.4.4~图 2.4.6）。

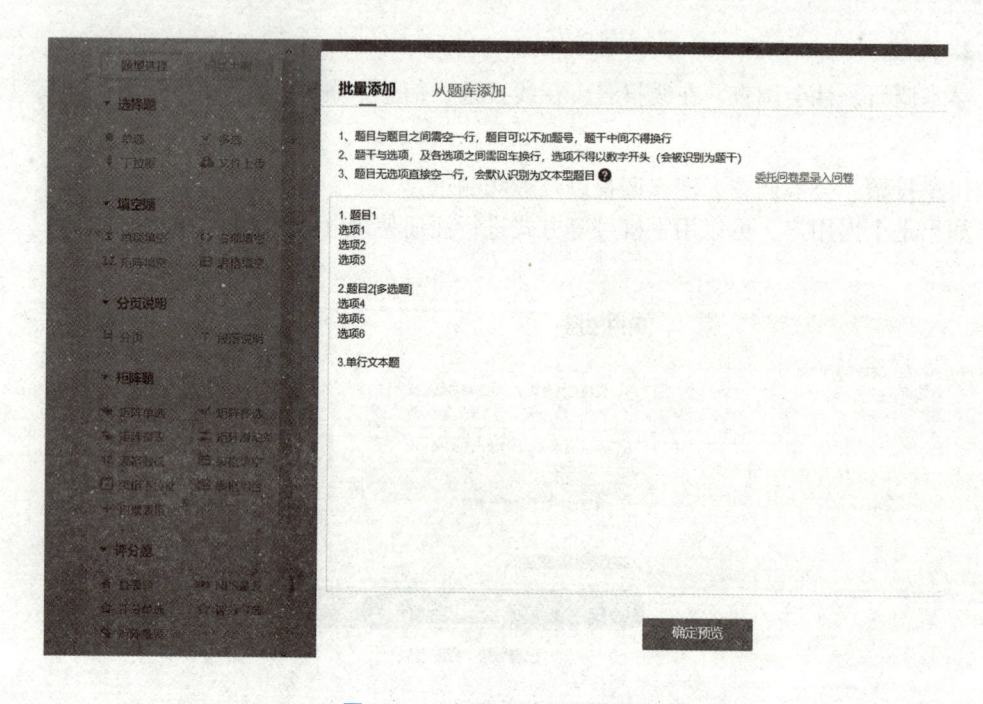

图 2.4.4 问题设计页面截图

112

图 2.4.5　问题预览页面截图

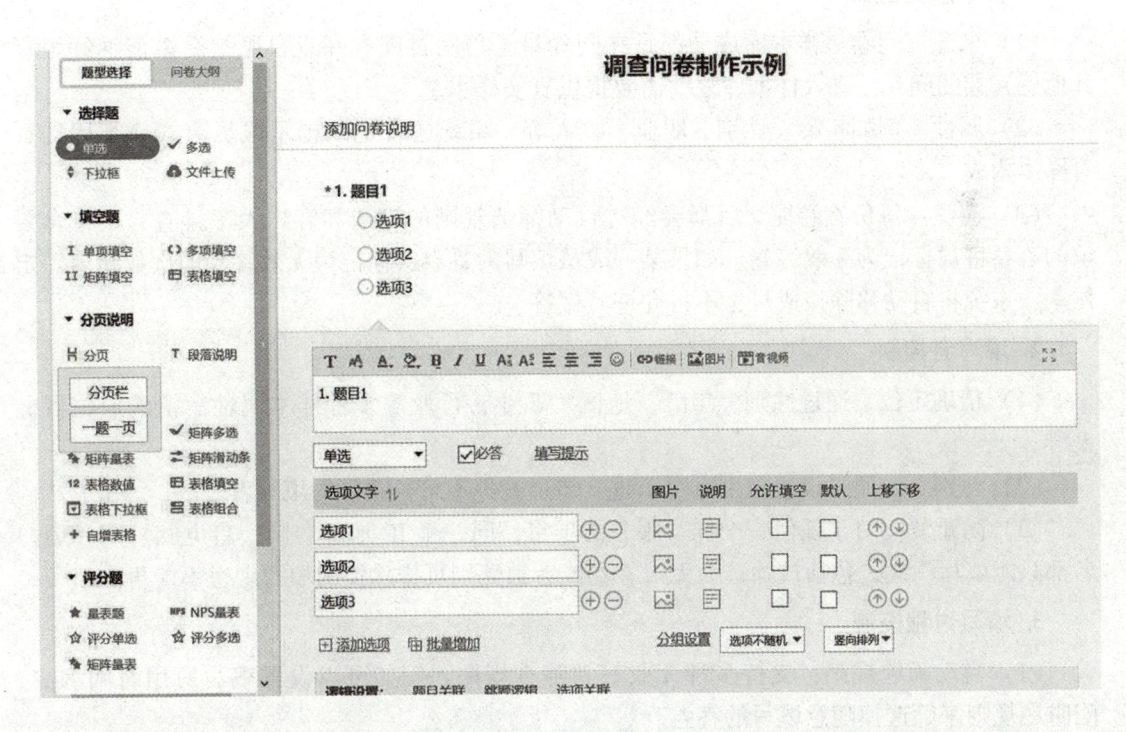

图 2.4.6　问题修改页面截图

2. 发布问卷并设置属性

问卷设计好后可以直接发布并设置相关属性，如问卷分类、说明、公开级别、访问密码等。

3. 发送问卷

通过发送邀请邮件，或者用 Flash 等方式嵌入到贵公司网站或者通过 QQ、微博、邮件等方式将问卷链接发给好友填写。

4. 查看调查结果

可以通过柱状图和饼状图查看统计图表，卡片式查看答卷详情，分析答卷来源的时间段、地区和网站。

5. 创建自定义报表

自定义报表中可以设置一系列筛选条件，不仅可以根据答案来做交叉分析和分类统计（例如统计年龄在 20~30 岁的女性受访者的数据），还可以根据填写问卷所用时间、来源地区和网站等筛选出符合条件的答卷集合。

6. 下载调查数据

调查完成后，可以下载统计图表到 Word 文件保存、打印，或者下载原始数据到 Excel 导入 SPSS 等调查分析软件做进一步的分析。

三、问卷星样本服务的质量控制

为了确保回收的答卷数据真实有效，问卷星样本服务提供了严格的质量控制机制。

1. 样本质量控制

（1）来源。问卷星样本库成员都是在问卷星上填写过问卷并且自愿接受邀请继续填写其他感兴趣的问卷，进入样本库之前需要提供真实样本。

（2）属性。例如年龄、性别、职业、收入等，系统还将定期提示成员更新样本属性查看样本构成。

（3）淘汰：每份答卷提交后都会经过自动筛选规则的筛选和客户人工排查，不符合要求的答卷将被标记为无效答卷。如果某一成员填写的答卷被标记为无效答卷的次数超出一定比率，系统将自动移除该成员，不再允许其做答。

2. 填写者控制

（1）精确定位。通过性别、年龄、地区、职业、行业等多种样本属性，精确定位目标人群。

（2）甄别页。通过设置甄别页可以进一步过滤掉不符合条件的填写者。

（3）防重复。对于任何一个样本服务的项目，同一个 IP 地址、同一台电脑、同一用户名都只能填写一次，包括被筛选为无效答卷或者被甄别页排除掉的填写者也不能再次填写。

3. 填写过程控制

（1）自动筛选规则：支持多种无效答卷筛选规则，例如可以设置填写所用时间太少、陷阱题规则来筛选掉随意填写的答卷。

（2）选项配额规则：对任意单选题的选项都可以设置配额，支持隐式配额和显式配额规则。

（3）答题时间控制：支持对每一页单独设置最短答题时间或最长答题时间。

（4）随机调整顺序：支持随机调整题目或选项的顺序。

4. 全程跟踪效果

在项目执行过程中您可以随时登录问卷星查看到最新答卷的详细情况，对不符合要求的答卷进行人工排查，也可以随时反馈意见。

思考与练习

一、单项选择题（以下各小题所给出的 4 个选项中，只有一项最符合题目要求，请将正确选项的代码填入括号内。）

1. 观察调查法使用的调查表格是（   ）。
   A. 访问提纲　　　B. 调查问卷　　　C. 观察表　　　　D. 抽样框

2. 访问提纲的结构包括标题、调查问题、（   ）三个主要部分。
   A. 调查员　　　　B. 调查时间　　　C. 调查地点　　　D. 调查备注记录信息

3. （   ）是指问卷调查中的一种设问方式。指在调查问卷中，在提问的同时还提供若干答案，由回答者根据自己的实际情况选择问题答案。
   A. 封闭式问题　　B. 开放式问题　　C. 是非式问题　　D. 二项选择题

4. （   ）指市场调查在提出问题时，不给被调查者提供任何答案，而由被调查者根据客观实际情况自由填写。
   A. 封闭式问题　　B. 开放式问题　　C. 是非式问题　　D. 二项选择题

5. 问卷草拟成型后，可以由设计人员，也可以请少量具有丰富经验的专家对问卷进行初步的评估。下列不属于问卷评估与修订要求的是（   ）。
   A. 主题是否明确　B. 是否太长　　　C. 问题是否具有主观性　D. 编排是否合理

二、多项选择题（以下各小题所给出的选项中，有两项或两项以上符合题目要求，请将符合题目要求选项的代码填入括号内。）

1. 观察表格由（   ）几个主要部分组成。
   A. 标题　　　　　B. 表头　　　　　C. 表格主体　　　D. 表格其他要素

2. 观察表格的表头有（   ）几个主要内容。
   A. 时间　　　　　B. 地点　　　　　C. 调查员姓名　　D. 天气情况

3. 封闭式问题的优点是（   ）。
   A. 标准化程度高　　　　　　　　　B. 填答问题比较方便
   C. 回答率较高　　　　　　　　　　D. 可降低敏感问题的敏感度

4. 封闭式问题的缺点是（   ）。
   A. 灵活性差　　　　　　　　　　　B. 不利于填答者深入、充分地表达自己的意见
   C. 填答中存在偏误时不易被发现　　D. 可能存在猜答和随便选的概率

5. 开放式问题的优点是（   ）。
   A. 可让回答者自由发挥　　　　　　B. 能搜集到生动的资料
   C. 回答率较高　　　　　　　　　　D. 可降低敏感问题的敏感度

6. 开放式问题的缺点是（   ）。
   A. 回答率低　　　　　　　　　　　B. 对调查对象要求较高
   C. 调查需要的时间长　　　　　　　D. 问题过于结构化

7. 问卷设计需要满足的要求有（　　）。
A. 与所需资料相适应　　　　B. 便于调查人员调查工作
C. 便于被调查者回答　　　　D. 便于问卷结果的处理

三、简答题
1. 简述观察表格的类型和各自的适用情况。
2. 简述问卷的基本结构。
3. 简述问卷制作的基本过程。
4. 简述问句的种类。
5. 设计问句时应该注意哪些基本原则？

学生活动

请设计一份某汽车车型消费意向的调查问卷。
1. 车型根据你熟悉的情况自行拟定。
2. 描述该问卷使用的情况。
3. 问题包括封闭式问题和开放式问题。
4. 问题总数不低于 16 题。
5. 对调查者基本信息的询问为 3 题或 4 题。
6. 说明对问卷的修改和评估方法、过程。
7. 将问卷进行排版、打印、提交。

另外，在问卷星的网站 https：//www.wjx.cn/ 注册账号，将该问卷制作成网络问卷，设定好问卷调查活动时间，生成二维码和网址，将二维码一并提交。

任务 5　组织实施汽车市场调查

核心内容

5.1　实施文案调查法
5.2　实施观察调查法
5.3　实施访问调查法
5.4　实施实验调查法
5.5　实施网上调查法

任务目标

知识目标：
1. 掌握文案调查法、观察调查法、访问调查法、实验法、网上调查法的实施过程。
2. 熟悉文案调查法、观察调查法、访问调查法、实验调查法、网上调查法实施过程中应注意的技巧和问题。

能力目标：
1. 具有规范操作文案调查法、观察调查法、访问调查法、网上调查法的能力。
2. 具有顺利组织调查实施工作的能力。

素养目标：
1. 具有维护组织目标实现的大局意识和团队能力。
2. 具有爱岗敬业的职业道德和严谨、务实、勤勉的工作作风。

任务解读

你已经制订好市场调查计划，选定了适当的调查方法，制作好调查问卷，即将开始市场调查的资料收集工作。这时，人就成了主要因素。这里的人，指的是即将组建的市场调查工作小组。如果说前面的一系列工作是由调查公司经理层面的人来完成的，那么根据项目大小，收集数据资料这项工作还需要一个工作小组来配合完成。人员的组成、专业技能、职业道德等因素将决定资料收集工作的成效。

任务引领

任务信息

为了方便掌握市场调查与分析活动的基本技能，学会组织管理市场调查工作的专业技巧，根据实际业务活动，将组织实施市场调查的核心问题，即常见调查方法如何实施进行进一步的明确。

知识导学

5.1 实施文案调查法

一、文案调查法实施的程序

文案调查作为一种较简单的调查方式，尽管易于操作，但是要想在保证信息质量的前提下，资料收集工作又不至于成本过高，就需要按照一定的工作程序来进行。

1. 明确资料需求

在浩如烟海的信息世界里，文案调查者必须有针对性地收集资料，为此，调查者应该首先围绕调查目的确定所需资料范围。所考虑的资料范围越广，越有可能涵盖所有的资料来源，资料主题的认定也就越准确。具体来讲，调查者在明确所需资料时，应该考虑此次调查所需资料的现实需求和长远需求。现实需求是本次文案调查工作为解决什么样的现实问题提供信息支持；长远需求则是通过本次文案调查工作为企业经常性的经营管理活动和方案提供基础性的资料和数据。只有明确了所需资料，调查者完成工作所花费的时间、精力、财力才能减少。例如，消费者需求研究所需的资料有消费者数量与分布、消费者基本特征、消费能

力与水平、消费者购买行为、消费者购买动机、消费者满意度等。

2. 寻找资料信息来源

资料目标确定后，调查者就可以开始资料收集工作。一般情况下，首先会假设调查目标所需收集的资料都是存在的，尽管可能收集不到直接佐证调查目的的二手资料，但是通过有效地引用、目录或其他工具，就可以划定资料来源范围。这时，调查者就可以全神贯注地查找能够协助自己取得所需资料的各种辅助工具，包括书籍、期刊、官方文献资料的目录、索引、新闻报道等，从一般线索到特殊线索，这是文案调查人员收集信息资料的重要途径。

3. 收集信息资料

信息资料的来源渠道逐渐清晰后，调查人员就可以着手信息资料的收集工作。这个环节的工作总体上有以下两个要求：

一方面，要求保证信息资料的数量，在资料收集范围内，尽可能多地收集信息资料，以保证其涵盖面。

另一方面，要求保证信息资料的质量。在收集信息资料时，除了详细记录这些资料的来源出处（作者、文献名称、刊物名称、刊号、出版社名称、出版时间、资料所在页码）外，以方便在调查过程中对资料的利用，还应该对资料使用的一些限制、资料产生的程序及其他相关事项进行仔细研究，以防止资料本身的限制导致所收集资料的质量下降，从而影响市场调查的客观性。

在收集资料时，根据先易后难的原则，二手资料的收集可以按以下程序进行：

（1）查找内部资料。专业的调查人员从内部资料获取信息是首先应该考虑的工作，因为这些资料就在附近，收集成本较小，与此同时，其对外部资料的查找也会提供方向性的帮助。

（2）查找外部资料。在内部资料的收集过程中，调查人员可能会发现收集工作面临困境，如资料不完整、利用价值低、涵盖面有限等，这就需要借助外部资料来满足资料收集要求。这时可以去图书馆或一些专业资料室，根据调查的主题和项目，利用图书资料索引收集资料。也可以在国际互联网上进行资料搜索，通过网络搜索引擎，输入关键字，就会出现所有网上公开的信息，然后从中挑选使用。具体内容在网上调查法的实施中讲述。

🏁 **案例链接**

> **【案例1】 汽车后市场大数据的三大来源**
>
> 汽车后市场的大数据主要有三个来源。
>
> 其一是来自社交媒体。
>
> 微信、微博，这些平台会有大量文本数据、语音数据，经销商与顾客的每一次交谈、微博里的每一条信息、微信里的每一次互动对话，通过合法合适的语音、语义挖掘，都可能得到消费者与消费行为的相关关系。
>
> 其二是来自 Telematics 系统。
>
> Telematics 系统将会成为汽车的标配，类似车载黑匣子的这类系统会自动记录车辆的大量数据，由于这套系统会内置车主娱乐、社交、信息系统，而由机器记录的信息会让厂商真正拥有大数据，那么如何分析这些数据会影响很多产业，比如根据 Telematics 系统数

据来研究拥堵问题，再如根据机器记录的紧急刹车和超速情况分析车主驾驶行为与车辆故障、交通事故出险率的相关关系，并借此给车主提供更精准的使用建议或据此向不同用户收取不同保费，等等。

至于地理位置、娱乐、车主社交这类信息更是取之不尽的金矿，这就是 Telematics 产业的朝阳产业属性所在。

其三是来自保险行业。

总体而言，和保险相关的大数据来自两个方面。一是基于 OBD 的驾驶行为数据，这是在车辆没有前备 Telematics 系统的情况下，获取用户驾驶行为的重要途径。二是车辆出现事故，要定损必须获得每款车型的零部件价格、工时费价格，这是确定索赔金额的关键。显然，不同地区的工时费是有差异的，不同维修企业、不同渠道、不同品牌的零部件价格都是有差异的，这就意味着要让定损的金额得到保险公司、维修企业、车主的三方认可，就必须有个公道的第三方机构来确定定损标准，不同地区和业态的配件价格、工时价格就是必须收集和获取的数据。

（3）访问查找。在内部资料、外部资料查找过程中，有时发现有些资料具有较高的时效性、专业性和科学性，甚至有些资料整体保密性较强。这时调查人员首先应该考虑替代资料，如果替代资料不易获取或者获取成本较高，就需要进一步地访问这些资料的来源地，如有关企业协会和统计机关。一般情况下，经过良好的沟通，说明调查目的，遵循保密性原则应该就可以从这些地方获取可信赖的资料信息。

（4）购买资料。通过以上措施所获得的二手资料如果还不能满足调查的需要，调查人员还可以去一些专门以出售信息资料赢利的市场上去购买调查所需的信息。如许多经济年鉴、统计年鉴、地方志、企业名录等面向社会公开发行的资料。

4. 整理信息资料

实际调查中，二手资料种类繁多，对其整理、分析是事关二手资料能否被充分利用的一项重要工作。这个环节的工作应有以下基本要求：围绕调查的目的和内容，根据资料来源，结合适当的收集方法做到去伪存真、去粗取精，从众多资料中将对调查目的有价值的资料选取出来，去除那些不确切、有限制的资料。具体可以这样做：在事先划定资料清单或分析计划的基础上，运用恰当的统计方法，也可以制成图表以利于对比分析。值得注意的是，对于一些关键资料一定要多方考证，以证明其翔实无误。

5. 补充信息资料

对于大型的市场调查项目，资料的收集难免会有欠缺，或者在对已收集资料的整理分析过程中会发现有些资料欠缺、证据效力较弱，难以满足市场调查的需求，而这些情形的出现可能会对预测、决策构成潜在或直接影响，就需要通过再调查或利用其他信息渠道来将所需资料补充完整。

6. 撰写文案调查报告

收集到充分的信息资料后，调查人员通过科学的方法进行分析，并把这些信息资料综合成一个严谨的调查报告提交给决策者。撰写文案调查报告应注意：

（1）数据准确。全部数据要进行认真核对，争取做到准确无误。

(2) 方便阅读。尽量将有关资料制成非常直观的统计图表，以方便使用者阅读。

(3) 重点突出。在撰写调查报告时结论按重要程度排序，以突出重点，避免一些不必要的修饰。

(4) 结论明确。在提出结论时，应该避免一些不客观、不切实际的内容。在考虑了一切有关的实际情况和调查资料的基础上，客观公正地提出调查报告。

二、文案资料的管理

资料管理就是指建立信息资料的获取、处理和存储系统，当进行管理决策时能够非常方便地提取到所需信息。具体工作包括资料的遴选及整理、资料的注释及归档等工作，这些工作有时十分乏味，其效果也并非立竿见影，所以要求资料管理人员有一定的专业素质。

1. 资料的收集遴选

资料管理人员首先要有目标意识，在大致阅读所收集到资料的基础上，从中挑选出经营决策过程可能需要的信息，将信息进行分门别类地编号，或者剪贴、复制、装订成册，以便保存和利用。

2. 资料的注释与归档

在文案调查中，信息需求量非常大，作为资料管理人员，应该能以最快的时间提供各种所需资料，能随时更新各种信息，并且能够制定科学的索引或目录，使阅读者在信息查询时方便快捷。

资料管理人员还应该依据资料性质选择适当的保存工具，对资料妥善储存并归档。可选择的工具有：资料袋、登记卡片、卷宗、文字处理机、录（影）像带、计算机等。档案存放地点应该保证安全，确保所存放的档案完整无缺。对于过期或失去效用的信息，应该定期销毁，在销毁时，有些资料、资料眉批或统计数据应该做好记录，以备后期查对。

三、文案资料的利用

现有文案资料是一种潜在的资源，一经开发利用，就会转化为现实的生产力，从而避免重复劳动，节约大量人力、物力，产生一定的经济效果。那么，如何利用这些资料呢？

1. 对资料进行分门别类处理，以加强针对性

在企业的信息管理系统中，都有大量切实有效的市场信息资料。由于企业中各个部门的职责不同，所需的信息也有差异，因此调查人员应该在资料管理员的帮助下，按照对路、适用的原则，对所有的市场信息资料进行筛选分类，按照不同管理层次的不同需求，分别进行处理，提高资料的针对性。如向上层报送市场信息分析资料，要紧紧围绕上层决策的需要，强调参考价值。为同一层次提供资料信息，需要大量的来自上、下、左、右的资料，力求做到在详尽占有材料的基础上，有分析、有建议、有措施。向下属提供市场信息资料，要加强对下层决策的指导性。

2. 对资料进行合理取舍，以提高可用性

由于市场信息资料具有差异性，有用的资料不一定对任何人、在任何时候都有用。因此，调查人员和资料管理人员不但要了解市场信息资料本身的价值，还必须分析信息对使用者是否有用，以及被采用后会产生什么样的效果。也就是说，在筛选市场行情信息资料时，

有用则取，无用则舍，使提供的资料信息有较高的可用性。

3. 对市场资料进行深加工，以揭示规律性

市场信息资料的深度与广度，直接决定着市场信息资料本身的质量。如对同样市场信息资料的利用，有的人虽然对市场跟得很紧，看到什么赚钱就做什么，但结果往往被市场左右；一些理性的市场信息利用者，虽然也随时关注市场动态的变化，但不会被市场表面现象所左右，而是另辟蹊径，或填补市场空白，或开始寻找新的市场机会，待进入市场时往往获得成功。其原因就在于掌握了市场行情供求规律，从收集的信息资料中找到了规律性的东西。

4. 对资料进行系统处理，以把握整体性

市场资料分析利用是一个系统工程，有其内在的规律性。每条资料信息都不是孤立存在的，它必然和诸多事物有着内在和外在联系。从纷纭复杂的资料中，抓住事物的本质和内在联系，进行系统处理，使所获取的市场信息资料成为一个有序的整体，使决策者能从中了解到事物的来龙去脉，把握全局。这样，才能有效地提高信息资料的利用效果。

5.2 实施观察调查法

一、观察调查法实施的准备工作

1. 明确观察目的

观察目的是根据调查任务和观察对象的特点而确定的。明确观察目的，即要明确通过观察调查解决什么问题。然后确定观察的范围、对象，观察的重点，具体计划观察的步骤。

2. 制订观察计划

一般来说，观察计划包括观察目的、观察对象、观察重点与范围、通过观察需要获得的资料、观察的途径、观察的时间、次数和位置、选择观察的方法、列出观察的注意事项、观察人员的组织分工、观察资料的记录和整理、观察者的应变措施等内容。制订观察计划特别要明确观察对象与目标。

这里提到的观察对象和目标可以是物（产品、竞争广告、市场关系等），也可以是人（顾客、行人）。观察对象与观察目标是根据调查目的确定的，例如，为了调查汽车销售公司销售顾问的服务情况，观察对象就为汽车销售公司的销售人员，观察的内容包括该公司对销售顾问工作时间内各个方面的工作标准和要求，如仪容、仪表、言行举止、对顾客的态度等方面。

3. 设计观察记录表

为了将观察结果快速准确地记录下来，并便于随身携带，将观察内容事先制成便于汇总的小卡片，制作卡片时，应先列出所有观察项目，经筛选后保留重要项目，再将项目根据可能出现的各种情况进行合理编排。

4. 选择观察地点

观察地点的选择既要便于观察，又要注意隐蔽性。

5. 准备观察仪器

市场调查中观察并不仅限于通过人的视觉，而是指通过人的5种感觉器官进行观察，所需配备的观察仪器也是不同的（见表2.5.1）。

表 2.5.1 观察调查法使用的工具

感觉	人的器官	在市场调查中的作用	辅助手段
视觉	眼睛	行为观察（广告牌效果检验）	望远镜、显微镜、照相机、电影、电视
听觉	耳朵	谈话观察（顾客的言谈）	助听器、录音机、噪声、测量仪
触觉	手指、手掌	表面检验（纹路、结构、皮肤）	触式测试仪、盲视仪
味觉	舌、口腔	品味	化学分析仪、味料专用分析仪
嗅觉	鼻	食品、香料检验	香料分析仪

项目评价表（个人）某区域汽车拥有情况调查　　项目评价表（小组）某区域汽车拥有情况调查

二、利用观察调查法进行现场观察

进入现场应取得有关人员的同意，或出示证件说明，或通过熟人介绍，或通过内线，或取得观察对象中关键人物的支持而进入。一旦进入现场，观察者要尽快取得被观察者的信任。具体操作流程如下：

1. 观察

观察应有计划；观察应与思考相结合；观察应有序进行。具体可以采用下列几种方法：

1）采用直接观察法进行观察

直接观察法就是调查人员直接到调查现场进行观察。例如，在柜台前观察消费者的购买行为，记录他们对商品的挑选情况；在橱窗前观察过往客户对橱窗的反应，分析橱窗设计的吸引力；在大街上观察人们的穿着和携带的商品，以分析市场动向用以开发新产品。

在进行直接观察时需要做好以下各工作：

第一，尽可能不让被观察者觉察到你在记录他（她）的表现。

第二，不要先入为主，观察要具有客观性。观察的对象反映的是什么，就记录什么，不要掺杂个人的任何成见或偏见，更不要把个人主观的推测和客观的事实相混淆，这样观察所得到的材料才会是真实可靠的。为了增加客观性，可以利用仪器进行观察，或者采取几个人同时观察一个研究对象，同时记录，观察后互相核对记录的方法来提高客观性。

第三，在观察的过程中，需要观察者的思维和注意保持高度的集中，每当一种现象出现时，一定要找出引起这种现象出现的原因。

第四，冷静处理偶发情况。观察时出现预先没有估计到的特殊情况时，不要慌乱失措，可如实把发生的情况记录下来，在观察过程和观察结束后予以适当处理。

2）采用痕迹观察法进行观察

痕迹观察法就是在调查现场观察和分析被调查者活动后留下的痕迹。这种方法在各种调查中广泛应用，也应用于市场调查。

3）采用行为记录法进行观察

行为记录法主要是通过有关仪器，对调查对象进行记录和分析。

2. 记录

在观察的过程中认真做好记录，是必不可少的重要环节。做观察记录，应符合准确性、完整性、有序性的要求，为此，必须及时进行记录，不要依赖记忆。观察记录有两种方式，一种是当场记录，一种是事后追记。事后追记多在不适合或不可能当场记录的场合使用，如观察的是敏感问题。

现代科学技术为社会调查提供了许多先进的调查手段，如录音机、摄像机等。但社会调查中使用这些技术手段要慎重，因为使用这些仪器会在一定程度上影响被观察者的行为。

在进行痕迹观察法时观察者要有耐心和细心，要严格要求自己，不发生厌倦的情绪，具有顽强地进行工作的精神。

案例链接

> **【案例2】 某购物商场汽车停车情况调查**
>
> 如今城市车辆越来越多，不仅造成交通拥堵，还存在停车难的问题。尤其是到了周末、节假日，很多购物广场、超市等在高峰时段停车困难。为了对某购物商场停车情况进行调查，很好地做好停车错时指导和停车情况监控，便于新进车辆的分流和指引，观察调查法是一种比较适合的手段。借助监控设备，观看停车场录像，避免了人员在停车场的危险，也直观准确可行。

5.3 实施访问调查法

一、入户访问法的实施

1. 访问前的准备工作

首先是基本情况方面的准备。访问员要了解被调查者的一些基本情况，如生活环境、工作性质及由此形成的行为准则、价值系统。其次要做好工具方面的准备，最常用的如照相机、录像机、录音机、纸张文具，以及测量用的表格问卷等。

2. 访问步骤

第一步要把自己介绍给被调查者。

自我介绍：您好！我是××学校的学生××，我们正在进行一项关于××型号汽车的市场调查，我想占用您一点时间，希望您能配合。

提示：自我介绍时要做到不卑不亢，使对方尽快了解您的身份，并认为您的访问是善意的，他的答复是有价值的，或这项调查研究是与他的切身利益有关的。说话语气一定要彬彬有礼，同时可递上介绍信或学生证、工作证，以消除被调查者的戒心。

第二步要详细说明这次访问的目的。

说明主题：我们这次调查的目的是了解您对某品牌汽车的性能、外观等的意见和建议，以便我们公司能更好地满足消费者的需求。

提示：言简意赅，尽快说明调查的主题范围，与被调查者初步建立起一种互相信任的关系。

项目访问员登记表

第三步就是提问开始。

提问开始：这是我们的问卷，您看我们现在就开始好吗？

提示：发问开始，一般按问题的先后次序一一提问，可以适当地活跃气氛，避免使被访者感到枯燥、机械。即使被调查者答非所问，也要耐心地听，同时设法切入正题，但要选择有利的机会，避免对方察觉而感到不快。有些需要进一步"追问"的问题，使用"立即追问""插入追问""侧面追问"等方法，以被访者不感到厌烦为限度。

3. 特殊情况的处理

正在进行的访问也可能出现拒绝访问、因事忙碌或不想继续接待，被调查者身体不适，突然有事外出等情况。遇到这种情况，调查人员不必气馁，除耐心说明调查目的外，还要了解拒访的原因，以便采取其他方法进行，也可以另约时间；或者帮助被调查者干点力所能及的事，争取得到继续接纳；对于一些较敏感的问题或者被调查者认为有关他安全的问题，应该耐心解释或通过其他途径了解。

二、街头拦截访问法的实施

1. 街头拦截访问法的准备工作

（1）准备问卷，并对问卷内容做全面了解。一般来说，街头拦截调查往往会使被调查者措手不及，这就需要调查者进行说明，介绍调查的目的和内容。为此，作为调查者必须对问卷内容全面了解，只有熟悉内容才能清晰、熟练地进行介绍，赢得调查对象的信赖。

项目调研问卷发放回收登记表

（2）相关知识的准备。调研内容要有相关知识的积累。当涉及某件商品或服务时，要先通过图书馆和网络来查找相关资料，有时还需要实地考察。例如要调查一款汽车产品的市场反应，就需要了解这个车型的品牌、款式、价格、售后服务等。对调查的事物有了先期的认识，就能对街头拦截调查胸有成竹。

（3）预先观察调查地点。到街头拦截的调查地点，实地了解一下那里的环境、人流等情况，看哪里是做街头拦截调查的好地方。便于调查的地点一般是人流较多的购物休息之处。

（4）检查调查所需的物品。一般调查需要带两支笔，供回答问卷的硬板等，着装也要求整齐些。

（5）了解有关职业规则。值得一提的是，在街头调查中调查人员应明确受访者的权利与调查人员的义务。虽然我们的调查是课程实践教学，但也要遵守有关职业规则。

尊重受访者的权利包括自愿、匿名等；了解调查人员的真实的身份、目的、手段；对未成年人调查需经监护人同意。

调查人员要遵守以下义务：不做出有损于市场调查行业声誉或让公众失去信心的举动；不探察他人隐私；不能对自己的技能经验与所代表的机构的情况作不切实际的表述；不误导被调查者；不能对其他调查人员作不公正的批评和污蔑；必须对自己掌握的所有研究资料保密；在没有充分数据支持下不能有意散布市场调查中所得结论。

2. 街头调查的具体操作

1）准确寻找被调查对象

用自己的眼睛环顾四周，寻找出可能接受调查的目标对象。

街头人群具体分两种：行走人群和留步人群。留步人群比较好处理，找那些单个在一边休息或似乎在等人的对象，径直走上前去询问他们。如果被拒绝，也要很有礼貌地说："对不起，打扰您了。"

　　对于小组调查来说，当第一位同学被对方拒绝后，第二位同学可以考虑在 5 分钟以后上前再去询问一次被调查者是否愿意接受调查。如果对方依然拒绝，就不能再有第三次询问了。

　　对于行走人群主要观察对方是否是单人行走，步履的缓急，手中是否提有过多的物品，神色是否松弛等。

项目评价表（个人）
某汽车车型消费意向调查

项目评价表（小组）
某汽车车型消费意向调查

质量控制（问卷调查）

2）上前询问，注意姿态

判断路人可以作为调查对象时，就应积极上前询问。

上前询问的短短几步也是有讲究的，向调查对象靠近应该缓步侧面迎上。整个行走过程，目光应对准被调查者。当决定开口询问时，应在被调查者右前方或左前方一步停下。

3）开口询问，积极应对

良好的开始是成功的一半，开口的第一句话很重要。在这句话中，要有准确的称呼、致歉词和目的说明。你可以说："对不起先生，能打搅您几分钟做一个调查吗？"良好的心态，微笑的魅力，语言表达都要协调地配合在一起。

对于询问，调查对象会有很多种反应。第一种是不理睬，这说明他对街头拦截调查极度拒绝，向他致歉就可以结束了。第二种是有礼貌地拒绝，这时应当针对对方的借口进行回应，比如对方说没时间，可以应对说只需一点点时间。最好还能让对方看看调查问卷，以求调动兴趣。第三种可能是对方流露出一些兴趣，问你是什么调查。这时要把握住机会，让对方看看调查问卷，并向他解释调查的内容，及时递上笔。只要对方接过，一般就能够接受你的调查。第四种情况较为少见，对方一口答应接受调查。

4）随步询问，灵活处理

在应对行走人群时，让对方自动停下脚步是一个不错的切入点，说明对方对你有兴趣。如果对方不愿停下脚步，这就需要我们跟随对方走几步，同时用话语力争引起对方的兴趣。切忌不可直截了当地要求对方停下脚步。一般跟随对方走出 10 米依然无法让对方停步，就应当终止。

5）被调查者信息收集须加小心

对于被调查者的信息资料，如姓名、年龄、住址、电话等，有时也需要在街头拦截调查中得知。甚至有时调查的目的就是要了解被调查者的基本信息，以利于开展营销活动。

这一内容的调查要小心处理。在调查中要尊重他们的权利，不能强求。在调查开始时，先要诚实地将自己的真实身份、调研的目的、了解他们的基本资料的原因告知被调查人。同时向他们告知我们的义务。询问他们是否愿意告知。只要处理得当，一般在这样的情况下，

被调查者都会愿意留下他们的信息资料。

3. 调查完成后的必要工作

（1）当被调查者回答完所有问题后，应当浏览一遍，不要有所遗漏。

（2）准确判断不同文化背景的受访者的回答的真正含义。不同职业、文化背景的人，回答含有不同的价值观念。

三、电话访问法的实施

1. 电话访问的准备工作

（1）访问员要求有较强的语言表达能力和沟通、理解能力，所以在电话访问前期，逐一挑选普通话标准、语音优美、有亲和力、能吃苦耐劳、做事认真的访问员。

（2）必须明确此次电话访谈的目的，要知道你想通过此次电话访谈得到什么。

（3）相关知识的准备。调研内容要有相关知识的积累，特别是调查内容所涉及的行业相关专业知识。

（4）在拨打电话之前，应该对达到预期目标的过程进行设计，可以准备一张问题列表，并对可能得到的答案有所准备。最好选用两项选择法进行询问。

（5）要有足够的被拒绝的心理准备。由于人们快节奏的生活，另外还有电话诈骗等社会问题的出现，使得电话访问频频受阻，这就要求访问人员一定要有信心和恒心，坚持下去，最后一定能够找到那个向你提供信息的人。若有可能，应提前寄一封信或卡片告知被调查者将要进行电话询问的目的和要求，以及奖励办法等。

（6）进行试访训练。试访是正式访问的战前演练，是了解访问员对调查背景、访问技巧及对问卷内容的掌握程度和熟练程度。试访工作对电话访问成败起着非常重要的作用。

1~2名督导进行现场巡视，及时纠正访问员不规范的询问问题方式和记录方式，及时处理访问过程中不可预见的突发问题，保证访问实施正常有序进行。

安排专人对访问过程的录音进行抽查，掌握访问员的共性问题和个性问题，并针对这些问题集中访问员再次培训，确保访问员在统一口径的规范操作程序下收集信息。

2. 电话访问的开场白

开场白或者问候是与客户通上话后在前30秒钟你所讲的话；或者说是你所讲的第一句话。可以说这是客户对你的第一印象，在电话访问中第一印象将决定着这个电话能否进行下去。

开场白一般包括以下几个部分内容。

（1）问候/自我介绍。

例如，"您好，我是××公司的××。"

（2）表明打电话的目的。

例如，"上个星期您提到……，您对我们服务人员的服务态度感到满意吗？"

（3）确认客户时间是否允许。

例如，"可能要花您几分钟的时间，现在方便吗？"

如果受访者此时很忙，尽可能与受访者约定下次访谈的时间。约定时应采用选择性的问题，如使用"你看我们的下次访谈定在明天上午还是下午可以吗？""是下午两点还是下午三点呢"？

（4）提出问题把被访问人员引入会谈。

例如，"那个问题您怎么看？""它对您有帮助吗？""帮助在什么地方？"

3. 电话访问进行中的注意事项

（1）电话访谈进行中要注意倾听电话中的背景音，如有电话铃声、门铃声、有人讲话等，此时应询问受访者是否需要离开处理，这表明你对受访者的尊重。

（2）提高提问和听话的能力。通过提问去引导电话访谈，在听取受访人回答时正确理解客户的意图，包括话外音。

4. 打完电话后，访问员一定要向被访者致谢

例如，"感谢您用这么长时间帮助我们，您的宝贵意见我们会认真考虑，谢谢，再见。"

三种主要访问法实施情况如表 2.5.2 所示。

表 2.5.2　三种主要访问法实施情况

访谈法的形式	说明
1. 拦截访问调查（问卷调查）	通过填写问卷的形式进行调查。 问卷调查是目前汽车销售企业中广泛采用的调查方式，即根据调查目的设计各类调查问卷，然后采用抽样的方式确定调查样本，通过调查员对样本的访问，完成事先设计的调查项目，最后由统计分析得出调查结果的一种方式
2. 面谈调查（入户访问）	汽车市场调查人员与被调查人员进行面对面谈话，如召开座谈会，大家畅所欲言。还可针对某种重点调查对象进行个别谈话，深入调查。这种方法的最大特点是十分灵活，可以调查许多问题，包括一些看上去与事先准备好的问题不太相关的问题，可以弥补调查表所漏掉的一些重要问题，谈话气氛好，不受拘束
3. 电话访问	这种方法是汽车市场调查人员借助电话来了解顾客意见的一种方法。如定期访问重点顾客对汽车销售企业服务的感觉如何，有什么想法并请他们提出一些改进措施等

5.4　实施实验调查法

一、实验调查法实施的准备

1. 选择实验对象，根据调查目的，确定实验变量

确定实验对象和实验变量，是实验法的第一步工作。实验对象就是要进行实验的具体产品；实验变量是根据调查目的来确定的，比如，想知道不同的广告策划对汽车销售量的影响，那么实验对象就是某款汽车，实验变量就为广告策划；想知道超市里不同的陈列方法对销售量的影响，那么实验变量就为商品的陈列方法。

2. 确定实验场所

实验法调查可以在实验室进行，例如，在一个模拟商场中，试验一种新的商品陈列和购买方式，可以邀请一些目标顾客在这个模拟的商场参观购物，来调查其销售效果。

一般的实验调查在现场进行。它是在自然的市场环境中实施的，需要注意的是选择的实验环境应该是两个相互匹配的商场、城市或地区。这种方法的优点是在自然环境下实施，其调查结果也比较接近实际。

3. 确定实验组与控制组

实验组与控制组从选出的几个相互匹配的商场（也可以是城市、地区）中的实验对象确定，选择若干实验对象为实验组，同时选择若干预实验对象相同或相似的调查对象为控制组，并使实验组与控制组处于相同的实验环境之中。实验者只对实验组进行实验活动，对控制组不进行实验活动，根据实验组与控制组的对比得出实验结论。

必须注意实验组与控制组两者具有可比性，即两者的业绩、规模、类型、地理位置、管理水平等各种条件应大致相同。只有这样，实验结果才具有较高的准确性。

4. 选择实验方法

实验方法包括单一实验组前后对比实验、实验组与控制组对比实验、实验组与控制组前后对比实验。调查者根据不同情况选择不同的实验方法。

5. 制作实验表格

根据实验方法的选择，制作相应的实验表格。

6. 测量实验前实验组和控制组的销售量

如果采用的是实验前后对比的方法，就必须先测出实验前的销售量，并填入实验表格中。

🏁 **案例链接**

> **【案例3】 奇瑞被动安全实验室**
>
> 奇瑞汽车股份有限公司是一家从事汽车生产的国有控股企业，1997年1月8日注册成立，总部位于安徽省芜湖市。在芜湖总部有自己的实验室，包括被动安全实验室。
>
> 被动安全实验室总长150米，其中碰撞区域长48米、宽42米、高10米，由于采用网架结构，区域内无一根柱子，因此非常有利于高速摄影拍摄。实验室内有中央控制室、假人标定室、车辆准备室、数据分析室等汽车碰撞实验所需设施。
>
> 检验中心被动安全检测试验技术研究所引进国际一流水平牵引系统、试验假人、数采系统、高速摄影系统、加速性台车实验系统等先进实验设备，可开展实车正面、侧面、追尾、偏置、柱状等不同类型、不同国家标准体系汽车碰撞安全部件动态模拟碰撞法规实验研究开发实验，以及汽车碰撞计算机模拟仿真研究工作。

二、实验调查法的实施与控制

1. 选择实验方法

（1）如果能排除非实验变量的影响，或者是在非实验变量的影响可忽略不计的情况下，就选择单一实验组前后对比实验。

该实验选择若干实验对象作为实验组，将实验对象在实验活动前后的情况进行对比，得出实验结论。其实验程序如下：选择实验对象，对实验对象进行实验前检测，对实验对象进行实验，对实验对象进行实验后检测并得出实验结论。

（2）如果需要实验结果比较准确，则选择实验组与控制组对比实验。

其实验程序如下：选择实验对象，并在相同或相近的市场条件下将其划分为实验组与控制组，对实验组进行实验，分别对实验组和控制组进行实验后检测，得出实验结论。在市场调查中，常常采用这种简便的实验调查。

（3）如果实验经费充足，需要实验结果更加贴近现实，就选择实验组与控制组前后对比实验。

实验组与控制组前后对比实验的设计，是在实验中对于实验组和控制组在实验前后进行检测，然后根据其检测结果得出实验结论。

其实验程序如下：选择实验对象，并将其划分为实验组和控制组，对实验组和控制组分别进行实验前检测，对实验组进行实验，对实验组和控制组分别进行实验后检测，得出实验结论。

由于是对实验组和控制组都进行实验前后对比，再将实验组与控制组进行对比的一种双重对比的实验法，故它吸收了前两种方法的优点，也弥补了前两种方法的不足。

2. 使实验变量发生变动

在单一实验组前后对比实验中，由于没有控制组，直接使实验变量发生变化，观察引起实验结果的变化，通常表现为销售量的变化。

在采用有控制组的对比实验中，只对实验组的实验变量发生变动，控制组作为参照对象。

3. 测量实验结果

实验变量发生变动后，对销售量产生影响所需的时间不同，有些因素在短时间内就能看出影响，如价格的变动；有些因素可能所需时间较长，如包装的变化、产品营销策略的变动、配方的变动等。所以为了使结果更准确，一般选择实验时间为一个月。在一个月后对实验组和控制组的销售量进行测量，填入实验表格中。

根据实验表格记录的资料，做实验预测，观察实验活动的效果，并对其数量测定；应用统计分析的方法对实验记录进行整理、分析，最终才能得出实验结论，写出实验调查报告。

5.5 实施网上调查法

一、网上调查常用方法实施

1. 网络访谈法的选择

网络访谈法也称联机访谈法，是指在计算机网络上使用已经建立的网站，通过事先邀请，让确定的若干名网友在指定的时间登录一个特定的网站而进行市场调查的方法。

网络访谈法的实施步骤类似于传统的面谈法，区别在于借助的工具不同。网络访谈法的步骤一般分为四步。

（1）确定调查对象。调查人员根据顾客资料，甄选符合调查要求的对象，并按照既定的条件筛选可以作为访谈调查受访者的名单，建立一个潜在受访者的数据库。然后向受访者发送电子邮件，邀请他们在约定的时间接受访谈，最终确定能够接受访问的对象的名单。

（2）事先公布访谈内容。事先告知受访对象访谈的方式、内容、要求以及注意事项，从而有利于访谈对象事先做好准备。

（3）进行访谈。访谈主持人在约定的时间打开网站欢迎接受访者，讲解问题并再一次提出讨论要求，然后与他们进行轻松的交流，营造一个轻松的交流氛围。主持人通过在网络上输入讨论的问题来控制访谈。

（4）整理资料，撰写报告。访谈结束后，调查员可以根据此次调查结果，利用相关处理方法对数据进行分析，并撰写调查报告。

网络访谈法除了具有一般网上调查法的优点外，也具有访谈法普遍存在的一些缺点。

因此，在实际调查中往往需要结合其他方法，以降低网络访谈法的缺陷对调查结果的不良影响。

2. 邮件调查法的实施

邮件调查法也称电子邮件法，是指利用计算机网络和调查对象的电子信箱进行问卷发送及回收的市场调查方法。被调查者收到问卷后，填写问卷，单击"提交"按钮，问卷答案就会被发送到指定的邮箱。

邮件调查法的缺点是问卷的交互性很差，并且数据的处理会很麻烦，因为每份问卷的答案都以邮件形式发回，所以必须重新导入数据库进行处理。

3. 站点法的实施

站点法是一种将问卷的 html 放置在一个或多个站点上，由访问者自愿填写的方法。它是一种被动调查的方法，特点是网站访问者看到调查问卷后，自由选择是否参与调查。被调查者答完问卷后，系统自动进行数据处理。

二、网上调查法实施的步骤

网上调查与传统的市场调查一样，为了保证调查质量，一般采用以下步骤：

（1）明确问题与确定调查目标，根据调查目的选择合适的搜索引擎。

（2）确定调查对象，如企业产品的消费者或企业的竞争者。

（3）制订调查计划，在做完第一步和第二步的工作后，就可以制订详细的调查计划，确定调查的方式和内容。

（4）对调查对象进行调查，搜集信息。

（5）对信息进行加工、整理、分析。

（6）撰写调查报告。

参考网址：

中国网	http：//www.chinaorg.cn
中国政府网	http：//www.gov.cn/
新华网	http：//www.xinhuanetcom
人民网	http：//www.peoplecom.cn
央视国际	http：//www.cctvcom
中华人民共和国统计网	http：//www.statsgov.cn/
中国商用汽车网	http：//cv.ce.cn/
中国专用汽车信息网	http：//www.chinazygc.com/

参考 App：汽车之家、懂车帝、易车、瓜子二手车、汽车报价、毛豆新车等。

三、网上调查法实施应注意的问题

1. 认真设计在线调查问卷

网上调查的问卷应注意突出重点，语言简洁，提问方式尽量规范，灵活使用图表、色彩及语气，使调查气氛活跃；调查问题要简短，因为多张短页的效果好于单张长页的效果；可以使用一些小技巧，给被调查者以舒适、宽松的感觉，如强调调查的针对性、将页面做得简洁美观等。

2. 注重保护个人信息

在调查过程中应尊重个人隐私，如提前声明各类信息仅供调查使用，不会泄露任何被调查者的私人信息等；采取自愿参加调查的原则，被调查者可以有选择地填写调查选项，从而有利于被调查者保护自己重要的私人信息。

3. 吸引尽可能多的网民参与调查

吸引尽可能多的网民参与调查对被动问卷调查尤为重要。例如，可以提供物质奖励或非物质奖励，以补偿人们的时间损失，寻找人们普遍感兴趣的话题以吸引更多网民，等等。

4. 采用最优组合模式

由于每种具体的网上调查方式都有缺点，因此仅采用一种调查方法不一定能达到理想的效果，需要选择最优的调查方法组合模式，如选择合适的抽样方法，根据不同调查人群设计不同的调查方法等。

思考与练习

一、单项选择题

1. 对二手资料进行整理时，以下做法不正确的是（　　）。
   A. 围绕调查的目的和内容
   B. 做到去伪存真、去粗取精
   C. 从众多资料中将对调查目的有价值的资料选取出来
   D. 那些不确切、有限制的资料不能去除

2. （　　）是一种将问卷的 html 放置在一个或多个站点上，由访问者自愿填写的方法。
   A. 邮件调查法　　B. 站点法　　C. 网络访谈法　　D. 二手资料调查法

3. 如果能排除非实验变量的影响，或者是非实验变量的影响可忽略不计的情况下，就选择（　　）。
   A. 单一实验组前后对比实验　　B. 实验组与控制组对比实验
   C. 实验组与控制组前后对比实验　D. 单一控制组前后对比实验

4. （　　）是指在计算机网络上使用已经建立的网站，通过事先邀请，让确定的若干名网友在指定的时间登录一个特定的网站而进行市场调查的方法。
   A. 邮件调查法　　B. 站点法　　C. 网络访谈法　　D. 二手资料调查法

二、多项选择题

1. 在采取观察法进行调查时，可采取的观察工具有（　　）。
   A. 视觉　　　B. 嗅觉　　　C. 味觉　　　D. 触觉　　　E. 听觉

2. 下列调查方法中能够实现即时反馈的包括（　　）。

　　A. 邮件调查法　　B. 入户访问法　C. 站点调查法　　D. 观察法　　E. 实验法

3. 观察调查法是调查者到现场利用（　　）来搜集被调查者行为表现及有关市场信息资料的一种方法。

　　A. 视觉　　　　B. 望远镜　　　C. 录像机　　　D. 听觉　　　E. 味觉

三、简答题

1. 互联网对于查询二手资料有何重要意义？
2. 收集二手资料的程序是怎样的？
3. 网上调查应注意的问题有哪些？

学生活动

各调查团队选择合适的调查方法对某一主题市场调查项目进行调查。

要求：

1. 进一步熟悉各种调查方法的实施技巧。
2. 模拟调查过程。
3. 调查人员按照调查方案的要求和安排，分工协作，高效收集所需市场资料。

任务 6　整理与分析汽车市场调查资料

核心内容

6.1　整理市场调查数据
6.2　分析市场调查数据
6.3　利用问卷星进行数据整理和分析

任务目标

知识目标：

1. 了解市场调查资料整理的概念和原则。
2. 掌握调查资料的审核内容。
3. 了解数据资料分组的方法。
4. 掌握市场调查数据分析的主要方法。
5. 掌握问卷星数据整理和分析的方法。

能力目标：

1. 能够运用标准化的调查资料整理一般程序进行资料的整理工作。
2. 能够运用相对指标分析、集中趋势分析等分析方法分析社会经济现象。

素养目标：
1. 具有维护组织目标实现的大局意识和团队能力；
2. 具有爱岗敬业的职业道德和严谨、务实、勤勉的工作作风。

任务解读

通过问卷调查得到的大量原始资料，只是研究分析的基础，因为这些资料反映的总体单位（个体）的状况是分散凌乱的，不能完整系统地反映总体的情况。资料的整理和分析是指对通过各种方法搜集到的资料加以整理、分析及统计运算，把庞大的、复杂的、零散的资料集中简化，使资料变成易于理解和解释的形式，以便于研究者了解、提示其中的含义，使之成为更适用、价值更高的信息，为下一阶段撰写市场调查报告做准备的过程。

知识导学

通过市场调查所获得的数据是粗糙的、表面的、集散的和不系统的，而且搜集的数据难免出现虚假、差错和误差等问题，只有经过处理加工才能保证数据的真实、准确和完整，才能进行分析研究并得出科学的结论。

6.1 整理市场调查数据

一、市场调查资料整理的概念

市场调查资料整理是指根据市场分析研究的需要，运用科学的方法对市场调查所获得的各种原始资料进行审核、分组、汇总列表，或对上手资料进行再加工，使其集中化、条理化、系统化的活动或过程。

从市场调查中获得的原始资料描述的都是样本的个体特征，如个人对某个问题的看法、态度感觉等，如果不通过归类整理，调查员将无法从总体上认识调查现象的数量表现和特点，无法得出调查结论和解释调查结果，也就说明不了事物的内在联系和规律性。因此，市场调查资料的整理过程就是使所搜集资料系统化和条理化的过程。

任务引领

> **任务信息**
>
> 汽车市场调查资料整理与分析就在于用科学的方法揭示市场的本质。为了方便掌握这项基本技能，学会组织管理市场调查工作的专业技巧，根据实际业务活动，将整理与分析市场调查资料这一任务分为整理市场调查数据、分析市场调查数据和利用问卷星进行数据整理分析三个部分。

二、市场调查资料整理的原则

调查数据的处理是为保证以后数据分析的顺利进行，在调查数据处理的过程中应遵循以下要求和原则：

1. 真实性

真实性是指调查资料必须是从真实的市场调查中得到的，而不能弄虚作假、主观猜测。真实资料可以客观地反映社会现象，引导人们得出正确的结论，错误的资料和不真实的资料比没有资料更可怕。

2. 完整性

完整性是指调查资料应当尽可能全面、完整地反映调查对象的全貌。如果调查资料不完整，将无法全面、准确地反映实际情况，资料就会失去研究价值。

3. 准确性

准确性是指通过整理所得到的资料必须准确，尤其是统计数据。如果数理出来的统计数据模棱两可、含糊不清，那么市场调查分析就得不出科学的结论。

4 系统性

系统性是指通过整理之后的资料要尽可能条理化、系统化。与未加工的资料相比，整理后的资料条理必须清晰，一目了然。

5. 统一性

统一性是指在整理资料时，对各指标的统计应有统一的解释，对各数值计算方法、计量精度要求等，要有统一基准和尺度，这样才能使各项数据具有可比性。

三、市场调查资料整理的一般程序

市场调查资料整理的程序概括起来如图 2.6.1 所示。

1. 资料整理方案的设计

市场调查研究的目的和任务不是单一的，不同的目的和任务，要求从不同的角度来处理和应用调查资料，调查资料整理的设计方案的主要内容包括：整理的目的要求、资料的审核、分组方法、工作程序安排、管理结果的表达方式等。

2. 资料的审核

审核资料是资料整理工作的基础，通过对原始资料进行审查和核实，可以避免调查资料的遗漏、错误或重复，保证调查资料准确、真实、完整和一致，达到调查资料整理的目的和要求。

调查资料的审核内容包括完整性、准确性、及时性、有效性和齐备性的检查。

1）完整性

审核完整性是看应该包括的被调查单位信息：是否有缺损问卷，即是否有问卷不完整，个别页码丢失；调查表内的各项信息是否都填写齐全；是否有答案模糊不清的问卷。如果问卷中出现"不知道"的答案所占比例过大，就会影响调查资料的完整性，应当适当加以处理。如果发现没有答案的问题，可能是被调查者不能回答或不愿回答的，也可能是调查人员遗忘所致，应立即询问，填补空白问题。此外，应注意确保调查表中的资料清晰易懂。

整理市场调查资料

134

```
                    ┌─────────────────┐
                    │  资料整理方案的设计  │
                    └────────┬────────┘
┌──────┐                     ↓
│完整性 │            ┌─────────────────┐
│准确性 │            │    资料的审核    │
│及时性 │←───────────│                 │
│有效性 │            └────────┬────────┘
│齐备性 │                     ↓                    ┌──────┐
└──────┘            ┌─────────────────┐            │穷尽性│
                    │    资料的分组    │───────────→│互斥性│
                    └────────┬────────┘            └──────┘
                             ↓
                    ┌─────────────────┐            ┌──────┐
                    │    资料的汇总    │            │程序设计│
┌──────┐            └────────┬────────┘            │数据编码│
│划记法│                     │                     │数据录入│
│过录法│←──┬──────────┬──────┘                     │逻辑检查│
│折叠法│   ↓          ↓                            │运行程序│
│卡片法│ ┌────┐    ┌──────┐                        │提供资料│
└──────┘ │手工│    │计算机│───────────────────────→└──────┘
         │汇总│    │汇总  │
         └──┬─┘    └──┬───┘
            └────┬────┘
                 ↓
          ┌──────────┐
          │ 资料的陈示 │
          └──────────┘
```

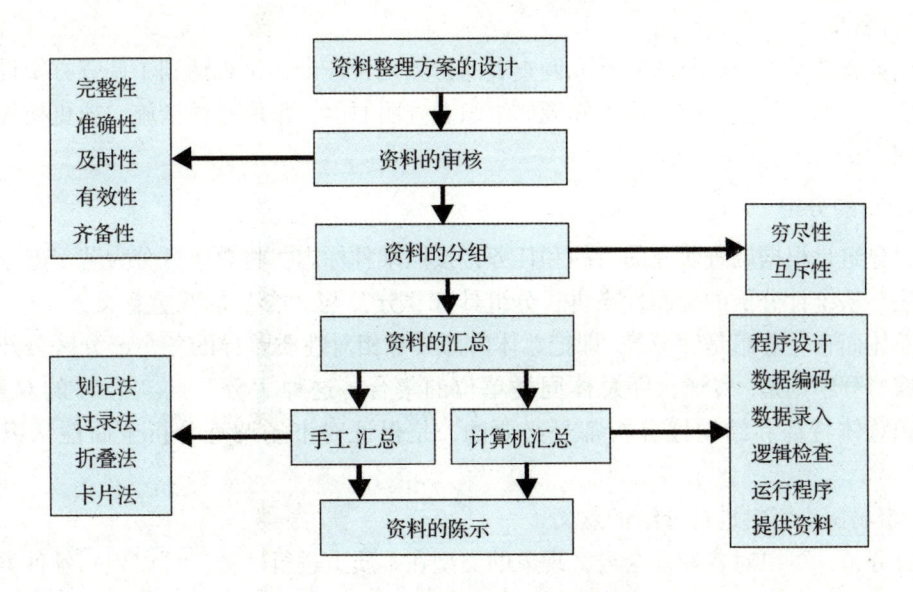

图 2.6.1　市场调查资料整理的程序

2) 准确性

准确性审核可以通过逻辑检查法、比较审查法和设置疑问框审查法等方法进行。

逻辑检查法是分析标志、数据之间是否符合逻辑，有无矛盾及违背常理的地方，即进行合理性检查。对这类错误能够用电话核实的可进行更正，无法核实的按"不详值"对待。

比较审查法是利用指标数据之间的关系及规律逆向审查，如地区用户数不可能大于地区居民人数，地区居民总人数应等于城镇居民人数与农村居民人数之和等。

设置疑问框审查法则是利用指标之间存在一定的量值与比例关系，通过规定疑问框，审查数据是否有疑问。例如，规定数据不低于 0.2，不高于 0.6，如果数据在此范围之外，即属于有疑问的数据，应对这些数据进行审查。

3) 及时性

审核及时性是指看各被调查单位的资料是否都在规定的期限内填写和送出，填写的资料是否是最新资料。街头拦截访问法不涉及该项审核。现代市场活动节奏越来越快，只有代表市场活动最新状态的市场信息才是价值最高的信息。

4) 有效性

对问卷有效性的审核是指对调查表或问卷的真实性进行检验，看访问员有没有作假行为等。目前，访问员说谎的现象相当普遍。有些调查如电话访问调查、拦截式访谈等，可以很方便地派督导进行监督和指导。但对于一些特定类型的访谈如入户调查，不可能在访谈实际发生的现场观察或监视，这就容易出现访问员作弊的行为。因此，在设计问卷时一般要记录被调查人员的姓名、地址及电话号码等。这些内容对数据的分析毫无用处，但它们为市场研究人员进行有效性审核提供了原始背景资料。

进行有效性审核的一种方法是对每个访问员所做的调查做适当比例的复查。通常复查的比例为 10%~20%。用电话或派人上门与被调查者联系，核实访问员是否到访以及访问的时间、地点等。如果发现问卷或调查表是伪造的，应作废弃处理，并要派调查人员重新访问。

5）齐备性

审核齐备性是检查回收的问卷或调查表的份数是否齐全，是否达到了调查方案设计及样本量的要求。如果份数不够，应告知调研组织者查明原因，采取补救措施，或更换样本单位进行访问。

3. 资料的分组

资料分组是根据调查研究的目的和任务，按照某种标志，将总体区分为若干部分的一种统计方法。从统计分析的全面性来讲，分组具有"分"与"合"的双重意义。

对总体而言，分组是"分"，即把总体内部具有相对性质差异的各个部分区分开来。对单位而言，分组则是"合"，即总体同类单位的集合。这种"分"与"合"的双重意义，对于认识总体特征和结构性分析都是必要的，是保证对市场调查分析全面性认识的重要依据。

1）市场调查资料进行分组的意义

通过分组，可以对各种社会经济现象的类型在本质上进行区分，可以识别各种类型的本质特征及其发展变化的规律。

可以用来分析、研究社会现象之间的依存关系以及因果关系，便于企业通过一些促销手段来改变目标人群的观点、态度，从而改变其行为。

通过分组能反映事物内部结构及比例关系，从而为企业寻找目标市场提供基础数据。

科学的分组方法，一方面可以明显表明各组中频（次）数的分布情况，从而使研究者对被调查对象的结构情况有一个大体的了解；另一方面还可以使许多普通分组显示不出来的结论明显化，从而为企业寻找目标市场提供基础数据。

2）选择分组标志的原则

分组标志的选择是统计分组的关键，一般应遵循以下原则。

（1）应根据研究问题的目的和任务选择分组标志。每一总体都可以按照许多个标志来进行分组，具体按什么标志分组，主要取决于统计研究的目的和任务。例如，研究人口的年龄构成时，就应该按"年龄"分组；研究各类型的工业企业在工业生产中的地位和作用时，就应该按"经济类型"分组，等等。

（2）选择能反映问题本质的标志进行分组。有时可能有几个标志似乎都可以达到同一研究目的。这种情况下，应该进行深入分析，选择主要的、能反映问题本质的标志进行分组。

（3）采用具体问题具体分析的方法来选择分组标志。结合研究现象所处的具体历史条件，采用具体问题具体分析的方法来选择分组标志。有的标志在当时能反映问题的本质，但后来由于社会经济的发展变化，可能已经时过境迁，此时，进行统计分组就要选择新的分组标志。

3）分组的类型

数据资料分组的方法一般有两类：一类是事先分组，即在问卷设计时已将调查问卷预先做了分组、编号，收集资料时只要按预先的分组进行整理即可；另一类是事后分组，市场调查中有些问题事先无法分组，如一些非结构问题、一些问题中的其他选项等，只能在事后分组。

在目前大多数调查中，执行事后分组情况比较多见，因此下面重点介绍事后分组的类型。

按品质标志分组和按数量标志分组是最基本的分组方式。此外，还有简单分组和复合分组。

（1）按品质标志分组。品质标志是反映事物属性的标志，按品质标志分组反映的是被研究市场现象质的属性或特性，应选择能反映事物属性差异的品质标志作为分组标志。例如，人口可以按性别和职业分组；消费者可以按性别、文化程度、职业、民族等标志进行分组。按品质标志分组，有时比较简单，分组的内容、组限和组的数目容易确定，但有时也会遇到困难。例如，居民按居住地区一般可以分为城镇和农村两种，但在客观上还存在着一些既具备城镇形态又具备农村形态的地区，因此，如何划分城镇和农村，必须慎重对待。按品质标志分组后形成的分配数列称为品质分配数列，简称品质数列，它由各组的名称和相应的单位数组成。

（2）按数量标志分组。数量标志分组又称变量分组，能够直接反映所研究的市场现象的数量特征。按数量标志分组，就是选择能反映事物数量差异的标志作为分组标志。例如，对某一消费者群体，可以按照消费者在一定时间内购买某种商品的次数进行分组。按数量标志分组的目的是通过数量的变化来区分各组的不同类型和性质。按数量标志分组后所形成的分配数列称为变量分配数列，简称变量数列，包括两个因素：一个是各组的具体数值，即变量值；另一个是分配在各组的总体单位数或比例。

（3）简单分组。简单分组是指在一定的分组中，对研究总体按一个标志进行的分组，如将一个学校的学生按年龄或性别进行分组，企业按生产部门进行分组等。这种分组方法操作容易，但只能从某一方面说明一定的问题，适用于现象总体结构简单的情况。

（4）复合分组。复合分组是指对同一个总体按两个或两个以上有联系的标志进行的重叠分组。例如，工业企业先按规模大小进行分组，在此基础上再按经济类型进行分组，从而形成双层重叠的分组。复合分组有助于对现象进行更深入细致的分析和比较，能更好地揭示现象的本质特征。但随着分组标志的增加，复合分组会成倍地增加组数，造成组数过多，而各组单位数就相应减少，难以表现出不同类型现象的特征。因此，复合层次一般不易过多，否则就失去了分组的作用和意义。

4）资料分组应注意的事项

资料分组应当注意以下几个事项：

（1）按某一标志进行分组时，不要遗漏任何原始资料所提供的数据。

（2）组距尽可能取整数。

（3）各组的组距尽可能相等，即尽可能多用等距分组，少用不等距分组。

（4）问卷中回答项目本身就已经分类的，表格化时就可按已有分类进行排列。

（5）使用组距时，要使最常出现的答案在中间。

（6）分类的间隔应互相排斥。

4. 资料的汇总

资料的汇总阶段往往需要处理大量的数据资料，传统的手工汇总技术效率低、速度慢，已经退居次要的辅助地位，目前市场调查工作一般采用电子计算机汇总处理技术。运用计算

机进行数据处理，首先需要对资料进行编码，然后将数据录入计算机，通过 Excel、SPSS、SAS 等计算机软件进行处理。计算机汇总的步骤如下：

1）程序设计

程序是指按计算机语言对统计资料处理工作进行全面系统的流程排列，计算机将按程序进行工作。一般来说，从调查计划阶段开始，就需要和计算中心进行协商，使用预定程序的代码、栏号、调查表，对统计资料输入、检查、修改、追加等工作进行程序设计。有了它，再配上相应的指令参数，操作就十分简便。

2）数据编码

通过数据编码将资料输入计算机进行统计简单、有效。同时，编码是统计计算和结果解释的基础。编码是把问卷中对一个问题的不同回答进行分组和确定数字代码的过程。

依据编码过程发生在调查实施之前或之后，可把数据编码分为事前编码和事后编码。事前编码是指在实地调查之前就给予每一个变量和可能的答案一个符号或数字代码，这种编码方式只适用于封闭性问题，大多数调查问卷事先都经过适当的组织和构造，其可供选择的答案也是事先设计好的；事后编码则是指研究者在调查已经实施、问题已经作答之后，给予每一个变量和可能的答案一个符号或数字代码，这种编码方式适用于那些在实地调查前不可能知道答案的问题，主要是开放性问题。

3）数据录入

数据录入是指把经过编码后的数据和实际数字通过设备记载到存储介质上，以便由计算机进行分类和汇总。存储介质是指软磁盘、磁带、纸带、穿孔卡片等记录数据和文件的物质，将调查资料输入到存储介质上，使其可制成统计资料。录入工作比较枯燥，应耐心和集中精力。

🏁 案例链接

【案例1】 数据录入的常用方法

常用的数据录入方式有键盘输入、OMR、OCR 以及语音识别。其中后三种属于自动识别技术，适合于比较大型的市场调查及处理大量的数据输入工作。

OMR（Optical Mark Reader，光标阅读机）是纸质问卷统计中经常使用的问卷调查数据录入方法。在这种方法中，研究人员通过一种间接的方式识别问卷中有关被调查者手工填写的问题答案，即根据数据在表中某一位置是否填涂有黑色标记而确定是否是某一数据。这种方式从识别的角度出发，不需要识别字形，而只需要确定有无污点，是一种简单的光标识别方法。但这种方法对纸张、印刷和填表人的要求比较高。

OCR（Optical Character Recognition，光学字符识别）是指用电子设备（如扫描仪或数码相机）检查纸上打印的字符，通过检测暗、亮的模式确定其形状，然后用字符识别方法将形状翻译成计算机文字的过程。即对文本资料进行扫描，然后对图像文件进行分析处理，获取文字及版面信息的过程。

> **【资料1】 手工汇总的方法**
>
> 手工汇总是最原始的汇总方式，随着计算机的产生和发展，手工汇总逐渐缩小了其使用范围。手工汇总使用的工具是小型计算器，这些汇总工具在我国许多地区还属于常规工具。手工汇总的常用方法有以下4种。
>
> （1）划记法。划记法是采用一定的符号形式，代表每个总体单位，在预先设计好的汇总表上划记符号，用来汇总符号所表示的标志内容。目前一般采用划"正"字的办法来进行。这种方法简单，但容易出错，只适合于汇总各组的单位总量和总体单位不太多的情况。
>
> （2）过录法。过录法是把要汇总的内容从各调查表中抄录下来，加总或综合后计入汇总表的相应组或相应位置。这种方法对汇总内容的适用范围较广泛，缺点是当总体单位太多时，汇总工作量太大，费时费力。
>
> （3）折叠法。折叠法是将全部调查问卷中的同一问项及答案折叠起来，并一张一张地叠在一起，用别针或回形针别好，然后计算各个答案选择的次数，填入事先设计的分组表内。折叠法简单易行，避免了过录，省时省力。在实际统计工作中，采用定义上折叠法的并不多，大多采用直尺或其他工具来达到折叠的效果，以方便汇总的顺利进行。
>
> （4）卡片法。卡片法是事先准备好卡片，将每个总体单位需要汇总的项目和数值摘录在一张卡片上，然后根据卡片进行分组和汇总。这种方法一般适用于长期稳定、规范的标志项目内容和单位的汇总工作。
>
> 上述方法各有其优点和缺点，不同的汇总内容应该按照科学的对象特点和内容的不同，选择最适宜的方法。

4）逻辑检查

逻辑检查即检查数据有无逻辑错误，可以按照预先给定的一套逻辑检查规则，对进入计算机的原始数据进行分析、比较、筛选和整理。检查的主要内容包括：一是样本结构上的逻辑错误，如年龄为20岁的退休人员；二是回答内容上的逻辑错误，如回答不收看某个频道节目的被调查者在同一问卷上又选择了对该频道播出节目感兴趣的答案，不知道某个品牌的被调查者在后面又选择了使用该品牌等。这些都是不符合逻辑的情况，需要检查和审核。如果出现误差，超过允许范围，必须将数据退回去，重新检查改正，把在允许范围以内的个别错误依编辑规则改正。

5）运行程序

运行程序是指按照程序运行规则进行信息处理的过程。

6）提供资料

提供资料是汇总工作的最后环节，是指把经过运行处理后的统计资料以汇总表的形式，通过输出设备打印出来。

任务分析-1

初步整理好的资料,为了使其具有可读性和清晰一目了然的视觉效果,其中蕴含的规律和深层次的问题,需要将资料用一定的方式表示出来。这一过程也称数据资料的陈示。统计表和统计图是资料陈示的方法,我们要熟悉和掌握其设计和使用方法。

5. 资料的陈示

市场调查取得大量反映个体情况的原始资料,对这些原始资料进行科学的分类、汇总整理后,可以得到反映总体综合情况的统计资料,这些资料数据必须通过有效的方式得以显示,其主要形式是统计表和统计图。

1)统计表

(1)统计表的概念。统计表是表述数据资料的主要形式,是把资料按一定规则排列在表格上,是提供调查数据资料的重要工具。

(2)统计表的分类。按照不同的划分标准,统计表有不同的划分方法:

①按用途的不同,可把统计表划分为调查表、整理表或汇总表、分析表。调查表是指统计调查过程中用于记录原始统计资料的表格。整理表或汇总表是指在整理或统计汇总过程中使用的表格和用于表现整理与统计汇总结果的表格。分析表是指在统计分析过程中记录计算过程所形成的统计表。

②按主词是否分组及分组复杂程度的不同,可把统计表划分为简单表、简单分组表和复合分组表。简单表是指主词不作任何分组,按习惯或自然顺序排列所形成的统计表。简单分组表是指把主词按一个分组标志进行简单分组后形成的统计表。复合分组表是指主词按两个或两个以上标志重叠(交叉)分组形成的统计表。

(3)编制统计表的一般规则。由于使用者的目的以及统计数据的特点不同,统计表的设计在形式和结构上会有较大差异,但其设计的基本要求是一致的。尽管计算机的应用对统计表的形式要求越来越少,但"科学、实用、简练、美观"仍然是设计和使用统计表所要求的。具体来说,设计统计表时要遵循以下几点规则:

①合理安排统计表的结构,如行标题、列标题数字资料的位置应安排合理。当然由于强调的问题不同,行标题和列标题可以互换,但应使统计表的横竖长度比例适当,避免出现过高或过长的表格形式。

②统计表上下两端的端线应当用粗实线绘制,其他线条一律用细实线绘制。

③统计表中的总标题要简明扼要,并能确切说明表中的内容。在标题内或标题下面要说明统计资料所属的时间和空间。

④表内各栏数字的位数要对齐,同类数字保持统一位数,一般应有合计。表中的横行"合计"一般列在最后一行(或最前行),表中纵行的"合计"一般列在最前一栏。

⑤统计表中的数字资料部分不允许空格。当数字为"0"时,"0"要写出来;当缺乏某项资料或数据太小可以忽略不计时,一般用"……"代替;不应有数据的表格用"—"表示。

⑥表中的指标数字应有计量单位。当全表只有一个计量单位时,单位写在表头的右上方。如果表中需要分别注明不同单位,横行的计量单位可专设"计量单位"一栏,纵行的

计量单位可与纵行标题写在同一格中，用括号标出。

⑦当统计表的栏目较多时，可以进行编号。主词部分一般是总体、各个单位和部分的文字名称，可以用（甲）、（乙）、（丙）等文字排序区分；宾词部分一般是指标名称，对应的数字资料，可以用（1）、（2）、（3）等数字排序区分；各指标之间如果有对应的计算关系，还可以用数字序号把计算关系表示出来，如"（4）=（2）×（3）"。

⑧某些特殊资料需要说明的，应在表的下方加以注解。数字资料要在表下说明来源，以表示对他人劳动成果的尊重，备读者查阅使用。

拓展资料

【资料2】 统计表的构成

从结构来讲，统计表可分为以下5个部分：

（1）总标题。总标题又称表头，是统计表的名称，指明时间和范围，一般置于表的上端中部。总标题是对统计总体和指标内容的高度概况。

（2）横行标题。横行标题是横行内容的名称或各个变量组的名称，反映个体的分组情况，一般放在统计表的最左侧。

（3）纵栏标题。纵栏标题是纵行的名称，是分组标志或指标的名称，说明纵行所列各项资料的内容，一般放在表格的上方。

（4）数字资料。数字资料又称指标数值，是统计表的具体内容。指标数值列在横行和纵栏的交叉处，用来说明总体及其组成部分的数量特征。

（5）表外附加。表外附加通常放在统计表的下方，主要包括资料来源、指标的注释和必要的说明等内容。从内容来讲，统计表包括主词和宾词两部分。主词，即统计表所要说明的总体及其组成部分，一般列在表的左半部分；宾词，即主词各个指标的名称及指标值，一般在主词的右边按一定顺序横向排列。统计表按上述位置制作，如果与版面不协调，也可以把主词与宾词的位置互换。

2）统计图

统计图是利用结合图形或具体形象表现统计资料的一种形式。从视觉角度来说，统计图具有简捷具体、形象生动和直观易懂的特点，能给人明确深刻的印象，一般能取得较好的效果。当然，统计图只是描述和揭示统计数据特征的有效方法之一，它并不能代替统计分析。

统计图的类型很多，常用的主要有以下几种：

（1）饼形图。饼形图（见图2.6.2）又称圆形图，是将资料数据展示在一个圆平面上。一个圆形代表一个总体，圆内的各个扇形代表构成总体的各个部分。饼形图主要用于表示总体中各组成部分所占的比例，所要显示的资料数据一般是百分数，对于研究结构性问题十分有用。饼形图可以是平面的，也可以是立体的，不过尽量将三维效果减至最小。一般不要将圆饼切成太多的部分，以免影响判断。

（2）环形图。环形图（见图2.6.3）与饼形图类似，但又有区别。环形图中间有一个"空洞"，总体或样本中的每一部分数据用环中的一段表示。饼形图只能显示一个总体或样本各部分所占的比例，而环形图则可以同时绘制多个总体或样本的数据系列，每一个总体或样本的数据系列为一个环。因此，环形图可显示多个总体或样本各部分所占的相应比例，从而有利于进行比较研究。

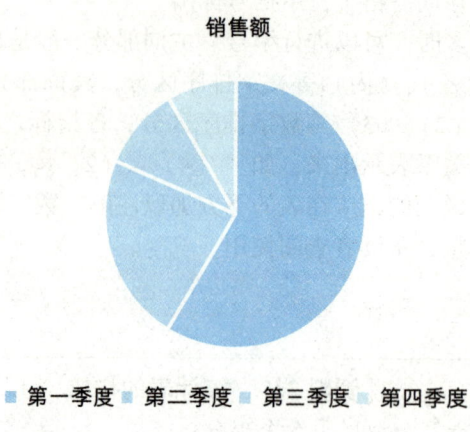

图 2.6.2 饼形图示例

图 2.6.3 环形图示例

(3) 条形图。条形图（见图2.6.4）是用宽度相等、长短不同的条形表示现象之间对比关系的统计图。按排列形式的不同，条形图可分为纵式条形图（柱形图）和横式条形图（带形图）；按对比内容的不同，条形图可分为单式条形图、复式条形图及结构条形图。

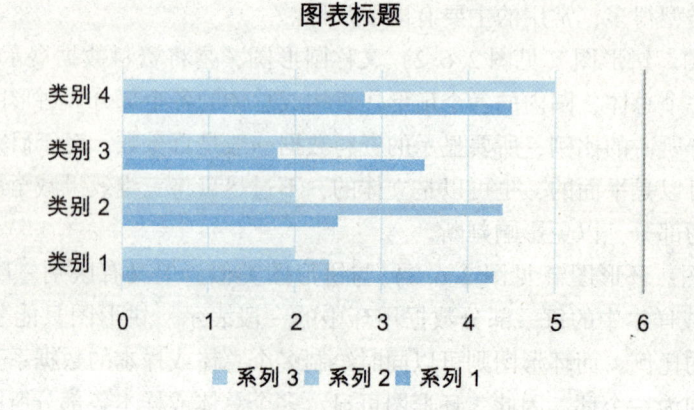

图 2.6.4 条形图示例

（4）柱形图。柱形图（见图2.6.5），又称长条图、柱状图、条状图、棒形图，是一种以长方形的长度为变量的统计图表。柱形图用来比较两个或两个以上的价值，只有一个变量，通常利于较小的数据集分析。柱形图亦可横向排列，或用多维方式表达。

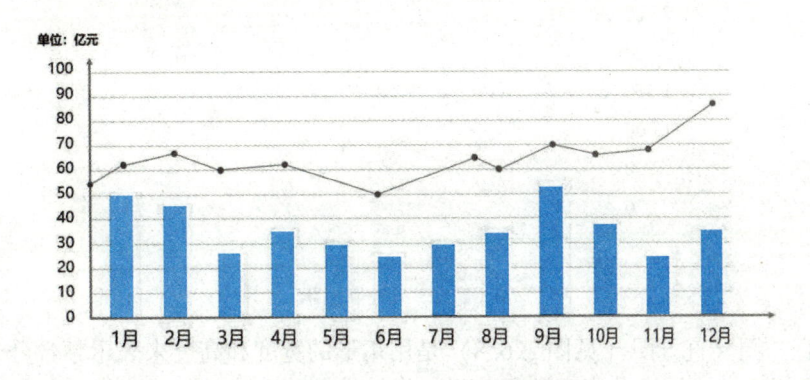

图2.6.5 柱形图示例

（5）折线图。折线图（见图2.6.6）也称频数多边形图，是在直方图的基础上，把直方图顶部的中点用直线连起来，再把原来的直方图抹掉所形成的图形。需要注意的是，折线图的两个终点要与横轴相交。将第一个矩形顶部中点通过竖边中点连接到横轴，最后一个矩形顶部中点与其竖边中点连接到横轴。

绘制柱形图时，长条柱或柱组中线需对齐项目刻度。相较之下，折线图则是将数据代表之点对齐项目刻度。在数字大且接近时，两者皆可使用波浪形省略符号，以扩大表现数据间的差距，增强理解和清晰度。

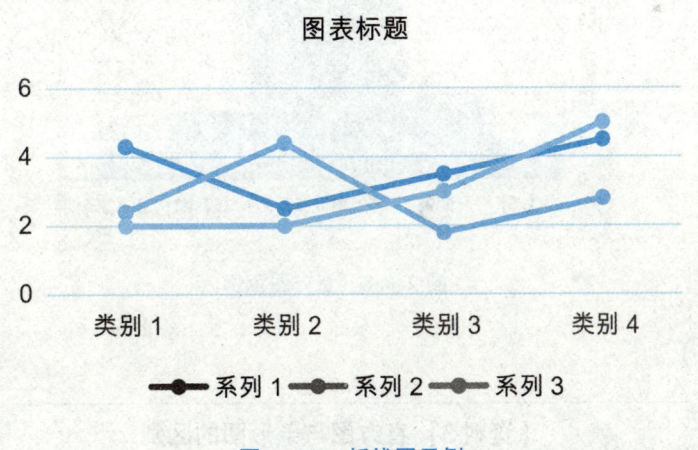

图2.6.6 折线图示例

（6）散点图。散点图（见图2.6.7）是指数据点在直角坐标系平面上的分布图。多用在回归分析中，散点图表示因变量随自变量而变化的大致趋势，据此可以选择合适的函数对数据点进行拟合。

用两组数据构成多个坐标点，考察坐标点的分布，判断两变量之间是否存在某种关联或总结坐标点的分布模式。散点图将序列显示为一组点。值由点在图表中的位置表示。类别由图表中的不同标记表示。散点图通常用于比较跨类别的聚合数据。

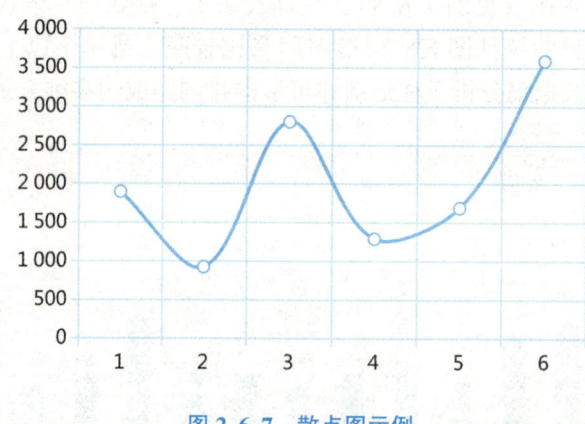

图 2.6.7 散点图示例

(7) 直方图。直方图（见图 2.6.8）是用矩形的宽度和高度来表示频数分布的图形。在平面直角坐标系中，用横轴表示数据分组，纵轴表示频数或频率。这样，各组与相应的频数就形成了一个矩形，即直方图。

对于等距分组的数据，可以用矩形的高度直接表示频数的分布。如果是不等距分组的数据，用矩形的高度来表示各组频数的分布就不再适用了。这时，如果不是用矩形的高度，而是用矩形的面积来表示各组的频数分布，或根据频数密度来绘制直方图，就可以准确地表示各组数据的分布特征。实际上，无论是等距分组数据还是不等距分组数据，用矩形的面积来表示各组的频数分布都更为合适，因为这样可保证直方图的总面积等于1。

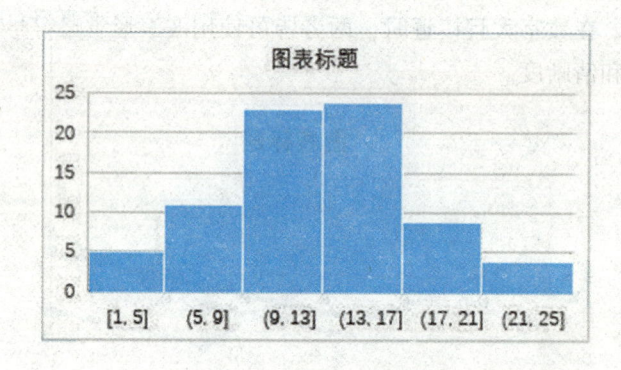

图 2.6.8 直方图示例

【拓展资料】

【资料3】直方图与条形图的区别

直方图与条形图的区别：

(1) 直方图用面积表示各组频数的多少，矩形的高度表示每一组数据的频数步频率，宽度表示各组数据的组距，所以其高度与宽度均有意义；条形图是用条形的长度（横置时）表示各类别频数的多少，其宽度（表示类别）是固定的。

(2) 由于分组数据具有连续性，直方图的各矩形通常是连排列的，而条形图则是分开排列的。

(3) 直方图主要用于展示数值型数据，而条形图则主要用于展示分类数据。

三、制作统计图的注意事项

绘制统计图时，应遵循以下几点要求：

（1）统计图应有标题和标目。标题用来概括说明图的主要内容，应简明扼要。标目分为横标目和纵标目，分别表示横轴和纵轴代表的指标和计量单位。

（2）选择恰当的统计图。在统计实践中，应根据统计研究的目的与任务，结合统计数据的特点，选择最合适的图形。

（3）为纵轴和横轴选择恰当的计量单位，以使整个图形在直角坐标系中分布均匀。

（4）统计图所反映的内容必须重点突出，必要时可以使用不同的线条和颜色表示不同对象的统计量，以示区别。

6.2 分析市场调查数据

对调查资料整理后，我们对数据的分布类型和特点就有了比较全面的了解。为了深入分析和掌握数据的特征和规律，还要对数据分析的概念作进一步的分析。

（一）数据分析的概念

数据分析是指根据调查目的，采用一定的数据分析方法，对通过调查并经过整理的数据资料进行分组、汇总、检验、计算和分析等，得到所调查现象的本质及规律性，进而指导实践的过程。数据分析采用的方法主要是统计方法。

（二）市场调查数据的分析方法

对调查数据分析的主要方法有总量指标分析、相对指标分析、集中趋势分析和离中趋势分析。

1．总量指标分析

总量指标是调查资料经过汇总整理后得到的反映总体规模和水平的指标。一般用绝对数表示，如市场商品需求总量、地区人口总数、商品出口数量和金额、货物周转率等。

总量指标是市场调查人员进行市场调查与分析的起点，是市场调查人员在市场调查活动中最初整理加工的用来描述市场原始状态的基础数据。这个基础性数据又是计算相对指标、平均指标、变异指标等其他指标的基础和依据。

2．相对指标分析

要分析一种社会经济现象，仅仅利用总量指标是远远不够的。如果要对事物做深入的了解，就需要对总体的组成和其各部分之间的数量关系进行分析、比较，这就必须进行相对指标分析。

相对指标又称"相对数"，是用两个有联系的指标进行对比的比值来反映社会经济现象数量特征和数量关系的综合指标。相对指标能说明现象的比例、比率、速度、程度；也可以使原来不能直接对比的指标，找到共同比较的基础进行比较。相对指标的计量形式有百分数、千分数、系数和倍数、成数等，也可选用一些复合单位来表示。选用何种计量形式，要根据它所表示的内容而定。

相对指标按其作用不同可划分为 6 种：结构相对指标、比例相对指标、强度相对指标、

动态相对指标、比较相对指标和计划完成相对指标。

1）结构相对指标

结构相对指标又称结构相对数，是总体的某一部分与总体数值相对比求得的比例或比率指标。结构相对指标是在对总体分组的基础上，以总体总量作为比较标准，求出各组总量占总体总量的比例，来反映总体内部组成情况的综合指标。其计算公式为：

$$结构相对指标 = [各组（或部分）总量/总体总量] \times 100\%$$

例如，甲公司职工男职工人数占职工人数的70%。

2）比例相对指标

比例相对指标又称比例相对数或比例指标，是反映总体中各组成部分之间数量联系程度和比例关系的相对指标。比例相对指标是总体中不同部分数量对比的相对指标，用以分析总体范围内各个局部、各个分组之间的比例关系和协调平衡状况。其计算公式为：

$$比例相对指标 = [总体中某一部分数值/总体中另一部分数值] \times 100\%$$

例如，甲公司职工男职工人数是女职工人数的2倍。

3）强度相对指标

强度相对指标又称强度相对数，是指有一定联系的两种性质不同的总量指标相比较形成的相对指标，用来表明某现象在另一现象中发展的强度、密度和普通程度。通常以复名数、百分数（%）、千分数（‰）表示。

其计算公式如下：

$$强度相对指标 = 某一总量指标数值/另一有联系而性质不同的总量指标数量$$

4）动态相对指标

动态相对指标又称动态相对数或时间相对指标，就是将同一现象在不同时期的两个数值进行动态对比而得出的相对数，借以表明现象在时间上发展变动的程度。通常把用来作为比较基础的时期称为"基期"，把用于基期对比的时期称为"报告期"或"计算期"。动态相对指标通常用百分数表示，其计算公式为：

$$动态相对指标 = （报告期指标数值/基期指标数值）\times 100\%$$

计算发展速度时，由于选择的基期不同，发展速度又分为环比发展速度和定基发展速度。

$$环比发展速度 = （报告期指标数值/前一期指标数值）\times 100\%$$

定基发展速度是用报告期指标数值与其前期指标数值的对比，反映现象逐期发展的程度，其计算公式为：

$$定基发展速度 = （报告期指标数值/固定基期指标数值）\times 100\%$$

5）比较相对指标

比较相对指标又称比较相对数或同类相对数，是不同单位的同类现象数量对比而确定的相对指标，用以说明某同类现象在同一时间内各单位发展的不平衡程度，以表明同类实物在不同条件下的数量对比关系。其计算公式为：

$$比较相对指标 = [某地区（单位）的指标数值/另一地区（单位）同一指标的数值] \times 100\%$$

例如，甲地职工平均收入是乙地职工平均收入的1.3倍。

6）计划完成相对指标

计划完成相对指标又称计划完成百分数，是社会经济现象在某时期内实际完成数值与计划任务数值对比的结果，一般用百分数来表示。计划完成相对指标是用来检查、监督计划执行情况的相对指标，它以现象在某段时间内的实际完成数与计划完成数对比，来观察计划完成程度。其计算公式为：

$$计划完成相对指标=（实际完成数/计划完成数）\times 100\%$$

3. 集中趋势分析

集中趋势反映同质总体各单位某一数量在具体时间、地点、条件下达到的一般水平，对调查数据的集中趋势进行分析是准确描述总体数量特征的重要内容。在度量集中趋势的各种平均指标中，最常见的有众数、中位数和平均数三种。

1）众数

众数是在一个统计总体或分布数列中出现次数最多的变量值。它本身不是平均值，只是总体一般水平的代表值。众数可以根据品质数列计算，也可以根据变量数列计算。它不受极端值的影响，所以代表性更强。值得注意的是，有时频数最大的数据值可能会有两个或更多，在这种情况下，存在不止一个众数。如果在数据中恰有两个众数，则为双众数；如果在数据中有两个以上的众数，则为多众数。在多众数的情况下，对于数据的描述并不起多大作用，所以很少用其作分析。

拓展资料

计算和运用相对指标应注意的问题

统计相对数是一种抽象化的指标数值，是对现象进行对比分析的一种重要手段，要使对比分析准确、深刻地反映出现象之间的关系，发挥相对数的作用，在计算和应用相对指标时应注意以下几个问题。

（1）注意指标的可比性。在计算相对数时，必须检查两个对比指标在内容、口径、范围和计算方法等方面是否一致。在进行国际之间的对比时，尤其要注意指标的可比性。

（2）要把各种相对数结合起来。一种相对数只能反映一个方面的问题，为了从各个方面分析和研究问题，需要把各种相对数结合起来。利用各种相对数进行综合分析和评价，深刻、全面地把情况和问题反映出来，才能得出正确的结论。

（3）把相对数和绝对数结合起来使用。在计算和应用相对数时，不能忘记其所代表的绝对数。在进行各种统计分析和经济分析时，只有将两者结合起来，才能得出正确的结论。如果用以对比的绝对数太小，则不宜计算相对数，更不能用百分数表示，因为这样会夸大和扭曲实际情况。例如，某科室两名女性中有一名得了肝炎，不能说该科室女性肝炎发病率为50%。

例如：根据对大学生每年外出旅游次数调查的资料，计算大学生每年外出旅游的众数，如表2.6.1所示。

表 2.6.1　大学生每年外出旅游次数调查表

外出旅游次数/次	被访问者/人
0	21
1	20
2	28
3	11
4	10
合计	90

由表 2.6.1 可以看出，每年外出旅游两次的频数最多，共出现了 28 次，因而数字 2 次为众数。

2）中位数

中位数是指将总体各单位的标志值由小到大排列，处在中间位置的那个标志值用 Me 表示。中位数把全部标志值分为两个部分，一半标志值比它小，一半标志值比它大。当平均值不易计算时，可用中位数代表总体的一般水平。

中位数的计算方法很容易，首先应对资料按某个变量值的顺序排序，然后根据如下公式进行计算，确定中位数的位置：

$$中位数的位置 = (n+1)/2$$

式中，n 为变量值的个数。

如果 n 为奇数，则取数列中间一个数为中位数；如果 n 为偶数，则取数列中间位置两个变量值的算术平均数为中位数。

4. 离中趋势分析

要全面描述资料数据的规律性，在计算了平均指标后，还需要计算分析数据的离中趋势。数据的离中程度越大，则反映变量的集中趋势的平均指标代表性越差；离中程度越小，则平均指标的代表性就越好，两者成反比。如果离中程度等于零，说明所有的变量值没有差异，则平均数具有绝对的代表性。常用的反映离中程度的指标有：全距、标准差、标准差系数。

6.3　利用问卷星进行数据整理和分析

问卷星除了可以发布网络问卷进行数据采集，还可以进行资料的整理和分析。

如果事先是问卷星网络调查，那么就可以直接用问卷星的数据整理和分析功能；如果事先是纸质问卷调查，那么可以通过问卷星手动把回收到的纸质答卷录入为 Excel 和 SPSS 格式的数据。需要提醒的是，本功能并不是由我们帮您录入数据，而是为您提供一种更加高效、便捷的数据录入解决方案。

问卷星相比于 Excel 和 SPSS 录入数据的优势：

（1）可以多人同时录入，且保持数据格式一致。

（2）可以在不同设备（电脑、PAD 和手机）上录入。

（3）实时云保存，不怕丢失。

事先是纸质问卷调查的问卷星数据整理和分析步骤：

（1）在问卷星上创建一份与您线下调查相同的问卷。具体编辑问卷步骤可以参看其他帮助文档。

（2）获取问卷的链接，开始录入。

注意：

（1）为更加快速地录入数据，您可以把问卷的链接放在问卷结束后呈现的感谢信息中（如图 2.6.9 设置）。这样录完一份数据后，就可以立即录入下一份。

(a)

(b)

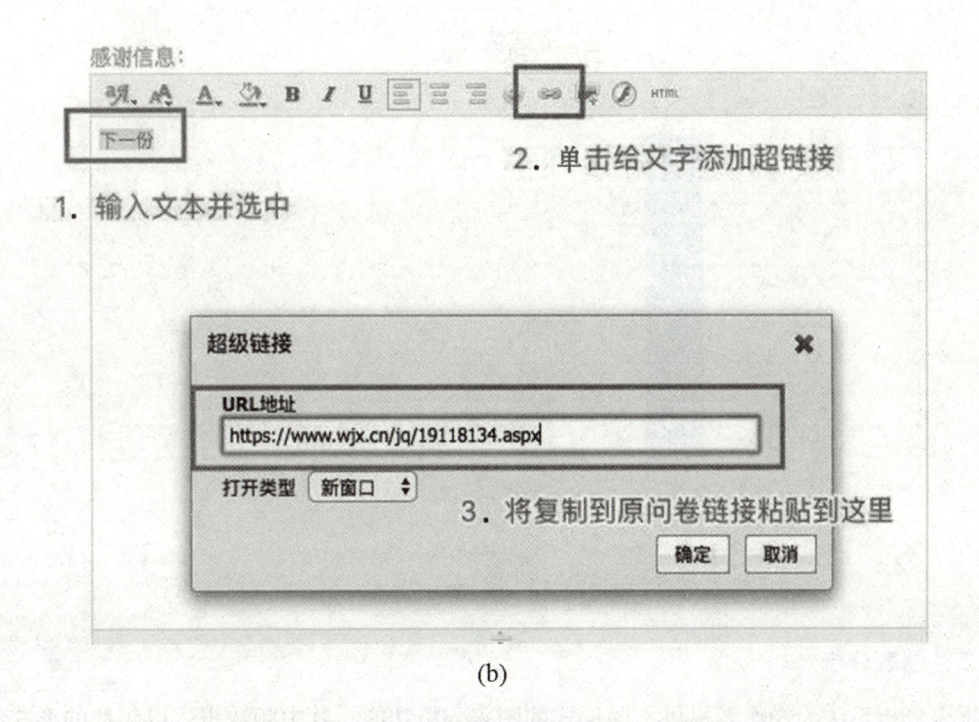

图 2.6.9　问卷录入

（2）纸质问卷可能会出现缺失数据的情况，建议您在编辑问卷时设置所有题目为非必答题。

任务分析

任务分析-2

如果说传统的纸质问卷调查和手工或者借助计算机汇总进行资料的整理和分析，能使调查数据分析者更能掌握资料中间的内在联系和数据分析原理，那么问卷星资料整理和分析则使资料整理与分析工作的效率得到非常大的提高，同时也可以分析更加复杂的交叉数据比对结论。

一、查看数据统计结果

进度报表：呈现问卷数据的总体情况，进入次数、完成次数、回收率等。

完成：填写完问卷并成功提交的次数。

未完成：打开问卷链接没有填写或填写之后未提交的次数。

甄别：未通过甄别题的次数（逻辑设置中，选择某个选项则结束问卷）。

配额满：某个配额满之后进入问卷的次数。

数据统计结果如图 2.6.10 所示。

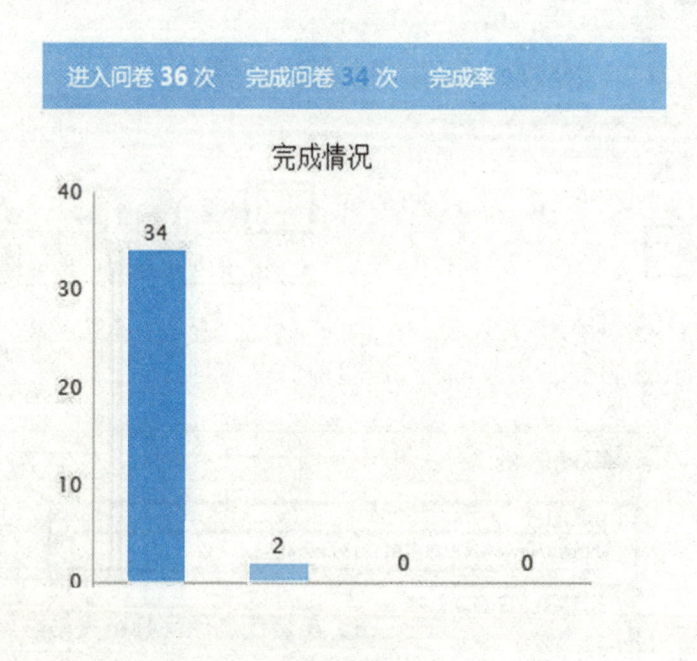

图 2.6.10 数据统计结果

二、图表分析

报表分析系统为操作者提供不同形式的图表分析功能。其中频数报表以频数的形式展现数据，而表格报表以表格的形式直观地展示问卷数据（见图 2.6.11）。

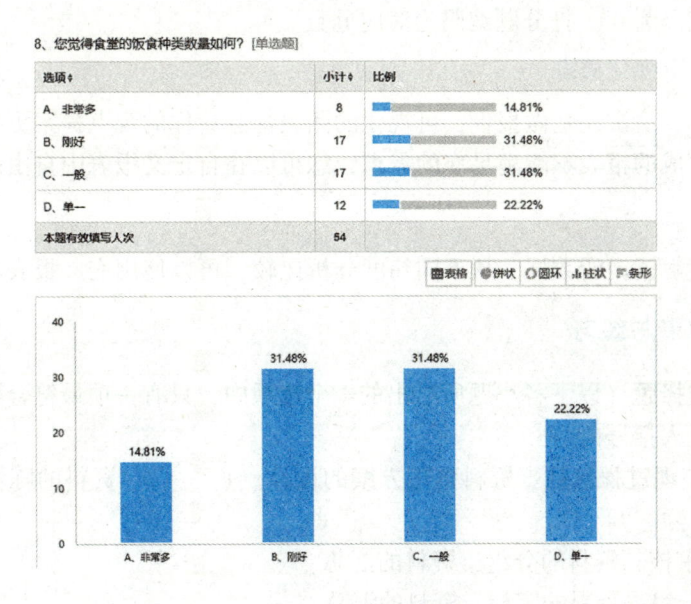

图 2.6.11　图表分析情况

三、调查对象的作答详情

除了问卷的图表统计分析，问卷星还提供原始数据的导出功能，在这里可以查看每个人的作答详情。

在"报表分析"→"原始数据"中可以导出 Excel、SPSS、CSV 格式的数据表（见图2.6.12）。

图 2.6.12　数据导出选项

四、导出 Excel 原始数据

导出 Excel 原始数据可以查看答题者微信基本信息（包含微信昵称、性别、省份，需要设置答题登录验证才能收集），每行代表一位受访者的回答。

其中单选题选择第几个选项，编码就是与其对应的数字。多选题选中的选项编码为1，未选中的选项编码为 0 。打分题编码为对应分数。

五、自定义可视化报表

无论是开会、演讲还是做报告，可视化的图表都会让你的观点提案更有说服力。

如果系统生成的报表不能满足您的需求，您可以在自定义报表中自由添加各种图表。

六、交叉分析

如果想深度解读调研数据，从不同纬度分析比较，可以使用交叉报表功能。

思考与练习

一、单项选择题（以下各小题所给出的4个选项中，只有一项最符合题目要求，请将正确选项的代码填入括号内。）

1. 资料的整理过程包括：资料整理方案的设计、（　　）、资料的陈示几个阶段，请选择顺序正确的一项。

A. 资料的审核、资料的分组、资料的汇总
B. 资料的分组、资料的审核、资料的汇总
C. 资料的分组、资料的汇总、资料的审核
D. 资料的审核、资料的汇总、资料的分组

2. （　　）是一种以长方形的长度为变量的统计图表，用来比较两个或以上的价值，只有一个变量，通常利用于较小的数据集分析。

A. 柱状图　　　B. 散点图　　　C. 雷达图　　　D. 饼形图

3. （　　）是将资料数据展示在一个圆平面上。一个圆形代表一个总体，圆内的各个扇形代表构成总体的各个部分，主要用于表示总体中各组成部分所占的比例。

A. 柱状图　　　B. 散点图　　　C. 雷达图　　　D. 饼形图

二、多项选择题（以下各小题所给出的选项中，有两项或两项以上符合题目要求，请将符合题目要求选项的代码填入括号内。）

1. 市场调查资料整理与分析的意义在于（　　）。

A. 资料整理提高了调查资料的价值　　B. 资料整理可以激发新信息的产生
C. 资料整理可以对前期工作起到纠偏作用　　D. 加速了调查结论的提出

2. 定性调查具有以下优点（　　）。

A. 揭示事物发展的方向及趋势　　B. 研究事物规模的大小
C. 得到有关新事物的概念　　D. 提高调查数据的准确性

3. 调查资料分析的原则应该是（　　）。

A. 针对性　　　B. 客观性　　　C. 完整性　　　D. 变动性

4. 调查资料整理应该遵循的原则为（　　）。

A. 适用性原则　　B. 时效性原则　　C. 精确性原则　　D. 系统性原则

5. 哪些属于访问员的失职？（　　）

A 擅自变更，未按原计划进行访问
B. 改动了问卷上的一些答案
C. 由于未找见被访谈者，访谈员自行填写了问卷
D. 访问员未依据被调查者的心理活动过程进行访谈

三、判断题（请在下面题目中的括号里面填"√"或"×"。）

1. 调查资料的整理过程也包含着调查人员的思维活动过程。（ ）
2. 精确性是数据整理的生命，也是整个市场调查获得成功的决定性因素。（ ）
3. 在市场调查资料的审核与鉴别工作中，还应该审核或检查访问员。（ ）
4. 市场调查资料的分析就是将资料进行简单处理，把资料表面显示的内容表达出来，以服务于调查结论。（ ）
5. 统计图是用各种图形表现统计资料的一种形式。它是以统计资料为依据，借助于几何线、形、事物的形象和地图等形式而表达的一种图形。（ ）

四、简答题

1. 市场调查资料整理的程序是怎样的？
2. 调查资料审核的内容包括哪些？
3. 选择分组标志的原则是什么？
4. 资料显示的主要形式有哪几种？
5. 对市场调查数据分析的主要方法有哪些？

学生活动

【实践与训练1】

统计表和统计图设计训练。

现有某国连续19年城镇居民的人均可支配收入和人均消费支出的数据，如表2.6.2所示。

表 2.6.2　某国连续 19 年城镇居民的人均可支配收入和人均消费支出

单位：元

年份	人均可支配收入	人均消费支出	年份	人均可支配收入	人均消费支出
第1年	1 510.2	1 596	第11年	6 280.0	6 850
第2年	1 700.6	1 840	第12年	6 859.6	7 113
第3年	2 026.6	2 262	第13年	7 702.8	7 383
第4年	2 577.4	2 924	第14年	8 472.2	7 901
第5年	3 496.2	3 852	第15年	9 421.6	8 679
第6年	4 283.0	4 931	第16年	10 493.0	9 410
第7年	4 838.9	5 532	第17年	1 1759.5	1 0423
第8年	5 160.3	5 823	第18年	1 3785.8	1 1904
第9年	5 425.1	6 109	第19年	1 5780.8	1 3526
第10年	5 854.0	6 405			

具体要求：

1. 根据表2.6.2设计一个新的具有同样功能的统计表；
2. 以统计图的形式将表中的内容陈示出来。

【实践与训练 2】
请利用问卷星对数据进行统计和分析的实践和练习,并对如何使用这个方法展开小组讨论和总结,完成一份总结报告。

任务 7　编写汽车市场调查报告

核心内容

7.1　准备市场调查报告
7.2　撰写市场调查报告
7.3　修改市场调查报告
7.4　提交市场调查报告
7.5　利用调查报告的引导文

任务目标

知识目标:
1. 理解市场调查报告的类型;
2. 掌握市场调查报告的结构和内容;
3. 熟悉市场调查报告的提交技巧。

能力目标:
1. 具有总结分析调查资料的能力;
2. 具有完成调查报告的能力;
3. 具有组织调查报告撰写工作的能力;
4. 具有利用 Office 办公软件进行文案设计和制作的能力。

素养目标:
1. 具有维护组织目标实现的大局意识和团队能力;
2. 具有爱岗敬业的职业道德和严谨、务实、勤勉的工作作风。

任务解读

在前面任务的基础上,已经制定好调查方案,选择了适当的调查方法,组织调查人员收集了调查资料,并对资料进行了整理工作,现在摆在我们面前的可能是一些伴随整个调查过程的调查资料、分析资料、调查结果资料及依据这些资料所得出的结论和建议,那么如何把这些资料报告给委托方,就需要编辑制作一份调查报告。

知识导学

调查报告是整个调查任务活动的成果体现,是衡量调查任务活动质量水平的重要标志。实践证明,无论调研设计得多么科学,调查问卷设计得多么周密,样本多么具有代表性,数据收集、质量控制多么严格,数据整理和分析多么恰当,如果调研者不能把诸多调研资料组织成一份清晰的高质量总结报告,就不能与决策者或客户进行有效的信息沟通,决策者或客户就不能有效地采取行动以进一步提高经营效益。

市场调查报告是通过文字、图标等形式将调查的结果表现出来的，以使人们对所调查的市场现象或问题有一个全面系统的了解和认识。

市场调查报告撰写的意义归纳起来有三点：

（1）是市场调查所有活动的综合体现，是调查成果的集中体现。

市场调查报告是调查与分析成果的有形产品。调查报告是将调查研究的成果以文字和图表的形式表达出来。因此调查报告是市场调查成果的集中体现，并可用作市场调查成果的历史记录。

（2）是通过市场调查分析，透过数据现象分析数据之间隐含的关系，使我们对事物的认识能从感性认识上升到理性认识，更好地指导实践活动。

市场调查报告比起调查资料来更便于阅读和理解，它能把死数字变成活情况，起到透过现象看本质的作用，使感性认识上升为理性认识，有利于商品生产者、经营者了解、掌握市场行情，为确定市场经营目标、工作计划奠定基础。

（3）市场调查报告是为社会、企业、各管理部门服务的一种重要形式。

市场调查的最终目的是写成市场调查报告呈报给企业的有关决策者，以便他们在决策时作参考。好的调查报告，能对企业的市场活动提供有效的导向作用。

任务引领

任务信息

撰写调查报告是市场调查的最后一项工作内容，市场调查工作的成果将体现在最后的调查报告中。调查报告将提交企业决策者，作为企业制定市场营销策略的依据，同时也是在市场细分的基础上，企业投资新市场、新产品或改变经营策略的依据，是企业内部统一思想、统一认识的工具，是评估项目风险与回报的最初级文件，是对投资者的一份承诺书。

7.1 准备市场调查报告

为了编写出一份高质量的能够反映调查实际情形的调查报告，在编写之前，做充分的准备工作是非常必要的。市场调查报告的准备工作主要有以下几方面：

一、明确调查主题

这是撰写市场调查报告的基本准备工作。每一个市场调查报告都有明确的撰写目的和针对性，即反映情况、指出原因、提出建议，从而为社会或企业的决策部门制定或调整某项决策服务。

二、确定报告类型

调查报告有多种类型，如一般性报告、专题报告、研究性报告、说明性报告等。一般性报告就是对一般调查所写的报告，它要求内容简单明了，对调查方法、资料分析整理过程、资料目录等做简单说明，结论和建议可适当多一些。专题性报告是为特定目的进行调查后写的报告，它要求报告详细明确，中心突出，对调查任务中所提出的问题做出回答。为企业所做的调查，一般情况下用的是一般性报告和说明性报告。

三、构思调查报告

撰写市场调查报告与其他报告或写作一样，在动笔前必须有一个构思过程，即凭借调查所收集的资料，初步认识调查对象，经过判断推理，提炼出报告主题。在此基础上，确立观点，列出论点和论据，考虑文章的内容与结构层次，拟定提纲。构思过程各个环节所要达到的基本目标分别如下。

1. 凭借调查所收集的资料，初步认识调查对象

通过调查所获得的来自客观的数据信息及其他相关材料，初步认识调查对象。在此基础上，经过对调查对象多侧面、多层次的深入研究把握调查对象的一般规律性。

2022中国汽车品牌洞察报告：中国品牌市占率将突破50%-易车（1）

2. 提炼报告主题

在认识调查对象的前提下，确立主题，即报告的主基调。主题的提炼是构思阶段异常重要的一环，其准确与否直接关系到最终报告的方向性。因此，主题的提炼应力求准确，在此基础上还应该深刻、富有创见性。

3. 确立观点，列出论点和论据

在主题确立后，对收集到的大量资料，经过分析研究，逐渐消化、吸收，形成概念，再通过判断、推理，把感性认识提高到理性认识，然后列出论点、论据，得出结论。

4. 考虑文章的内容与结构层次

在以上环节完成后，构思基本上就有个框架了。在此基础上，考虑报告正文的大致结构与内容，一般来说应考虑的基本内容包括调查出的及所要解决的问题；调查采用的方法与技术；调查所获得的主要数据或信息及这些数据及信息说明什么问题，理由是什么；解决问题的建议及理由。与此相对应考虑的文章结构层次。通常而言，报告一般分为3个层次，即基本情况介绍、综合分析、结论与建议。

四、取舍数据材料

市场调查报告的材料可分为两种：一种是从调查中得来未经整理、鉴别、筛选的材料，这是素材；另一种是通过整理、鉴别、筛选后写进文章的材料，这是题材。

应当指出的是，市场调查报告的材料同一般文章尤其是文学作品的材料不同。一是取得的方法不同，一般文章的材料，是作者本人从生活中积累和搜集的，而市场调查报告的材料主要是调查人员通过调查得来的；二是由素材变成题材的方法不同，一般文章的题材是作者对素材进行选择、加工、提炼而成的，而市场调查报告的题材是对素材进行审核鉴定、整理统计、分析综合而成的，绝不允许做"艺术加工"。市场调查报告材料的选择应十分严格，特别要注意以下几点：

1. 材料的真实性

对写进文章的材料，必须进行去粗取精、去伪存真的选择。

2. 数据的准确性和精确性

市场调查报告往往是从数据中得出观点，由数据来证实观点，因此数据的差错或不精确必然影响到观点的正确性。

3. 材料要有个性

写进调查报告的材料，主要应当是这个项目在这次调查中发现的有价值的材料。如果材料缺乏个性，那么这篇调查报告也失去了应有的价值。

🚗 任务分析

> **任务分析**
>
> 调查报告必须能回答两个问题："是怎样"和"为什么"。通过调查，我们对"是怎样"有了基本的了解，现在必须通过现象看本质，从具体到抽象、由个别到一般地归纳出现象背后的本质规律来。调查报告不仅要告诉读者"是怎样"，更要能回答"为什么会是这样""原因何在"等问题。这就有一个穷尽问题所有环节的"足文"思维过程。

7.2 撰写市场调查报告

一、确定市场调查报告的结构

市场调查报告是调查工作成果展示的重要材料，因为其质量直接反映了调查工作的效果。调查报告的形式没有统一规范，不同的人对此有不同的设计。但以下一些部分都是调查报告不可缺少的组成部分，不管怎样操作都应当包括这些部分。

哈尔滨市汽车市场消费调查报告

1. 介绍部分

介绍部分是向读者说明报告主要内容的部分，对于不需要深入研究报告的人员来说看介绍部分即可了解到调查的概况。同时介绍部分也提供了深入阅读全文的检索方法和主要提示。调查报告的介绍部分应至少包括三个部分：封面、目录和摘要。

2. 正文部分

正文是调查报告的核心部分，一般由开头、主题、结束语三部分组成。

3. 附件部分

附件是指调查报告正文包含不了或没有提及，但与正文有关必须附加说明的部分。它是对正文报告的补充或更详尽的说明。附件主要包括调研方案、抽样技术方案、调研问卷、数据整理表格、数据分析表格和其他支持型材料。

二、撰写市场调查报告的内容

由于市场调查课题、调查人员的差异，市场调查报告的撰写也有所不同，但其基本结构是相同的。规范的市场调查报告一般包括以下几个部分。

1. 界定报告标题

标题要简单明了，高度概括，具有强烈的吸引力。好的标题应该能准确揭示报告的主体思想，做到题文相符，让报告的使用者通过题目就能对报告想要表达的内容一目了然。标题应与调查内容相关，不必生造一些标新立异的标题。一般有两种构成形式。

（1）公文式标题，即由调查对象和内容、文种名称组成，如《2019年全市汽车销售情况调查报告》。这是一种直叙式的写法，简明扼要，比较直观，但略显呆板。值得注意的是，实践中常将市场调查报告简化为"调查"，也是可以的。

（2）文章式标题，即用概括的语言形式直接交代调查的内容或主题，如《全省城镇居

民潜在购买力动向》。实践中，这种类型市场调查报告的标题多采用双题（正副题）的结构形式，更为引人注目，富有吸引力。例如《竞争在今天，希望在明天——全国洗衣机用户问卷调查分析报告》《市场在哪里——天津地区三峰轻型客车用户调查》等。此类标题有直接表明观点的，也有通过提出设问句或反问句来引出观点的，都具有较大的吸引力，但是要注意的是，通常要加以副标题才能将调查对象和内容表达清楚。

2. 设计报告封面

封面包括报告的题目、报告的使用者、报告的编写者及提交报告的日期等内容。

常州市依维柯
得意调研报告

作为一种习惯做法，调查分析报告题目的下方应注明报告人或单位、通信地址、电话、报告日期，然后另起一行注明报告呈交的对象。

3. 制作报告目录

如果调查报告的内容、页数较多，为了方便读者阅读，应当使用目录或索引形式列出报告所分的主要章节和附录，并注明标题、有关章节号码及页码，一般来说，目录的篇幅不宜超过一页。目录是整个报告的检索部分，能够便于读者了解报告结构，有利于读者阅读某一部分内容。

4. 撰写报告摘要

摘要又称概要、内容提要。调查报告的摘要是以提供报告内容梗概为目的，不加评论和补充解释，简明、确切地记述报告重要内容的短文。其基本要素包括研究目的、方法、结果和结论。具体地讲就是研究工作的主要对象和范围，采用的手段和方法，得出的结果和重要结论，有时也包括具有情报价值的其他重要信息。

摘要应拥有与文献同等量的主要信息，即不阅读全文就能获得必要的信息。摘要不容赘言，故需逐字推敲。内容必须完整、具体，使人一目了然。此外，摘要还要为那些没有大量时间阅读整个报告的使用者服务，为那些不具备太多专业知识，只想尽快得到调查分析报告的主要结论以及进行怎样的市场操作的阅读者而准备。

报告的摘要具体应包括三方面的内容：

（1）简要说明调查目的，即简要地说明调查的由来和委托调查的原因。

（2）简要介绍调查概况，包括调查时间、方法、地点、对象、范围、调查要点及所要解答的问题。

（3）简要介绍调查结论和建议，即通过调查分析所得到的收获。

摘要是市场调查报告中相当重要的内容，但在有些调查报告中经常被忽略。无论什么原因，忽略摘要部分都有损于调查报告的价值。

5. 撰写报告正文

正文是市场调查分析报告的主体部分，一般由开头、主体和结束语三部分组成。正文包括整个市场调查的详细内容，包含调查使用方法、调查程序和调查结果等所有内容。这部分必须准确阐明全部有关论据，包括问题的提出到引出的结论，论证的全部过程，分析研究问题的方法，还应当有可供市场活动的决策者进行独立思考的全部调查结果和必要的市场信息，以及对这些情况和内容的分析评论。

1）开头部分

开头即调查报告的引言，好的开头既可使分析报告顺利展开，又能吸引读者。开头的形式有开门见山式，直接交代调查的目的或动机，揭示报告的主题；也有先将调查结论写出来，然后再逐步论证的；还有先介绍背景，交代调查时间、地点、对象、范围等情况，然后逐层分析的。实际撰写过程中，可根据情况适当选择不同的方式，但是不管怎样，开头部分应围绕为什么进行调查、是怎样进行调查的、得出了哪些调查结论几个部分进行。其主要作用就是向报告阅读者提供进行市场研究的背景资料及其相关信息，使阅读者能够大致了解进行该项市场调查的原因和需要解决的问题，以及必要性和重要性。

2）主体部分

主体部分一般应包括对调查方法的说明、介绍调查结果、提出结论与建议三个部分。

（1）调查方法。

对调查方法的说明应该包括以下内容：

①调查地区。说明调查是在哪个区域内进行的，以及选择该区域的理由。

②调查对象。说明是从什么样的对象中抽取样本进行调查，通常指产品的销售对象或潜在的目标市场。

③样本容量。选取的样本总数，以及确定样本容量时考虑的因素。

④样本的结构。根据什么样的抽样方法抽取样本，抽取后样本结构如何，是否具有代表性。

⑤资料收集的方法。确定是拦截访问还是电话访问，是观察法还是实验法等。

⑥实施过程及问题处理。调查如何实施，遇到什么问题，如何处理等。

⑦访问员介绍。对访问员的资格、条件以及训练情况也需做简略的介绍。

⑧资料处理方法及工具。用什么样的工具、方法对资料进行分析和统计处理。

⑨访问完成情况。介绍访问完成率，说明未完成部分及访问无效的原因。

（2）调查结果。

调查结果是将调查所得以及经过统计分析的数据报告出来。调查结果要与预定的调查目的相吻合。调查结果大致可分为基本情况部分和分析部分两部分内容。基本情况部分，需要真实地反映客观事实，对调查资料和数据做客观的介绍说明及描述，调查结果的描述形式通常是表格或图形；分析部分是核心部分，需要调研人员对图表中的数据资料所隐含的趋势、关系或规律加以客观分析，即在对调查所获基本情况进行分析的基础上对市场发展趋势做出预测。它直接影响到有关部门和企业领导的决策行为，因而必须着力写好。要采用议论的手法，对调查所获得的资料详细分析，进行科学的研究和推断，并据以形成符合事物发展变化规律的结论性意见。用语要富于论断性和针对性，做到析理入微，言简意明，切忌脱离调查所获资料随意发挥。

（3）提出结论与建议。

结论是用简洁明了的语言对研究前所提出的问题做明确的答复。建议则是针对调查获得的结论对该企业产品及其营销方式提出的具体要求以及应该采取的改进措施。另外，应提出多种方案，供有关人员选择。同时，最好说明可能需要支付的费用，并对未来市场的变化和该企业产品的销售做出合理的预测。

结论部分有时可与调查结果合并为一个部分，要视调查规模的大小而定。一般而言，如果调查规模小，内容也比较简单，就可以将结论和调查结果合并在一起。如果规模比较大，内容多，则应分开写。

建议最好是正面的、肯定的,即说明应采取哪些具体的措施以获得成功,或者要处理哪些已经存在的问题。

6. 完成报告附件

附件是指调查报告正文包含不了或没有提及,但与正文有关必须附加说明的部分。它是对正文报告的补充或更详尽说明。每一份附件都应该按顺序标上编号。附件中一般包括:

(1) 调查计划/方案。
(2) 抽样方案。
(3) 问卷样卷。
(4) 收集的原始资料。
(5) 其他资料。

附件是与调查过程有关的各种资料的综合,在阅读正文时或者检验调查结果的有效性时需要参考这些资料。因此,与调查全过程相关的各种资料都不应随意舍弃,而应在调查结束后做合理的整理及取舍。

7.3 修改市场调查报告

在初稿完成后,调查小组人员可以针对初稿的内容、结构、用词等方面进行多次审核和修改,确认报告言之有理,持之有据,观点明确,表达准确,逻辑合理。在定稿前也可以以会议的形式,将整个报告或报告的若干部分拿出来与有关方面进行沟通,从中得到有用信息,提高报告的质量。

一、调整报告结构

主要是对报告中正文部分的相关内容进行结构上的调整。报告的顺序一般可采用以下两种形式,一是纵式结构,即按照被调查对象发生、发展的先后顺序或被调查对象的演变过程安排材料;二是横式结构,即按照材料的性质和逻辑关系归类,从不同的侧面、不同的角度,并列地将材料组成几个问题或几个方面,还可以加上小标题,逐一地报告各方面的情况。具体采取哪种结构形式、是否需要对现有顺序进行修改,则应根据报告的实际情况来决定。报告结构的安排应该能够使重点突出,能够达到最初的调查目的。

二、修改报告语句

语言严谨体现在选词造句要精确,分寸感强,报告撰写者需要对报告进行反复阅读,修改报告中不恰当的语句。

在报告中不仅不能使用如"可能""也许""大概"等含糊的词语,而且还要注意在选择使用表示强度的副词或形容词时,要把握词语的差异程度。比如,"有所反应"与"有反应","较大反响"与"反应强烈""显著变化"与"很大变化"之间的差别。在叙述事实情况时,力争以较少的文字清楚地表达较多的内容,要毫不犹豫地删除一些不必要的词句。能用一句话说明的,不用两句话,能用一个字说明的,不用两个字。调研报告的行文要求自然流畅,尽量选用常见的词句,避免使用晦涩难懂的和专业技术性强的术语。

此外,还应注意的是,市场调查分析报告以陈述句为主,陈述调查的过程和市场情况,表示肯定或否定的判断,在建议部分可使用祈使句表示某种愿望。未能按要求撰写的语句,就需要进行合理的修改与完善。

三、布局报告格式

市场调查报告文稿一般用 Word 进行编辑排版，在对报告的结构及内容进行完善后，还需要对报告的格式进行修改及调整，包括字体、字号、颜色、字间距以及每一部分格式和版面安排等，都要求按次序编排。图、表、附注、参考文献、公式、算式等，一律用阿拉伯数字分别依序连续编排序号。使报告段落清晰，层次分明，重点突出，文章的整体编排要求大方、美观，有助于阅读。

7.4 提交市场调查报告

一、撰写报告提交函

市场调查报告征得各方意见并进行修改后就可以定稿并提交。提交报告前，调查人员需将定稿后的调查报告打印为正式文稿，且应使用质地较好的纸张打印、装订，封面应选择专门的封面用纸，封面上的字体大小、空白位置应精心设计。粗糙的外观或一些小的失误和遗漏都会严重地影响阅读者的兴趣，甚至失去信任感。

如果市场调查项目是由客户委托的，则往往会在报告的目录前面附上提交信（即一封致客户的提交函）和委托书（即在项目正式开始之前客户写给调查者的委托函）。

提交函的内容主要是大概阐述一下调查者承担并实施的项目的大致过程和体会（不要提及调查的结果），也可确认委托方未来需要采用的行动（如需要注意的问题或需要进一步做的调查工作等）。有时，提交信还会说明委托情况。

🏁 案例链接

【案例1】 提交函的写法

尊敬的张总裁：您好！

按照您在 2019 年 12 月 8 日委托书中的要求，我已经完成了对 2019 年常州市 A 级轿车市场销售情况的调查分析。现提交标题为《常州市 A 级轿车市场销售情况调查报告》的文件材料一份。该报告的基础是对常州市场 A 级轿车的车主进行现场访问、问卷调查，在报告中我们进行了详细的描述。本次调查采用了市场营销调查的惯例，并且相信该报告符合贵公司的限制条件，其结果是可靠且有效的。我希望您对本次调查的结果（结论和建议）感到满意，并且该结果对贵公司 A 级轿车在常州市场 2019—2020 年销售情况有所帮助。如您有什么问题，请立即与我联系。

此致

敬礼！

××调查公司

2019 年 12 月 25 日

二、制作报告幻灯片

最近几年，为寻求沟通调研结果的更有效方式，市场调查人员纷纷使用演示软件来进行

调查报告的提交和汇报。微软公司 PowerPoint 软件在市场上居于支配地位，因为这种软件可方便地让分析人员进行下述工作：

（1）利用多种字体和字号创建项目图表，并且可以进行字体加粗、变斜体、添加下划线。

（2）可以创建出多种不同类型的、可用于展示特定调研发现的图形（饼状图、柱形图、线形图等），而且只需点击鼠标就可以对这些图形进行修改和测试。

（3）在演示及切换幻灯片时，有多种动画效果，还可以在幻灯片中插入声音、视频（项目组分析的现场录像）。

事实上，使用图表展示信息比用文字显得更有效，更具说服力，而且调研委托方一般都指明报告应以图表为基础，要求尽量少地使用文字。

因此，在调查报告定稿后，调查组成员应制作调查报告的汇报演示文稿，将调查活动实际开展的情况、调查结果的分析、提出的结论及建议等，通过合适的文字、图片、图形、表格等进行展示。

三、解释调查报告

解释调查报告即对调查报告进行口头报告，这是一种直接沟通方式，它更能突出强调市场调查的结论，使相关人员对市场调查的主题意义、论证过程有一个清晰的认识。口头报告的优点有三个：一是时间短，见效快，节省决策者的时间与精力；二是听取者对报告的印象深刻；三是口头汇报后可以直接进行沟通和交流，提出疑问，并做出解答等。事实上，对于一项重要的市场调查报告，口头报告是必需的一种交流途径。

在进行调查报告解释前，调查组成员还需要做一些准备工作：

1. 列出汇报提要

为每位听众提供一份关于汇报流程和主要结论的汇报提要。提要应留出足够的空白，以利于听众做临时记录或评述。但在汇报提要中注意最好不出现统计资料和图表。

2. 准备视觉辅助设备

使用手提电脑、投影设备，制作演示文稿，内容包括摘要、调查方案、调查结果和建议的概要性内容。视觉辅助是指依靠现代化的手段，如投影仪、幻灯机等。调研人员能根据听众所提出的问题，展示出"如果……那么"的假设情况。摘要、结论和建议也应制作成可视材料。

3. 打印好调研报告

报告是调研结果的一种实物凭证，鉴于调研者在介绍中省略了报告中的许多细节，为委托者及感兴趣者准备报告复印件，在听取介绍前就能思考所要提出的问题，就感兴趣的环节仔细阅读等。

4. 把握介绍的技巧

（1）注意对介绍现场的选择、布置。

（2）语言要生动，注意语调、语速等。

（3）注意表情和形体语言的使用。

不管如何安排，有效的口头汇报均应以听众为中心，充分了解听众的身份、兴趣爱好、教育背景和时间等，精心安排口头陈述的内容，将其写成书面形式，也可以使用各种综合说明情况的图表协助表达，尽可能直观地向全体目标听众进行传达，以求取得良好的效果。

案例链接

【案例2】 某市汽车消费情况市场调查分析部分

消费者的情况分析：

1. 有车用户家庭月收入

在调查中，家庭收入为20万~30万元、30万~40万元的所占比例最高，分别为33.7%和28.26%。收入低的，所占比例反而比较高，说明汽车已经进入到普通家庭中，这也是国家经济发展，消费者生活水平提高的一种表现。

2. 有车用户家庭结构

调查结果显示，夫妻或与子女、父母同住的家庭有车的比例达到80.44%，而单身或其他的比例只有19.56%，说明家庭是购买汽车的一个重要因素，家庭的一种美满的氛围更使得人们努力去提高自身的生活水平。

3. 消费者职业构成

消费者职业中，企业人员、公务员及自由职业者的比例达到了67%，其他的则为33%，不仅仅只是收入的不同，还有工作的需要，这些工作需要他们出门便利，提高工作效率及质量。

4. 有车用户年龄及驾龄分析

有车用户的年龄中，30~40岁和30岁以下的比例分别为43%和28%，40~50岁的比例为23%，50岁以上的比例为6%，结果表明，汽车的主要消费人群是30~40岁，中年人所占比例较大，中年人是人生智力发展的最佳状态，能进行逻辑思维和做出理智的判断，具备独立解决问题的能力。情绪趋于稳定，应变能力较强，是驾车最好的年龄段。

5. 影响消费者购车的因素

影响消费者购车的因素有很多种，不是每种都能成为决定性因素，但各种因素又是占有一定比例的。通过调查，油耗经济性好占22%的比例，是消费者购买汽车的重要因素，性价比合理占21%，售后服务占15%，安全性有保障占13%，品牌知名度占13%，其他的因素比例为16%。调查研究发现，除了汽车物有所值，汽车本身的质量好以外，企业的服务也是影响消费者购车的重要因素。

6. 消费者获得信息的渠道

研究发现，消费者获得信息的渠道中，上网查询及网络途径所占比例最多为47%，实地调查、电视广播、亲友介绍、报纸杂志所占比例分别为19%、16%、10%、8%。结果表明，企业要想提升营业额，扩大消费人群，必须在汽车网站、微博微信、汽车App上加大宣传力度，并扩大宣传面。

7. 消费者最信赖的购车场所

在消费者最信赖的购车场所中，品牌专卖店所占比例为74%，大型汽车市场所占比例为18%，综合销售点为7%，其他为1%，调查结果显示，在消费者心中，品牌专卖店占有举足轻重的位置。因此，企业要做好自身工作，加强品牌意识，把企业的产品和服务做到最强。

8. 消费者满意的支付方式

经过调查发现，最让消费者满意的支付方式是一次付清，其次是分期付款，最后是银行贷款，所占比例分别是 60%、33% 和 7%。经济发展，人们的收入水平也在不断提高，消费者更倾向于一次付清的付款方式。

7.5　利用调查报告的引导文

在前面调查报告制作涉及的主要问题明确的前提下，可以根据需要进行调查报告的个性化设计。下面以一则调查报告的引导文直观地描述一下调查报告的内容框架和基本格式。

Part 1　封面

　　　　　　_____市场调查报告
　　　　　　_____（调查主题）

调查小组序号：_____
调查小组名称：_____
调查员姓名：_____
联系方式（手机号码）：_____
联系方式（QQ邮箱）：_____
通信地址：_____
报告报送单位：_____
报告提交时间：_____

Part 2　目录

摘　要·· *
1　调查概况·· *
1.1　研究背景及目的··· *
1.2　研究内容··· *
2　调查方法·· *
2.1　文案调查法··· *
2.2　实地调查法（或直接写问卷调查法）······································ *
3　调查结果·· *
3.1　调查资料分组的标志··· *
3.2　调查资料的统计与分析··· *
3.2.1　单变量统计及数据陈示··· *
3.2.2　双变量统计及数据陈示··· *
3.2.3　三变量统计及数据陈示··· *
4　调查结论·· *
5　调查建议·· *
6　附录·· *
附录1··· *
附录2··· *
附录3··· *

Part 3　正文

摘　要

正文（首行缩进）

1　调查概况

正文（首行缩进）

1.1　研究背景及目的

正文（首行缩进）

1.2　研究内容

正文（首行缩进）

2　调查方法

说明：

正文（首行缩进，包括对调查方法如何使用及调查过程的具体描述）

此处，可先对调查方法的种类进行介绍。

2.1　文案调查法

说明：此方法的特点、运用此方法搜集了什么资料、资料获取的途径。

2.2　实地调查法（或直接写问卷调查法）

说明：此方法的特点、运用此方法搜集了什么资料、资料获取的途径、描述具体实施过程。

3　调查结果

正文（首行缩进）

说明：简单概述下面内容，引出下文。

3.1　调查资料分组的标志

正文（首行缩进）

1. 单变量
2. 双变量
3. 三变量

3.2　调查资料的统计与分析

正文（首行缩进）

说明：简单概述下面内容，引出下文。

3.2.1　单变量统计及数据陈示

正文（统计表、生成图、分析的文字说明（即对图表进行描述））

3.2.2　双变量统计及数据陈示

正文（统计表、生成图、分析的文字说明（即对图表进行描述））

3.2.3　三变量统计及数据陈示

正文（统计表、生成图、分析的文字说明（即对图表进行描述））

4　调查结论

正文（首行缩进）

说明：用序号清楚地表示得出的结论

通过……调查，得出以下结论：

1. ……

2. ……

3. ……

5　调查建议

说明：用序号清楚地表示提出的建议，并说清楚，针对什么问题（参考上面结论），提出的建议。

1. ……

2. ……

3. ……

6　附录

附录1

正文（首行缩进）说清附录的名称或直接在标题上修改

附录2

正文（首行缩进）说清附录的名称或直接在标题上修改

附录3

正文（首行缩进）说清附录的名称或直接在标题上修改

——————End——————

思考与练习

一、单项选择题（以下各小题所给出的4个选项中，只有一项最符合题目要求，请将正确选项的代码填入括号内。）

1. 市场调查报告内容的浓缩点指的是（　　）。
   A. 题目　　　　　B. 摘要　　　　　C. 调查建议　　　　　D. 调查结论

2. 调查报告的（　　）是以提供报告内容梗概为目的，不加评论和补充解释，简明、确切地记述报告重要内容的短文。
   A. 题目　　　　　B. 摘要　　　　　C. 调查建议　　　　　D. 调查结论

3. （　　）是为特定目的进行调查后写的报告，它要求报告详细明确，中心突出，对调查任务中所提出的问题做出回答。
   A. 一般性报告　　　B. 专题报告　　　C. 研究性报告　　　D. 说明性报告

4. 市场调查分析报告以（　　）为主，陈述调查的过程和市场情况，表示肯定或否定的判断，在建议部分可使用祈使句表示某种愿望。

A. 说明句　　　　B. 陈述句　　　　C. 疑问句　　　　D. 祈使句

二、多项选择题（以下各小题所给出的选项中，有两项或两项以上符合题目要求，请将符合题目要求选项的代码填入括号内。）

1. 在市场调查报告中应该体现下列哪些内容（　　）。

A. 解释调查原因　　　　　　　B. 陈述调查内容

C. 指明调查方法　　　　　　　D. 展示调查结果

2. 市场调查报告在营销管理活动中的作用有（　　）。

A. 可作为委托方营销管理活动的参考文件

B. 证明调查人确实履行了合同

C. 可以作为衡量调查工作开展的质量

D. 可以作为企业历史资料供以后参考

3. 提交调查报告时需提交的附件有（　　）。

A. 调查计划/方案　　B. 抽样方案　　C. 问卷样卷　　D. 收集的原始资料

三、简答题

1. 市场调查报告撰写的意义有哪些？
2. 市场调查报告的结构由哪几部分组成？
3. 为什么说市场调查报告是衡量一项市场调查项目质量水平的重要标志？

学生活动

各调查团队在对调查资料进行整理分析后，撰写市场调查报告。具体要求如下：

1. 分析市场调查数据，得出结论，并提出建议。
2. 讨论调查报告的标题、结构、组成内容等。
3. 编写市场调查报告，并合理编排报告文稿的格式。
4. 制作调查报告汇报 PPT。

任务 8　跟踪汽车市场调查

核心内容

8.1　向客户解释调查报告

8.2　自我评价调查报告

8.3　认识市场的动态发展本质

任务目标

知识目标：
1. 掌握向客户解释调查报告的方法。
2. 明确自我评价调查报告的方法。
3. 认识市场是动态发展的。

能力目标：
1. 熟练向客户解释报告。
2. 识记自我评价报告的要点。
3. 能够把握调查结论检查的技巧。

素养目标：
1. 具有维护组织目标实现的大局意识和团队能力。
2. 具有爱岗敬业的职业道德和一定的行动力。

任务解读

市场调查报告是衡量一项市场调查项目质量水平的重要标志。当一项市场调查项目完成后，调查报告就成为该项目的少数历史记录和证据之一。作为历史资料，它还有可能被重复使用，从而大大提高其存在的价值。因而，必须重视与委托单位的交流与沟通工作，使调查报告的效用最大化。接下来，将进入汽车市场调查活动最后一个的业务操作环节：跟踪市场调查报告。

任务引领

> **任务信息**
> 当我们将一份正式的市场调查报告提交给委托方后，还有一个非常重要的工作，即向用户解释报告。从某种意义上讲，市场调查项目的委托方提出项目的直接目的，就是获得满意的市场调查报告，为将来的经营决策提供有价值的参考。

8.1 向客户解释调查报告

一、做好报告解释的准备工作

1. 了解报告听众

在进行报告解释之前，调查公司负责报告解释的小组必须认真分析和了解听取报告对象的特点。既要掌握听众的身份、文化水平、兴趣爱好，更要了解和掌握听众的需求及其关注点，以及他们对市场调查问题的熟悉程度及以后对决策的参与程度等，从而为确定解释的内容、重点、形式等提供依据。

2. 精心准备解释报告的内容

解释市场调查报告要以市场调查的结果为基础，以准确解释有关情况为基本出发点。但是具体来说，针对不同的听众及其不同的要求，解释的内容、侧重点应该有所不同。

在有书面报告的前提下，听众如果已经阅读过报告，对我们的解释内容就有影响，解释的重点应多加注意。不要再次简单重复一些图表中的数字，尽管大多数人能够读懂图表，但人们仍把解释资料意义的工作当作调查者应尽的义务。因而，不管具体的内容有何不同，都要求进行精心组织，力求简练清晰。

3. 编列解释内容大纲

在进行报告解释之前，应将解释的内容写成一个书面稿子，并要有一个汇报大纲。这样，就能事先周密准备好汇报的内容，哪些是该解释的，哪些是不该解释的，能有充分的时间思考。有了书面稿子，也能防止口头解释时忙中出错，使解释人心中有底。准备书面稿子时，还可以对有些内容进行补充和进一步加工，使汇报更加完善。有时，口头解释用的书面材料也可以散发给听众，散发的时间可以在解释之前、之中，也可以在之后，应视具体情况灵活确定。

4. 进行解释前演练

在正式解释之前最好进行演习。演习是一种很好的准备过程，不但使解释人员熟悉汇报的内容，而且可以完善汇报的内容、形式，定要看成和正式汇报一样，可以邀请一些人对演习情况进行评估，也可以借用现代化的设备，如录像机、录音机等，把演习情景录下来，仔细进行分析，并改进完善。

二、选择调查报告解释工具

经验表明，人们在听取解释之时，借助某些直观工具的效果明显比不用直观工具好。

1. 选择字板

在解释地点树立一块用粉笔书写的黑板，解释人员在解释过程中随时书写一些重要的、疑难的或数字型的材料，使听众能够直观地了解市场调查报告。这是一种简单易用、采用较多的辅助手段。此外，磁性板或粘贴板较多地被选用。它们的共同特点和优点是能快速把事先准备好的材料吸附或粘贴在板上演示出来，但使用的灵活程度不如黑板。

2. 选择翻板

设计由一定数量组成的，能自如灵活地一页一页翻转的，用特制的支架支撑的硬纸板子，事先把在解释过程中欲向听众展示的材料写或画在纸上，在解释时，翻转到合适的页，即可向听众展示相应的辅助材料，使用方便，效果较好。

为了增加对听众的印象，可以在某些地方做一些彩色记号，也可以在解释的某些时候让翻板出现空白的纸页，便于听众的注意力集中于解释者，也给解释人员发挥的机会。

3. 选择投影仪

利用投影仪把预先准备好的画面，在解释报告时适时地在屏幕或墙上显示出来。所准备投影的内容可以是文字、图表，也可以是复杂的画面。此外，讲话者也可以即时地把所要显示的内容在投影用的塑料片上写下，即可显示出来。

随着科技的发展，可以用专门的计算机软件制作，并直接由计算机输出已制作好的投影软片。目前，彩色的投影软片也已能制作，制作的方法日趋先进和方便，而实物投影器的问世和广泛使用将使投影变得更为方便。

4. 选择幻灯片

把需要在解释时向听众展示的有关内容用照相机拍摄下来，制成幻灯片，在向听众作报告时用幻灯机投影出来，特别是彩色的效果更好。其不足之处是制作相对复杂，且不能在解释的同时像投影仪那样当场写下并投影出来。

5. 选择录放设备

摄录和放像设备的逐渐普及，使录放设备开始成为重要的直观教具。可以把需要在口头解释时向听众显示的有关内容摄制成带，解释时进行放映。这种手段比幻灯片又大大进了一步，效果更好。不过，其制作更复杂一些，代价亦更大些。随着科学技术的发展，多媒体技术将越来越普及，电脑的使用越来越广泛，采用多媒体辅助解释被广泛应用，其使用效果将更好。

三、解释报告的注意事项

1. 选择解释现场

要注意对解释现场的选择、布置。现场的大小应与出席人数相适应，过大或过小的场所均不利于取得好的效果。现场的空气、温度、光线都应精心布置。解释人的位置、听众的位置应布置得当。

2. 注意与听众的交流互动

要注意解释人在作解释时，切不可照本宣读、埋头读稿。解释人的眼睛要始终保持与听众的接触和交流。要学会抓住听众的注意力，语言要生动，注意声调、快慢、停顿等技巧的应用。还应该允许听众提问。

3. 合理运用肢体语言

要注意表情和肢体语言的使用。表情要丰富，要富有变化。要恰当地应用各种肢体语言，既配合口头的解释，使听众更好地理解信息，又能使解释生动有趣。

4. 注意结尾的完美

为了取得好的效果，要注意有一个强有力的结尾。此外，客户单位高层领导亲自到场，以显示解释的重要性，也对解释效果有较大益处。

🚗 拓展资料

【资料1】解释市场调查报告的意义

绝大多数市场调查项目要求市场调查者对其结果进行解释。解释可以起到辅助书面报告的作用，帮助客户加深理解书面报告的内容，解释某些无法用书面语言阐述清楚的内容，回答客户心中的疑虑及阅读书面报告后仍存在的问题。对某些仅采取口头报告形式作为市场调查结果的情况，口头报告是否有效就决定了整个项目的效果。

无论在何种形式，解释均具有十分重要的作用，特别是许多客户的经营管理人员，他们主要是根据听取解释所获得的信息做出决策的。所以，专业调查公司必须对解释报告给予充分的重视。

四、解释调查报告负面结果

1. 不能回避负面的市场调查结果

作为市场调查人员,起码的职业道德要求我们,告诉客户事实真相是一个专业调查人员的职责。这也是真正对客户负责,是对客户最好的支持。如果隐瞒那些负面结果或避重就轻,调查人员就未真正履行职责,同时也会误导客户。

2. 立场客观中立

尽力表明解释内容与个人不相关。要强调作为市场调查人员和汇报解释者,你不是批评家,也不是"法官",你仅仅是在客观地汇报市场调查结果。

3. 列举正面事实

只要有可能,在解释汇报时,也应列举一些正面的事实,避免使报告成为完全的负面结果。

4. 提出预防措施

应强调指出应采取哪些措施和对策,以预防或减弱那些可能出现的问题。

拓展资料

【资料2】市场调查结果沟通的意义

市场调查结果的沟通是指市场调查者与委托方、使用者及其他人员之间就市场调查结果的一种信息交换活动。

市场调查报告的形成并非市场调查项目的结束,尽管市场调查过程的正确组织和实施是一项市场调查项目成功的基础,高质量的市场调查报告的形成是市场调查项目成功的重要方面,但对市场调查结果沟通的重要意义也绝不能低估。

第一,市场调查报告及其沟通是市场调查结果实际应用的前提条件。市场调查本身不是目的,而只是一种手段。其目的是为企业的经营活动提供依据,不形成完整的市场调查报告,市场调查活动的结果就无从体现。同样,即使市场调查过程组织得很完美,市场调查报告也很好,各项资料很精确、有用,但如果不能有效沟通,那些潜在的使用者就无法应用调查结果,市场调查的目的也就无法实现。

第二,市场调查结果的沟通有利于市场调查结果阅读者和使用者更好地接收有关信息。市场调查结果的沟通过程,也是市场调查者对调查结果使用者的指导过程。对市场调查报告的沟通可以使阅读者和使用者能够更全面、正确地了解市场调查的结果,做出正确的营销决策,更好地发挥市场调查效用。

第三,市场调查结果的沟通有利于扩大市场调查结果的使用范围,可以使调查结果为更多的阅读者或使用者所认识,从而发挥其更大的效用。

第四,市场调查结果的沟通有利于市场调查者水平和能力的提高,也有利于市场调查结果的进一步完善,市场调查结果的沟通是一个不及向的过程。在沟通的过程中,市场调查结果要以从接受者处了解有关的信息、意见,从而可以对整个项目,尤其是市场调查报告进行总结和提高。

> 拓展资料

> **【资料3】 为什么要对市场调查结果使用者进行指导？**
>
> 　　市场调查报告的编写和解释工作的完成，并不意味着市场调查过程的结束和调查任务的最终完成。事实上，对市场调查结果的使用者进行指导，是市场调查过程中的一个有机组成部分，也是市场调查人员的一项任务。
>
> 　　首先，因为市场调查本身只是一种手段，而不是目的，其真正目的是通过调查获取足够的信息资料，为正确的经营决策和经营活动提供依据。所以，仅仅得到市场调查结果，并未实现其目的，只有当使用者以市场调查结果为依据，指导其经营决策和经营业务，才能达到其目的。为此，需要进一步指导使用者运用市场调查的结果。
>
> 　　其次，因为市场调查人员的帮助指导，对使用者来说是必要的。市场调查报告所反映的情况总有一定的局限，市场调查结果的使用者对报告的理解也总有一定的局限性。为此，市场调查人员对使用者给予指导，能够进一步向使用者传递报告中未能反映的信息，帮助使用者更好地了解有关情况。这种指导能大大提高调查结果的使用效果。
>
> 　　再次，对使用者给予指导是市场调查承担者应负的职责。如同物质产品的生产经营者对自己生产经营的产品，到了用户手中以后还要进行售后服务一样，市场调查者也应对自己的产品——市场调查结果在提交给使用者以后，继续提供服务。
>
> 　　最后，因为对使用者的指导也是评价市场调查结果的有效途径。使用者通过使用，对市场调查结果的评价往往具有更强的客观性和全面性。市场调查人员通过指导使用者的使用，可以随时与使用者沟通，听取其意见，对市场调查结果做出评价，发现问题，及时采取补救措施。这对市场调查者和使用者双方都是有益的。

8.2 自我评价调查报告

> 任务分析

> **任务分析**
>
> 　　当你完成调查报告的编写，向客户单位解释之后，还应该组织人员对调查报告作一个自我评价。通过评价，可以总结好的经验，发现不足和问题。总结经验教训，一方面可以及时采取补救措施，更好地为用户服务；另一方面可以为以后的市场调查工作进行经验积累。请你进入新的任务环节。

一、自我过程性评价

　　对市场调查过程的评价，除由用户进行外，也可以由市场调查者本身进行。专业市场调查公司对调查过程的评价体现在对工作过程的复核上，一般通过提出一系列的问题进行，将这些问题设计成表格，实现项目小组负责人、项目负责人和业务经理的三级复核。评价问题样表如表2.8.1、表2.8.2所示。

表 2.8.1　调查结构评价表

项目名称：　　　　　　　　　年　月　日　　　　　　委托单位：

序号	评价项目	问题
1	项目总体印象	1. 这一项目能否实施得更有效 2. 整个调查项目是否在预先规定的时间和预算内完成 3. 整个项目的实施过程中还存在哪些问题
2	项目准备	1. 对调查问题界定能否做得更好，以使项目实施结果对用户更有利，或者能降低成本 2. 能否采用更为有效的方法 3. 所做的市场调查设计是否是最优的
3	调查组织与实施	1. 资料收集的方式是否有效 2. 询问调查的方式是否是最合适的 3. 所用的样本规划是否是最适宜的
4	调查过程控制	1. 调查中各种可能产生的偏差和问题是否预见到并采取相应的控制 2. 如果对某些可能出现的误差没能有效控制，是否能加以回避 3. 是否对那些直接在现场从事资料收集的人员进行了选择、培训、督导，以提高资料收集效率
5	项目报告形成	1. 资料的分析、处理技术是否有效地保证产生的资料能为营销决策所用 2. 各种结论和建议是否对用户适用 3. 调查报告是否得到合理的编写和解释

表 2.8.2　调查项目评价表

项目名称：　　　　　　　　　年　月　日　　　　　　委托单位：

序号	项目内容	问题	一级复核	二级复核	三级复核
1	项目组织与实施	1. 资料收集的方式是否有效 2. 询问调查的方式是否是最合适的 3. 所用的样本规划是否是最适宜的	意见 （签名）	意见 （签名）	意见 （签名）
2					
3					
4					

二、评价调查报告

1. 评价报告的由来和背景

报告中应该写明项目提出的由来和理由，项目的提出者和委托者，项目的承担者等。评价这一部分时，应注意的主要问题有以下几个方面：

（1）报告是否描述清楚项目的提出者和委托者？
（2）报告是否描述清楚项目的目的和应该完成的任务？
（3）报告是否对项目的承担者做了清楚的描述？

2. 评价报告中的市场调查设计

报告中应清楚地描述市场调查的规划、所用的方法，市场调查的对象和样本、分析技术等。这些设计内容应该是与调查目标相适应的。评价这一部分应注意的主要问题有以下几个方面：

（1）是否有一个完整的、描述清楚的调查设计？
（2）调查设计是否与市场调查项目的相一致？
（3）调查设计中是否存在会导致产生偏差的地方？
（4）是否存在为了迎合赞助人而导致产生偏差的地方？
（5）调查设计是否已对那些可能影响市场调查结果的各种外部因素进行控制？
（6）被调查对象能否准确地回答调查设计所提出的有关问题？
（7）调查设计中是否对该市场调查项目的市场调查对象做了精确的描述？
（8）设计的调查样本结构是否能有效地代表该项目的市场调查对象？
（9）调查报告是否具体阐明了所用样本的类别及样本选择的方法？
（10）市场调查报告是否具体描述了数据分析的方法？
（11）报告的附件中是否已经包括调查询问表、现场调查指导、抽样指导及其他一些能反映市场调查设计和实施过程的材料？

3. 评价市场调查过程的实施

评价这部分内容的主要操作是看各种信息是否由合格的人员，运用与市场调查目的相适应的、合适的方法，仔细地收集汇总。

评价这一部分应注意以下主要问题：

（1）市场调查报告是否清楚地描述了资料收集过程？是否包括了"质量控制"过程？
（2）市场调查报告是否详细说明直接从中收集资料的样本部分？
（3）具体的调查人员在收集资料的过程中是否采取措施，尽量降低可能发生的偏差？

4. 评价市场调查报告的可靠性和适用性

评价报告的可靠性要看样本规模是否已在报告中解释，而且样本规模应该足够大，以便使收集的资料具有可靠性。可提的问题有以下几个方面：

（1）样本规模是否大到使所收集的资料具有较高的代表性和可靠性？
（2）选样中可能产生的偏差是否已加以限制？
（3）抽样过程中的误差是否得到说明？

（4）对主要的市场调查结果，其报告中所列的误差允许值是否直接基于市场调查所得的数据分析？

评价报告的适用性主要看市场调查报告是否明确指明研究结果的使用范围。可提出的主要问题有以下内容：

（1）市场调查报告是否明确说明资料是什么时候收集的？

（2）市场调查报告是否明确说明除了那些直接的资料，市场调查结果可供应用？

（3）市场调查报告所提供的资料中是否说明了有些对象未被充分代表？

（4）如果市场调查结果的使用有所限制，那么在报告中是否明确说明，或者什么事情，在什么时候，在什么条件下可供使用？

5. 评价解释和结论

评价这部分内容主要看调查报告中所涉及的所有假设、判断、结论、建议等是否做到了明确说明。评价这一部分时，应该注意以下主要问题。

（1）市场调查报告中所包含的内容，是否采用简单明确、直接的语言给予说明？

（2）报告中使用的测量方法是否合理？

（3）是否把市场调查所得的各种真实资料同那些基于这些资料所做的解释给予公开与公正的说明？

（4）在分析某些事物产生的原因和预测发展趋势时，是否严格按照事实根据，客观公正地进行？

6. 评价报告的公正性

评价市场调查报告的公正性主要看报告是否对市场调查过程和结果进行诚实、公开、完整的叙述。应该注意以下主要问题：

（1）调查报告是否对市场调查的过程做了充分、直率的描述？

（2）所有的相关资料或结果是否都得到了反映？

三、完善市场调查结果

通过对市场调查过程与结论的评价，注意反馈回来的信息。这种反馈应该是多方面的和多向的。即不仅要反馈成绩，而且要反馈存在的问题；不仅要反馈市场调查实施过程中的情况，也要反馈结果出来后的情况；不仅要反馈总体方面的情况，也要反馈各局部的情况。

1. 接受企业的反馈

作为专业调查公司，当我们向客户解释了调查结果后，应该由市场开发部与项目负责人一起倾听收集客户的反馈意见。由项目负责人汇总整理后，把用户的意见反馈给项目具体实施者。对项目结果的评价和反馈，使调查本身得到完善，也使整个市场调查工作动态优化。

2. 将自评结果反馈给调查结果使用者

作为客户企业，对调查结果的反馈会传达给调查公司内调查项目的具体实施者，而作为市场调查公司，也应该由项目执行者把有关情况反馈给使用者。通过反馈，一方面使有关各方对情况加深了解，互相之间加深理解和友谊；另一方面也使调查者增加知识和经验，同时也十分有益于委托企业更好地应用调查结论，为做好经营决策、指导经营活动提供条件。

8.3 认识市场的动态发展本质

汽车市场数据是动态发展的。市场信息包括静态数据和动态数据。在前面任务3中已有说明。

市场调查报告中数据的分析也包括动态分析和静态分析。

静态分析与动态分析是两种有着质的区别的分析方法，二者分析的前提不同，二者适用的条件不同，因此二者得出的结论常常不一致，甚至常常相反。必须记住的是：静态分析的结论是不能用动态资料来验证的，也是不能同动态资料来证伪的。

动态分析因为考虑各种经济变量随时间延伸而变化对整个经济体系的影响，难度较大，在微观经济学中，迄今占有重要地位的仍是静态分析和比较静态分析方法。在宏观经济学中，特别是在经济周期和经济增长研究中，动态分析方法占有重要地位。

汽车市场调查报告跟踪的重要目的，还有一点就是报告数据的动态性。根据委托方的要求，对市场调查的结论还要进一步进行预测的判定。

🚩 案例链接

【案例1】 2019年中国汽车行业市场发展现状分析

目前，中国汽车产销量已经连续十年蝉联全球第一，属于全球汽车产销大国。国内汽车产销量持续增长，汽车拥有量也逐年增加，我国汽车保有量占全球比例呈上升趋势。我国从汽车小国逐步成为全球汽车最大的销售市场，保有量正在快速追赶发达国家。2019年，中国已成为全球汽车保有量最多的国家。

一、新车市场低速增长或成新常态

近几年，我国汽车销售市场较为低迷，2018年国内汽车市场进入拐点，汽车产销同比均呈较快下降。根据中汽协发布的最新数据，2018年全国汽车产销分别为2 780.92万辆和2 808.06万辆，同比下降4.16%和2.76%。受销售不佳的影响，汽车厂商开始减少汽车的生产，2018年中国汽车产销率首次突破100%。

2019年汽车行业发展状况仍然不太乐观，截至2019年11月，中国汽车累计销量2 311万辆，同比下降9.1%。

商务部市场建设司副司长胡剑萍介绍，受宏观经济下行压力加大、居民收入增速放缓、汽车保有量持续增长带来的资源环境约束增强、汽车消费理念变化等多重因素叠加影响，汽车在中国的快速普及已经基本结束，新车市场进入低速增长的新常态。在增速放缓的同时，中国汽车市场已经具备加快实现高质量发展的基础和条件。

分省市区来看，截至2018年年底，全国汽车保有量较大的省份主要集中在东部地区，其中保有量前五位的省份依次为山东、广东、江苏、浙江和河北，分别为2 128.29万辆、2 116.28万辆、1 776.57万辆、1 532.95万辆和1 529.98万辆。

2018年，全国有61个城市的汽车保有量超过百万辆，27个城市超200万辆，其中，北京、成都、重庆、上海、苏州、郑州、深圳、西安8个城市超300万辆，天津、武汉、东莞3个城市接近300万辆。

二、汽车 2.5 亿保有量将支撑二手汽车市场规模增长

随着我国汽车保有量持续增加，二手车市场将迎来增长和爆发。汽车产业按生命周期顺序经历新车、二手车、维修保养、拆解回收的过程。二手车、售后零部件、拆解回收都属于售后市场的范畴。其规模与汽车保有量相关。随着汽车保有量的增长，四个板块顺次轮动。

2019 年 12 月，中国汽车流通协会公布了 2019 年 11 月二手车市场的交易数据，从 2019 年 1—11 月的二手车月度交易量来看，除 5 月份的交易量同比出现小幅下跌之外，其余月份较上年同期均处于增长态势，其中 6 月份增长情况最为明显，二手车交易量为 124.44 万辆，同比增长 17.76%；9—11 月份，二手车交易量也保持了稳定的增长，同比增幅稳定在 8% 左右。2019 年 11 月，全国二手车交易量为 138.37 万辆，较上年同期增长 8.47%。

思考与练习

一、单项选择题（以下各小题所给出的 4 个选项中，只有一项最符合题目要求，请将正确选项的代码填入括号内。）

1. 做好报告解释的准备工作包括：①编列解释内容大纲；②精心准备解释报告的内容；③了解报告听众；④进行解释前演练。请选择排序正确的一项（　　）。
   A. ①②④③　　　B. ④①③②　　　C. ③②①④　　　D. ③①②④

2. 评价调查报告的第一步是（　　）。
   A. 评价报告由来和背景　　　　　　B. 评价报告中市场调查设计
   C. 报告中应清楚地描述市场调查的　D. 评价市场调查过程的实施
   E. 评价市场调查报告的可靠性和适用性　F. 评价解释和结论

3. 调查结构评价的问题包括：对调查问题界定能否做得更好，以使项目实施结果对用户更有利，或者能降低成本；能否采用更为有效的方法；所做的市场调查设计是否是最优的。这个环节是（　　）。
   A. 项目准备　　　B. 调查组织与实施　　C. 调查过程控制　　D. 项目报告形成

4. 调查结构评价的问题包括：资料收集的方式是否有效；询问调查的方式是否是最合适的；所用的样本规划是否是最适宜的。这个环节是（　　）。
   A. 项目准备　　　B. 调查组织与实施　　C. 调查过程控制　　D. 项目报告形成

二、多项选择题（以下各小题所给出的选项中，有两项或两项以上符合题目要求，请将符合题目要求选项的代码填入括号内。）

1. 市场调查报告解释的意义在于（　　）。
   A. 市场调查报告及其解释是市场调查结果实际应用的前提条件
   B. 市场调查结果的解释有利市场调查结果阅读者和使用者更好地接收有关信息
   C. 市场调查结果的沟通有利于扩大市场调查结果的使用范围，可以使调查结果为更多的阅读者或使用者所认识
   D. 市场调查结果的沟通有利于市场调查者水平和能力的提高，也有利于市场调查结果

的进一步完善

2. 了解报告听众应该做到（　　）。

A. 在进行解释之前，负责报告解释的小组必须认真分析和了解听取报告对象的特点

B. 要掌握听众的身份、文化水平和兴趣爱好

C. 要了解和掌握听众的需求及其关注点

D. 了解听众对市场调查问题的熟悉程度及以后对决策的参与程度

3. 将自评结果反馈给调查结果使用者，可以（　　）。

A. 使有关各方对情况加深了解，互相之间加深理解和友谊

B. 十分有益于委托企业更好地应用调查结论

C. 为做好经营决策、指导经营活动提供条件

D. 使调查者增加知识和经验

4. 需要解释调查报告负面结果时，我们应该（　　）。

A. 不能回避负面的市场调查结果

B. 告诉客户事实真相是一个专业调查人员的职责

C. 真正对客户负责

D. 不能隐瞒那些负面结果或避重就轻

5. 评价观察过程的可控制性包括（　　）。

A. 对其评价应包括观察调查法的整个过程

B. 对实施观察调查的人员的培训，观察实际进行的环境

C. 观察是否具体、深入

D. 观察人员是否具有敏锐的观察力、良好的记忆力、判断能力和丰富的经验等

6. 调查报告解释工具，包括（　　）。

A. 翻板　　　　　　B. 投影仪　　　　　　C. 幻灯片　　　　　　D. 录放设备

三、判断题（请在下面题目中的括号里面填"√"或"×"。）

1. 解释调查报告就是要让调查报告的使用者或委托人确信我们的调查报告正确无误，可以直接运用于市场营销管理决策中。（　　）

2. 在解释到市场调查结果的负面情况时，应注意方式方法，如可以简略地说明一下，主要还是以正面介绍为主。（　　）

3. 市场调查承担者有责任指导调查报告的使用者，使其能够正确理解报告、使用报告，这也是市场调查工作的一部分。（　　）

4. 自我评价市场调查报告可以为以后的调查工作积累有益的经验，以便更好地为用户服务。（　　）

5. 检查市场调查的可行性，应该核查调查人员在实施调查时是否犯有一些常见性错误，然后评估这些错误可能带来的影响的大小。（　　）

四、简答题

1. 为什么要对市场调查报告的使用者进行指导？

2. 市场调查报告有哪些技巧？

3. 怎样做好对市场调查结果的评价与反馈？

4. 如何理解汽车市场是动态发展的？

学生活动

讨论：在实践调查活动中，如果在自我评价市场调查报告中发现了一些问题，该怎样处理？

讨论：为什么说市场调查中调查人员的个人兴趣会影响到调查结论的客观性？

项目 3

进行汽车市场预测

市场预测是企业制定营销战略和营销策略的依据,企业要想在市场竞争中占据有利地位,必须在产品、价格、分销渠道、促销方式等方面制定有效的营销策略。但有效的营销策略的制定取决于在相关方面的准确预测,即只有通过准确预测,企业才能把握市场机会,确定目标市场和相应的价格策略、销售渠道策略、促销策略等,进而促进产品销售和效益的提高。

任务分解

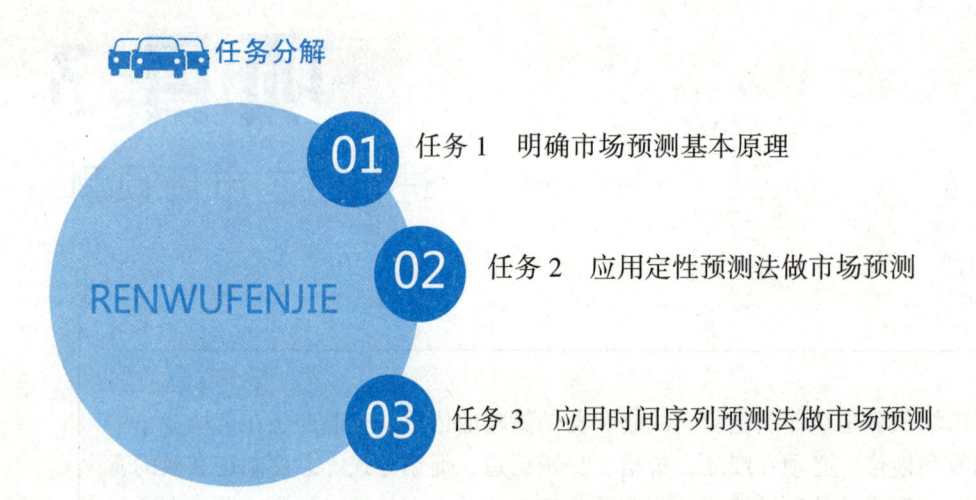

01 任务1　明确市场预测基本原理

02 任务2　应用定性预测法做市场预测

03 任务3　应用时间序列预测法做市场预测

任务 1　明确市场预测基本原理

🚗 核心内容

1.1　市场预测的原理
1.2　市场预测的类型
1.3　市场预测的内容
1.4　市场预测的程序

🚗 任务目标

知识目标：
1. 理解市场预测的基本原理。
2. 认识市场预测的类型。
3. 了解市场预测的内容。
4. 明确市场预测的程序。

能力目标：
1. 具有一定的逻辑分析能力。
2. 具有一定的科学分析未来市场变化的能力。
3. 具有团队协作能力。

素养目标：
1. 具有维护组织目标实现的大局意识和团队能力。
2. 具有爱岗敬业的职业道德和严谨、务实、勤勉的工作作风。
3. 具有树立社会主义核心价值观。

🚗 知识导学

市场预测是指人们对拥有的市场各种信息和资料进行分析研究，采用科学的方法，对未来市场活动所进行的预先推断和判断。

在人类社会早期，预测的意识和简单的直观预测几乎存在于人们生活、生产实践等各个领域。这些预测是仅凭个人的才智、知识和经验所进行的简单预测，但这些预测实践经验的不断积累为科学预测发展奠定了坚实的基础。

1.1　市场预测的原理

人们之所以能对市场的未来变化趋势做出逻辑判断和科学估计，是以一定的客观规律和基本原理为依据的，主要包括以下几个方面的原理：

1. 连贯性原理

任何事物的发展在时间上都具有连续性，任何事物都有它的过去、现在和将来，现在的

情况由过去发展而来,是过去情况的继续;未来情况是由过去和现在发展起来的,是过去和现在情况的继续。因此,根据连贯性原理,就可以在了解事物过去和现在的基础上,预测事物的未来,市场作为一个客观的经济现象,从时间上考察,它的发展也是一个连续的过程。尽管市场瞬息万变,但这种发展变化在长期过程中也存在一定的规律性,可以被人们所认识,连贯性原理是时间序列分析预测的主要依据。

2. 因果原理

任何事物都是与周围的各种事物相互制约、相互促进的。一个事物的发展变化,必然影响到其他相关事物的发展变化。这种影响和制约有时表现为某一事物伴随着其他事物变化而变化的相关现象,其中更多地或更主要地表现为一定的因果关系。因果关系的特点是原因在前,结果在后,并且原因和结果之间密切的结构关系可以用函数关系式表达。因此,人们通过对市场经济现象分析判断,确定出原因和结果后,就可以利用这些原因和结果变量的实际数据资料,建立数学模型,进行预测。

3. 类推性原理

许多事物相互之间在结构、模式、发展性质、趋势等方面客观上存在着相似性。这种相似性,人们可以在已知某一事物发展变化情况的基础上,通过类推的方法推演出相似事物未来可能的发展趋势。在市场经营活动中,某些不同的商品市场所呈现的发展规律有时是相似的,利用这种相似性的分析判断,可以根据已知的某商品市场发展规律类推另一新商品市场的未来发展。例如,根据国外某些产品的寿命周期、产品更新换代频率和开发趋势,某些产品的消费倾向、流行趋势,可以预测我国同类产品的发展过程和发展趋势。

4. 概率推断原理

任何事物的发展都有一个被认识的过程,人们在充分认识事物之前,只知道其中有些因素是确定的,有些因素是不确定的,即存在着偶然性因素。市场的发展过程中也存在着必然性和偶然性,而且在偶然性中隐藏着必然性。通过对市场发展偶然性的分析,揭示其内部隐藏着的必然性,可以凭此推测市场发展的未来。从偶然性中发现必然性是通过概率论和数理统计方法,求出随机事件出现各种状态的概率,然后根据概率推测或预测对象的未来状况。

1.2 市场预测的类型

企业进行市场营销调查的主要目的是确定它的市场地位并预测它的市场机会。在调研前期的信息资料收集和整理工作结束后,就要着手对整理后的资料进行定量和定性分析,并做出有依据的预测。

预测是根据调研所获得的经过整理的信息、数据、资料,以及过去的经验,运用经验、软件程序和决策模型对事物未来的发展趋势做出客观估计和科学判断的过程。它能够帮助企业决策者掌握市场未来发展趋势,寻找并把握市场机会,做出科学的经营决策。

如对企业未来一段时间的生产和销售做出预测,或企业未来所需人员的数量等。但市场预测也有其局限性,它只能描述未来事物变化发展的轨迹,因为影响事物发展的因素错综复杂,有些甚至是不可预测的,同时由于人的客观知识和主观经验的局限性,预测也存在难以控制的风险。所以,预测者在进行预测分析时,一定要按科学的程序进行,尽最大可能减少偏差。

市场预测是在市场调查的基础上对未来市场的预计和估计。由于市场需求的多样性和多变性，要想及时反映市场发展变化的实际，就必须进行多种类型的市场预测。市场预测有多种分类方法。按不同的分类标准，大体上可以分为以下几类。

1. 按涉及的范围不同

市场预测按涉及的范围不同，可分为宏观市场预测和微观市场预测。

宏观市场预测是把整个行业发展的总体情况作为研究对象，研究企业生产经营过程中相关宏观环境因素对本企业经营方向和过程的影响。

微观市场预测是从单个企业角度出发，研究预测市场竞争者的地位、企业市场销售额、产品在市场上的占有率等各个要素。

宏观市场预测和微观市场预测密不可分，只有将二者很好地结合起来才可能对企业进行有效的科学预测，企业才能了解市场发展变化趋势，了解其市场竞争地位，正确规划发展目标，确立经营方案，生产经营适销对路的产品，满足市场上多种多样的需要。

2. 按时间长短不同

市场预测按时间长短不同，可分为长期预测、中期预测和短期预测。

长期预测是以年为时间单位，一般是指对5年以上的市场发展远景进行预测，如科技发展、原料和能源供应变化对企业所处经营环境的影响。

中期预测是以年为时间单位，对1～5年期间的市场变化的预测，目的是为企业制定中期经营发展战略决策提供依据。

短期预测是以旬、月、季为时间单位对季内或年内的市场需求及发展前景进行预测。为制订月、季、年计划，组织货源，合理安排市场提供依据。

3. 按市场预测的内容

市场预测按预测内容不同，可分为单项商品预测、同类商品预测、分消费对象的商品预测和商品总量预测。

单项商品预测是对某种品牌、质面、规格、款式等具体商品市场需求的预测。

同类商品预测是对某一类商品按其不同特征实行市场需求预测，如对二手汽车需求预测等。商品分类及特征选择可按生产经营管理具体信息需求来决定，一般按商品用途分类，如家用类、商务类等，商品特征通常包括车型品牌、配置、汽车级别等。

消费对象的商品预测包括两种情况：一是按某一消费对象需要的各种商品进行预测；二是按不同消费对象所需求的某种商品的样式规格进行预测。例如，汽车不仅要按适合男性、女性使用划分，而且要按年龄、地理区域等分别进行预测。

商品总量预测是对一定的时间、地点和条件下市场各种商品的购买力总量及其变动趋势所进行的预测，如对某区域汽车购买力总额、商品供应总额、居民消费品购买力等预测。

4. 按预测方法的性质不同

市场预测按照预测方法不同，可分为定性预测和定量预测。

定性预测是通过人们的经验和能力，对预测对象的未来发展做出估计和推测的一种市场预测。这种预测不依托数学模型，预测结果往往没有经过量化或者定量分析，是建立在逻辑

思维、判断和推理的基础上的，所以具有不确定性，但这种预测在市场经济行动中有着广泛的应用。特别是在预测对象的影响因素难以分清主次，或其主要因素难以用数学表达式模拟时，预测者可以凭借自己的业务知识、经验和综合分析的能力，运用已掌握的历史资料和直观资料，对市场发展的趋势、方向和重大转折点做出估计或推测。

定量预测是使用历史数据或因素变量来预测市场未来趋势和状况的数学模型，是根据预测人员已掌握的比较完备的历史统计数据，运用一定的数学方法进行科学的加工整理，借以揭示有关变量之间的规律性联系，用于预测和推测未来发展变化情况的一类预测方法。定量市场预测的前提是，充分占有历史资料，影响预测目标的因素相对稳定；预测指标与其他相关指标之间存在较高的关联度，能以此建立数学模型等。

实践中，人们把定性市场预测和定量市场预测结合起来运用，相互补充，更能得到比较可靠的预测结果。

1.3 市场预测的内容

市场预测的内容是非常广泛的，但因市场主体的不同和市场预测的目的要求不同，市场预测的侧重点也存在差别。立足于企业，市场预测的内容主要有以下几个方面：

1. 市场需求预测

市场需求预测是指在特定的时间、特定的范围内，对特定的消费群体做有货币支付能力的商品需求分析预测。市场需求预测具体包括以下几项内容：

1) 市场商品需求总量预测

商品需求总量是指在一定时间和一定范围内，市场上有货币支付能力的消费者对商品需求的总量，包括人们对生产资料的需求和生活资料的消费需求。而生产资料的需求受多种因素的影响，其中主要的是产品质量和技术因素的变化。技术的变化必然带来产品性能、产品质量的变化，而这种变化会给商品的生产者和经营者带来挑战和机遇，只有通过预测准确把握住这种变化，企业才能抓住机遇、战胜挑战。而消费资料的需求主要受产品本身价格、相关产品的价格、消费者的收入水平、消费者偏好、消费者对未来的预测、政府的消费政策等影响。消费者需求总量的预测主要通过消费者商品购买力投向的计算来预测。

2) 市场需求构成预测

市场需求构成是指对市场商品总需求量按一定标准划分所得到的各类商品需求占总的商品需求的比例，按其性质又可分为生产资料需求构成和消费资料需求构成。

影响生产资料需求构成的因素很多，但主要有生产发展的规模和结构、国家税收和信贷政策、对外贸易程序、产品价格水平、科技发展水平、购买力水平和市场可替代品种等。

影响生活资料需求构成的因素也较多，但主要是受购买力水平、人口结构、家庭规模、消费心理、消费者受教育程度、商品价格和商品品牌忠诚度等制约和影响。

3) 消费者购买行为的预测

消费者购买行为的预测是指在一定时间内对消费者购买动机、购买行为方式、购买心理等进行调查分析，预测商品需求的动向。企业通过对消费者购买行为的预测，了解购买行为变化趋向，从而使企业通过营销因素的组合，制定适当的符合实际的营销策略，影响和指导消费者的购买行为，使其向有利于企业的方向发展。

2. 市场供给预测

市场供给预测是对进入市场的商品资源总量及其构成和各种具体商品市场可供量的变化趋势的预测，它同市场需求预测结合起来，可以预见未来市场供求矛盾的变化趋势。汽车产品供给预测主要包括设备与工艺变化的预测，企业开发新型汽车产品的数量、质量、成本、价格及消费对象的预测，国际和国内市场类似产品、相关产品或替代产品的发展动向预测。

3. 产品市场生命周期预测

汽车产品市场生命周期预测主要是预测产品销售量、获利能力随时间变化而变化的趋势。任何产品从投放市场开始，到完全被市场淘汰都要经历投入期、成长期、成熟期和衰退期4个阶段。每个阶段都有不同的特征，其成本、销售量、利润等存在差异，所以产品市场生命周期预测对企业来说至关重要，通过预测可以掌握产品每个阶段的发展状况，及时调整产品、渠道、价格和促销等策略，从而使企业在激烈的市场竞争中处于主动地位。

汽车产品市场生命周期各阶段预测的侧重点是不同的。

投入期重点预测产品投入市场的风险性及市场前景、试销状况及消费者能承受的价格。成长期重点预测市场需求的增长速度、产品销售量增长趋势、消费者购买动机和广告效果等。成熟期重点预测消费心理变化、重复购买的可能性、企业销售总量的界限及可降价的幅度。衰退期重点预测市场需求的下降幅度及用户对新产品的需求情况。

4. 市场价格预测

市场价格预测就是对某类汽车商品或某种汽车商品的市场价格形势或走势进行预测分析，判断价格水平的变动趋向。对市场商品价格的预测，其主要目的是认识和掌握市场价格变化趋势和变动规律，为企业制定商品价格策略提供信息依据。

5. 市场占有率预测

市场占有率预测是指企业及时掌握市场动态，了解同类企业经营情况，定期对企业经营的商品销售情况分品种、分地区、分时期进行分析预测，及时了解未来特定时间、特定市场范围内对本企业产品的同类企业市场竞争状况，了解企业在未来市场中的位置，为企业经营决策提供信息依据。

市场占有率又称产品市场份额，它是指在一定市场范围、一定时期内，本企业的某种产品的销售量（销售额）占市场上同类产品销售总量（或总额）的比例。

产品市场占有率的形成要素包括：企业区域内市场数量和规模、网点的合理性、目标顾客数量、销售费用、企业产品结构的合理性；产品的质量、成本、价格、品牌知名度和满意度；企业营销队伍的营销水平；当前产品市场中同类产品的销售状况、竞争对手的实力、竞争战略和战术的运用、区域市场的销售总量等。

市场占有率的变动因素，包括顾客渗透率、顾客忠诚度、顾客选择性、价格选择性等因素。

企业在市场中的地位不同，营销战略及营销策略的制定实施也不同，但每一个企业都应

高度重视目标市场中本企业产品的未来市场份额，科学地预见和把握其变动水平和变动发展趋势，并以此作为制定企业营销战略的重要依据。

6. 企业经营能力预测

企业经营能力预测是利用企业内部的统计数据、财务数据和有关的市场调查资料，对企业的资产、负债、所有者权益、收入、成本、费用、利润等方面，以及经营效率、偿债能力、盈利能力的变化趋势进行预测分析。

企业经营性质和规模大小不同，经营能力差异也很大，但总体上可以对经营效率、偿债能力、盈利能力分别从经营人员、经营组织、经营管理水平和经营设备状况4个角度进行系统分析预测。

企业的经营能力是适应市场变化、积极引导消费、争取竞争优势以实现经营目标的能力。市场经营能力的强弱决定企业经营成果的优劣，因此，分析和预测企业的市场经营能力是企业经营的重要工作。

1.4 市场预测的程序

市场预测实际上是通过对预测对象的相关信息进行研究，找到预测对象的变化规律，然后根据对未来条件的了解和分析，利用规律推测出预测对象的未来状态，并对其评价的过程。为了使市场预测工作顺利进行，提高市场预测绩效，预测者必须对预测的过程加强组织，按一定的程序，有计划、科学而严谨地完成市场预测各环节的具体任务。市场预测的程序如图3.1.1所示。

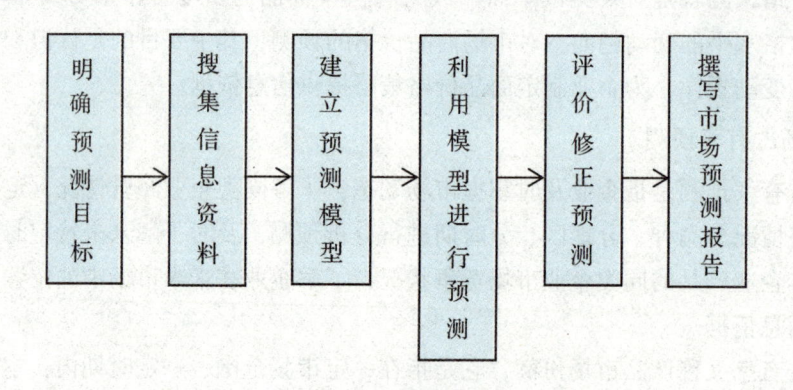

明确预测目标 → 搜集信息资料 → 建立预测模型 → 利用模型进行预测 → 评价修正预测 → 撰写市场预测报告

图3.1.1 市场预测的程序

第一步：明确预测目标。

企业要进行预测工作，首先要根据预测对象、期限等要求确定预测目标，预测目标实际上就是明确预测要达到什么要求、解决什么问题、预测的对象是什么、预测的范围、时限如何确定等。其次，预测目标一定要准确、清楚和具体。

预测目标明确，预测工作才能做到有的放矢。预测目标的确定要从具体的经营决策和经营管理的需要出发，紧密联系企业经营实际情况加以确定。

第二步：搜集信息资料。

市场预测是建立在大量历史资料和现实资料分析研究基础之上而对未来市场状况做出的预见。没有充分的资料，就无法达到符合客观实际的分析、判断和推理，也不可能做出科学预测。因此，企业预测人员应根据预测目标，通过市场调查方式去广泛、系统地搜集完成预测目标所需要的历史和现实数据与资料。市场预测所需的资料可以分为两类：一类是关于预测对象本身的历史和现实资料；另一类是影响预测对象发展过程的各种因素的历史和现实资料。预测人员一般可以利用多种调查方式获取第一手资料，也可以利用各种渠道获取第二手资料。搜集资料一定要注意广泛性、适用性。对搜集到的资料一定要进行鉴别和整理加工，去伪存真，去粗取精，为市场预测搜集到有价值的资料。

第三步：建立预测模型。

对搜集的资料进行判断并建立预测模型是市场预测中非常关键的步骤。预测者在充分占有信息资料的基础上，怎样选择市场预测的方法，建立市场预测模型成为重要问题。市场预测的方法很多，一般来说，尽可能选择两种以上的预测方法进行预测，以便于比较分析。预测方法大体可分为定性和定量预测两类。对定性预测，可以建立逻辑思维模型。对定量预测，可以建立数学模型，然后选用具体的预测方法进行预测模型的计算和估计。

第四步：利用模型进行预测。

利用模型进行预测是预测的主要阶段。预测人员在选择预测方法、建立预测模型的基础上，初步掌握预测对象的发展规律，根据预测模型，依据对未来的了解分析，输入有关资料和数据，推测（或计算）预测对象的可能水平和发展趋势，进而做出分析和评价，做出最终预测结论。

在实际预测工作中，在历史数据资料全面时，一般是利用建立的时间序列模型或因果关系模型预测；在缺乏历史数据资料时一般是利用一些定性的预测，即根据一些先兆条件或专家的经验判断得出预测结果。

第五步：评价修正预测。

利用模型得到的预测结果只是一个初步结果，一方面由于包含预测者主观判断的成分，另一方面由于预测是立足于现在，对未来市场做出的估计和推测，而未来会受各种因素影响而发生变化，一切都处在动态发展之中，因此很难与实际情况达到完全的吻合。预测者在预测中无论采用何种适合的预测模型，无论怎么精心计算预测值，预测值与实际值之间必然会产生一定的差值，因此需要对预测值的合理性进行判断和评价。实际预测中通常用以下几种方法进行分析评价：一是根据常识、经验或相关理论，去检查、判断预测结果是否合理；二是计算预测误差，看误差是否在允许的范围之内；三是分析正在形成的各种征兆、苗头反映的未来条件的变化，判断这些条件、影响因素的影响程度可能出现的变化；四是在条件允许的情况下，采用多种预测方法进行预测，然后综合评价各种预测结果的可信程度，以提高预测的精确度。

第六步：撰写市场预测报告。

市场预测报告是对整个预测工作的概括和总结，也是向报告使用者做出的汇报。市场预测报告应概括预测研究的主要活动过程，提出预测的目标，预测的对象，预测内容、方法、时间和预测人员，分析主要资料和数据的来源，模型建立和模型的评价修正等。预测报告应

力求简明、重点突出，便于企业经营管理者阅读和利用。

案例链接

> **【案例 2】 2020 中国汽车市场发展预测峰会在长沙召开**
>
> 　　2020 中国汽车市场发展预测峰会于 2019 年 12 月 12 日在长沙召开，本次会议由中国汽车工业协会、长沙市人民政府共同主办。中国汽车工业协会常务副会长兼秘书长付炳锋、副秘书长姚杰、副秘书长陈士华及秘书长助理许海东出席了会议。同时，来自上汽集团、一汽集团、东风汽车、北汽集团、广汽集团、长安汽车、长城汽车、奇瑞汽车、吉利汽车、比亚迪汽车等 40 多家整车企业及汽车零部件和各省市汽车协会代表 300 余人参加了会议。
>
> 　　中国汽车市场发展预测峰会是汇集国家有关部门、国内一线汽车生产企业，以及行业内外相关企业专家、大专院校和科研院所综合意见的重要平台，平台针对来年汽车市场的各项影响因素进行深入剖析，在综合各方面的分析基础上形成市场预判，具有一定的权威性和参考价值，受到了业内外的广泛关注。
>
> 　　本次峰会来自国家相关部委领导、行业专家、车企代表、专业机构等众多嘉宾共聚一堂，总结了 2019 年的市场发展特点，提出了 2020 年的预期目标，分析了市场发展的热点问题，会议的举办受到社会及行业的广泛关注，取得了圆满成功。

思考与练习

一、单项选择题（以下各小题所给出的 4 个选项中，只有一项最符合题目要求，请将正确选项的代码填入括号内。）

1. 近期市场预测一般以（　　）为时间单位。
   A. 月　　　　B. 周、旬　　　　C. 3~5 年　　　　D. 5 年以上

2. 以大量的历史观察值为主要依据，建立适当的数学模型，推断或估计市场未来的供给量和需求量是（　　）的特点。
   A. 定性市场预测　　B. 定量市场预测　　C. 宏观市场预测　　D. 微观市场预测

3. 时间序列预测法属于（　　）。
   A. 定性市场预测　　B. 定量市场预测　　C. 单项商品预测　　D. 商品总量预测

4. 市场预测的核心内容是（　　）。
   A. 市场商品价格的变动　　　　　　B. 市场占有率预测
   C. 生产发展及其变化趋势　　　　　D. 市场供应量和需求量

5. （　　）是进行市场预测的首要问题。
   A. 确定市场预测的目的　　　　　　B. 调查、收集、整理资料
   C. 对资料进行分析　　　　　　　　D. 检验预测成果

6. 定性预测法和定量预测法的主要区别是（　　）。
   A. 定性预测只预测市场发展趋势，不测算预测值
   B. 定性预测法应用起来灵活方便

C. 预测依据不同

D. 定量预测法测算预测值

7. 对于无法确定其主要影响因素的市场现象进行预测最合适的方法是（　　）。

　　A. 定性市场预测法　　　　　　　　B. 相关回归分析市场预测法

　　C. 定量市场预测法　　　　　　　　D. 时间序列市场预测法

8. 对新产品投放市场的需求量进行预测时，最好用（　　）做预测。

　　A. 定性市场预测法　　　　　　　　B. 相关回归分析市场预测法

　　C. 定量市场预测法　　　　　　　　D. 时间序列市场预测法

9. 测定出的预测误差偏低的市场预测指标是（　　）。

　　A. 平均误差　　　B. 平均绝对误差　　　C. 均方误差　　　D. 标准误差

10. 下列公式是（　　）的计算公式。

$$MAE = \frac{1}{n}\sum_{i=1}^{n}|e_i|$$

　　A. 平均误差　　　B. 平均绝对误差　　　C. 均方误差　　　D. 标准误差

11. 假如平均绝对百分误差（　　），则认为预测误差太大，不能被采用。

　　A. 大于10%　　　B. 大于15%　　　C. 大于10%~20%　　　D. 小于10%~20%

12. 相关回归分析市场预测法是根据市场现象各因素之间的相关关系，确定影响市场现象的因素，将影响因素作为（　　）。

　　A. 不变量　　　B. 可变量　　　C. 因变量　　　D. 自变量

13. 能将不同预测对象的预测误差上限用一个相同的数值表示出来的是（　　）。

　　A. 平均误差　　　B. 平均绝对误差　　　C. 均方误差　　　D. 标准误差

14. 市场预测所需的资料有（　　）两大类。

　　A. 一手资料和现实资料　　　　　　B. 二手资料和历史资料

　　C. 历史资料和现实资料　　　　　　D. 一手资料和二手资料

15. 选择适当的预测方法，就是（　　）。

　　A. 选择预测精度最高的方法

　　B. 选择预测精度最低的方法

　　C. 根据市场现象及各种影响因素的特点来选择

　　D. 选择过程简单、运算量小的预测方法

二、多项选择题（以下各小题所给出的选项中，有两项或两项以上符合题目要求，请将符合题目要求选项的代码填入括号内。）

1. 中期市场预测可以（　　）。

　　A. 为生产和营销企业编制3、5年的经济发展计划提供重要依据

　　B. 用于长期影响市场的各种因素的预测

　　C. 对年度的市场情况做出预测

　　D. 分析研究市场未来的发展趋势，研究市场发展变化的规律

2. 按市场预测方法的不同，市场预测可以分为（　　）。

　　A. 定性市场预测　　B. 单项商品预测　　C. 商品总量预测　　D. 定量市场预测

3. 市场预测所需的现实资料,（　　）。
   A. 是预测期以前各观察期的各种有关的市场资料
   B. 一般是预测者根据需要对市场进行调查的结果
   C. 可以是各种调查机构的已有资料
   D. 是指进行预测时或预测期内市场及各种影响因素的资料
4. 市场预测中的价格预测,必须预测（　　）。
   A. 各种影响价格的因素的变动
   B. 预测产品的成本
   C. 预测产品的利润
   D. 商品生产中的劳动生产率水平
5. 消费需求的变化,主要是由（　　）引起的。
   A. 生产的发展
   B. 居民购买力的提高
   C. 消费者消费心理的变化
   D. 生产企业经济效益的变化
6. 关于预测误差,以下说法正确的是（　　）。
   A. 市场预测可以没有误差　　　　B. 市场预测一定会有误差
   C. 预测误差过大的预测结果不能使用　D. 存在预测误差就是预测结果不准确
7. 造成市场预测不准确的原因主要有（　　）。
   A. 市场预测资料的限制　　　　　B. 市场现象影响因素的复杂性
   C. 预测精度要求过高　　　　　　D. 预测方法不适当
8. 提高市场预测精度的可能性从根本上说是由（　　）决定的。
   A. 市场现象存在连续性
   B. 市场现象与其他事物是相互联系的
   C. 市场现象客观上存在的发展变化规律
   D. 选择的市场预测方法
9. 市场现象影响因素的复杂性表现在（　　）。
   A. 有些因素影响比较间接　　　　B. 有些因素比较偶然,带有很大随机性
   C. 有些因素无法取得量化资料或者根本无法量化　D. 影响因素数量巨大
10. 预测方法是否科学,表现在（　　）。
    A. 能否充分利用市场预测资料　　B. 预测误差是否足够小
    C. 方法本身是否具有科学的依据　D. 预测方法的适用性是否得到发挥

三、简答题
1. 试列举常用的几种预测分类标准划分的市场预测种类。
2. 简述市场预测的三种具体方法。
3. 如何选择市场预测方法？
4. 如何认识市场预测精度？
5. 造成市场预测不准确的原因是什么？

四、论述题

1. 论述市场预测的一般步骤。
2. 论述市场预测的主要内容。

学生活动

调查团队,结合前期任务中的市场调查情况,自选一则市场调查进行预测分析。具体要求如下:

1. 选择适合的预测方法,并说明理由。
2. 按照预测工作的程序,说明具体工作事项和人员的分工。
3. 评估预测误差。
4. 总结本次市场预测的经验和不足。

任务 2　应用定性预测法做市场预测

核心内容

2.1　头脑风暴法
2.2　意见综合预测法
2.3　德尔菲法

任务目标

知识目标:

1. 理解头脑风暴法的含义和特点。
2. 了解头脑风暴法的类型。
3. 掌握意见综合预测法的类型和特征。
4. 掌握德尔菲法的概念和特点。
5. 掌握德尔菲法的实施步骤。
6. 明确德尔菲法的注意事项。

能力目标:

1. 具有一定的逻辑分析能力。
2. 具有一定的科学分析未来市场变化的能力。
3. 具有团队协作能力。

素养目标:

1. 具有维护组织目标实现的大局意识和团队能力。
2. 具有爱岗敬业的职业道德和严谨、务实、勤勉的工作作风。
3. 树立社会主义核心价值观。

汽车市场调查与预测

知识导学

市场预测是指人们对拥有的市场各种信息和资料进行分析研究，采用科学的方法，对未来市场活动所进行的预先推断和判断。

市场预测是企业制定营销战略和营销策略的依据，企业要想在市场竞争中占据有利地位，必须在产品、价格、分销渠道、促销方式等方面制定有效的营销策略。但有效的营销策略的制定取决于在相关方面的准确预测，即只有通过准确预测，企业才能把握市场机会，确定目标市场和相应的价格策略、销售渠道策略、促销策略等，进而促进产品销售和效益的提高。

案例链接

【案例1】 预测创造财富

有一本名叫《财富第五波》的书，它是由世界顶级经济学家、担任两届美国总统的经济顾问保罗·皮尔泽写的。书里讲道，将来营养保健行业将产生上亿美元的收入。实际上，他预测到2010年时，美国营养保健行业将产生近1万亿美元的营业收入，而在20年前保健这个行业还没有出现。

在人类社会早期，预测的意识和简单的直观预测，几乎存在于人们生活、生产实践等各个领域。这些预测是仅凭个人的才智、知识和经验所进行的简单预测，但这些预测实践经验的不断积累为科学预测发展奠定了坚实的基础。

案例链接

【案例2】 范蠡的经商之道

说到范蠡，不仅会使人联想到越国大夫、献西施、辅越王勾践、灭吴的智士谋臣，还会使人联想到他后来经商成功的故事，世人称之为陶朱公。他从当时一位有作为的政治家变为巨贾，再以致富有术成名于天下，成为春秋时期经商致富中最引人注目的重要人物之一，不得不让世人好奇其经商致富之道。范蠡著有《计然篇》，其中的论述有"人弃我取，人取我予""知丰缺料贵贱（知商品的丰缺，就能预料物价的涨跌贵贱），待乏贸易；夏则资皮，冬则资绨（细麻布）；旱则资舟，水则资车，以待乏也""侯时转物，逐十一之利""积著之理，务完物（经营的商品是好货，名牌货），无息币（财货周转得快），以物相贸易，腐败而食之货勿留（商品质量要好，不存腐货，不囤积），无敢居贵""平粜各物，关市不乏，治国之道也"等。这些经商之道都是通过观察调查预知市场未来，从而在市场竞争中取胜。

2.1 头脑风暴法

1. 头脑风暴法的含义

头脑风暴法是根据预测目的的要求，组织各类专家相互交流意见，无拘无束地畅谈自己的想法，敞开思想发表自己的意见，在头脑中进行智力碰撞，产生新的思想火花，使预测观点不断集中和深化，从而提炼出符合实际的预测方案。

2. 头脑风暴法的特点

头脑风暴法是专家会议法的进一步发展，它与专家会议法基本一样，最大特点就是：头脑风暴法所要解决的问题是创造性问题而不是逻辑性问题，通过最大限度地发挥人们所具有的智慧和创造力，来寻找解决问题的各种可能性，最终得出令人满意的答案。

每个人都有创造能力，但能真正发挥出来是一件很难的事。发挥人的创造能力，发挥人的聪明才智来构思方案，其方法是多种多样的，其中头脑风暴法就是一种很好的方法。采用头脑风暴法进行预测，其开会的方法与普通会议的根本区别在于它有四条规则。

（1）不批评别人的意见。创造能力和判断能力共存于人的大脑思维之中，常常是判断能力更强一些，并抑制创造能力。与会专家如果相互批评，就说明判断能力发生了作用，会抑制与会者相互的独立思考，不利于构思方案。为了能够提出前所未有的、打破常规的方案，基本原则是在构思方案时不使用判断能力。

（2）提倡自由奔放地思考。自由奔放就是要刺激与会专家的思考能力，使过去的经验和知识处于容易释放的状态，对自己思考的方案也不要使用判断能力。

（3）提出的方案越多越好。这条规则的目的无非是创造尽可能多的解决问题的机会，寻求解决问题的各种可能性。所以，开始时先不要考虑方案的质量，等到寻找了一切可能性之后，再来分析方案的质量。如果在提方案时就考虑质量问题，这就使用了判断能力，分散思考就受到抑制。打破常规的方案，开始时质量不一定高。为了找到满意的方案，就要追求数量，有了数量就会有质量。

（4）提倡在别人方案的基础上进行改进或与之结合。对已提出的方案不加评论，其意义在于自己可以考虑别人的方案并加以发展，这称为方案的"免费搭车"，即根据别人提出来的方案，按他的思路把方案进一步发展。

按照上面的规则，就能在与会者的头脑里卷起风暴，集中集体的智慧，追求一切可能性。

3. 头脑风暴法的类型

头脑风暴法可分为直接头脑风暴法和质疑头脑风暴法。

（1）直接头脑风暴法。指按照上述头脑风暴法的原理和规则，通过一组专家会议，对所预测的问题进行创造性思维活动，从而得出满意方案的一种方法。

（2）质疑头脑风暴法。这种方法是同时召开由两组专家参加的两个会议进行集体讨论，其中一个专家组会议按直接头脑风暴法提出设想，另一个专家组会议则是对第一个专家组会议的各种设想进行质疑，通过质疑进行全面评估，直到没有问题可以质疑为止，从而形成一个更科学、更可行的预测方案。

2.2 意见综合预测法

一、销售人员意见综合预测法

销售人员意见综合预测法，是指汽车企业直接将从事汽车销售的经验丰富的人员组织起来，先由汽车市场预测组织者向他们介绍预测目标、内容和预测期的汽车市场经济形式等情况，要求销售人员利用平时掌握的信息结合提供的情况，对预测期的汽车产品销售前景提出自己的预测结果和意见，最后提交给汽车市场预测组织者进行综合分析，以得出最终的预测结论。

销售人员综合预测法主要用来预测汽车产品销售情况，因而预测的结果对编制营销计划和经营决策有较大的参考价值。同时，让销售人员参与汽车市场预测，可激发他们的责任感和工作积极性。但由于职业习惯和知识局限性，销售人员可能对宏观经济的运行态势和汽车市场结构变化不甚了解，容易从局部出发做出预测，其结果带有一定的片面性。汽车市场预测者的激进或保守，都将影响到汽车市场预测的准确性。如果将最终预测值作为任务目标，预测者难免采取稳健态度，因而做出的预测值可能偏低。为此，应注意以下几点：

（1）应从汽车企业各部门选择经验丰富且具有预测分析能力的人参与预测。
（2）应要求预测参与者经常收集汽车市场信息，积累预测资料。
（3）预测组织者应定期将汽车市场总形势和汽车企业的经营情况提供给预测参与者。
（4）预测组织工作应经常化，并对预测成绩显著者给予表彰，以调动他们的积极性。
（5）对销售人员的估测结果，应进行审核、评估和综合。其综合预测值的计算，可采用简单或加权算术平均法。

二、决策人员意见综合预测法

决策人员意见综合预测法是一种常用的预测方法，它是厂长、经理等高级主管人员根据产品销售、资金财务、市场环境和管理水平等资料，通过听取各类负责人的汇报和意见，在此基础上综合分析判断市场变动趋势的一种预测方法。这种方法程序清楚、责任分明、简便易行，对提高营销决策效率具有积极作用。

决策人员意见预测法的预测过程如下：
（1）由厂长、经理根据经营管理的需要，向业务主管部门提出预测目标。
（2）各业务主管部门根据所掌握的情况，提出自己的预测意见。
（3）厂长、经理对各种意见进行综合、判断、分析，得出预测结果。

此种方法常用于中长期预测，其预测效果比销售人员意见预测法更好。

三、专家会议综合预测法

专家会议综合预测法，是由汽车市场预测组织者召开专家会议，在广泛听取汽车领域专家预测意见的基础上，综合专家们的预测意见做出最终的预测结论。选择专家是专家会议综合预测法的一项重要工作。专家的选择应根据汽车市场预测内容和任务来确定，既要注意选择精通汽车专业技术的专家，也要注意物色有经验的实际工作者。专家会议的规模要适中，如果人数太少，则限制了学科和部门的代表性，使问题得不到全面深入的讨论；如果人数太多，则会议不易组织，会议时间会拖长，对预测结果的处理也比较复杂。会议人数应由主持人根据实际情况的需要与可能而定，一般以10人左右为宜。

专家会议综合预测法适用于汽车企业新产品开发、技术改造和投资可行性研究。为了使会议开得有成效，预测组织者应事先向专家们提供与汽车市场预测问题有关的资料，以及需要讨论研究的具体题目和要求。在会议上，汽车市场预测组织者不宜发表影响会议的倾向性意见，只是广泛听取意见，最后综合专家意见确定预测结果。

在汽车市场预测中，专家会议综合预测法的主要种类如下：

（1）交锋式会议法。交锋式会议法要求参加会议的专家通过各抒己见、互相争论来预测问题，以求达到一致或比较一致的预测意见。这种方法的局限性是"权威者"可能左右与会者的意见，或者"口才"好的人左右与会者的意见，有些人虽感自己意见欠妥，但不愿收回原意见。因此，最后综合预测意见时难以完全反映与会者的全部正确意见。

（2）非交锋式会议法。非交锋式会议法要求与会者可以充分发表自己的预测意见，也可以对原来提出的预测意见再提出修改或补充意见，但不能对别人的意见提出怀疑和批评。这种非交锋式会议法，国外称为"头脑风暴法"。它可以克服交锋式会议法的缺点，起到互相启发、拓展思路的作用，但最后处理和综合预测意见比较难。

（3）混合式会议法。混合式会议法是交锋式与非交锋式会议法的结合，又称"质疑头脑风暴法"。一般分两个阶段进行，第一阶段采用非交锋式会议法，即实行直接头脑风暴法；第二阶段实行质疑头脑风暴法，用交锋式会议法对第一阶段提出的预测意见进行质疑，在质疑过程中又提出新的预测意见或设想，经过不断讨论，最后取得比较一致的预测结论。

四、意见综合预测法的应用

结合实例说明意见综合法的预测步骤和具体操作。

例题：某副食商店的营业员、中层管理人员、经理要对明年的销售额作预测，见表3.2.1、表3.2.2、表3.2.3（表中的数据是各位预测人员根据自己经验和对未来估计，按预测组织者要求单独填写数据整理后形成的）。

根据营业员、管理人员、经理人员三类人员的预测资料进行综合。这种综合可以考虑同类人员中各人的经验丰富程度和预测准确性与重要程度，对其期望值给予不同权数，可采用加权平均数进行综合。

表 3.2.1　营业员的预测值

营业员	最高值/万元	概率	中间值	概率	最低值	概率	期望值/万元	权数
A	700	0.3	500	0.5	300	0.2	520	0.4
B	900	0.2	600	0.6	400	0.2	620	0.3
C	800	0.3	600	0.5	500	0.2	640	0.3

根据表中每个人的最高、中间和最低预测值数据可计算出每个人的期望值。其计算方法为：

期望值=最高值×概率+中间值×概率+最低值×概率

营业员的综合预测值分别为：

营业员 A 期望值=700×0.3+500×0.5+300×0.2=520(万元)

营业员 B 期望值=900×0.2+600×0.6+400×0.2=620(万元)

营业员 C 期望值=800×0.3+600×0.5+500×0.2=640(万元)

营业员综合预测值=520×0.4+620×0.3+640×0.3=586(万元)

表 3.2.2　管理人员的预测值

管理人员	最高值/万元	概率	中间值	概率	最低值	概率	期望值/万元	权数
业务人员	850	0.4	800	0.4	750	0.2	810	0.4
管理人员	800	0.3	750	0.5	700	0.2	755	0.3
财务人员	750	0.3	700	0.4	680	0.3	709	0.3

管理人员的综合预测值分别为：

业务人员期望值＝850×0.4+800×0.4+750×0.2＝810(万元)

管理人员期望值＝800×0.3+750×0.5+700×0.2＝755(万元)

财务人员期望值＝750×0.3+700×0.4+680×0.3＝709(万元)

管理人员综合预测值＝810×0.4+755×0.3+709×0.3＝763.2(万元)

表 3.2.3　经理人员的预测值

经理	最高值/万元	概率	中间值	概率	最低值	概率	期望值/万元	权数
甲	950	0.3	880	0.5	800	0.2	885	0.4
乙	900	0.3	850	0.4	830	0.3	859	0.3
丙	800	0.2	780	0.5	750	0.3	775	0.3

经理人员的综合预测值分别为：

经理甲期望值＝950×0.3+880×0.5+800×0.2＝885(万元)

经理乙期望值＝900×0.3+850×0.4+830×0.3＝859(万元)

经理丙期望值＝800×0.2+780×0.5+750×0.3＝775(万元)

经理人员综合预测值＝885×0.4+859×0.3+775×0.3＝844.2(万元)

对上述三类人员综合预测值再综合。在综合三类人员预测值时，应根据其重要程度的不同给予不同的权数。一般来说经理人员的预测方案统观全局，能体现企业总体经营的要求，因而应给予较大的权数；而营业员，由于他们承担的责任一般偏低，所以应给予较小的权数；至于管理人员的预测方案，由于他们联系面广，掌握资料较多，经营经验较丰富，了解市场的动态，对未来需求的发展趋势估计比较接近实际，所以其权数应高于营业人员。假如上例营业员权数为1，管理人员权数可给予1.5，经理人员权数为2，则企业的预测值为：

(586×1+763.2×1.5+844.2×2)÷(1+1.5+2) = (586+1 144.8+1 688.4)÷4.5 = 759.8(万元)

最后，对企业综合预测做适当调整。我们分析这个综合预测值是经过三类人员所做预测值进行加权平均后得到的。得到的这个综合预测值既低于经理层的综合预测值，也低于管理层的综合预测值，显然是受营业员综合预测值偏低的影响。为此，要对其进行调整。对企业综合预测值的调整，可以召开会议，互相交换意见，经过互相启发、互相补充，在充分发表意见的基础上，由预测组织者根据大家提的意见做适当调整，确定最终预测值。如改变权数，营业员为1，管理人员为2，经理人员为3，则调整后的预测值为

(586×1+763.2×2+844.2×3)÷(1+2+3) = 4 643.7÷6 = 773.95（万元）

以上实际也是对加权平均算法在定性预测中的应用。

2.3 德尔菲法

1. 德尔菲法的含义

德尔菲法实际上就是专家小组法，或专家意见征询法。这种方法是按一定的程序，采用背对背的反复函询方式，征询专家小组成员的意见，经过几轮的征询与反馈，使各种不同意见渐趋一致，经汇总和用数理统计方法进行收敛，得出一个比较合理的预测结果供决策者参考。

2. 德尔菲法的特点

此方法是美国兰德公司在20世纪40年代首创和使用的，最先用于科技预测，后来在市场预测中也得到广泛应用。它是一种非常实用的方法，其特点如下：

（1）匿名性。采用德尔菲法收集专家意见，是通过匿名函询方式，即通过邮寄函件背对背式的方法征询意见。专家们只同组织者发生联系，专家之间不发生联系。组织者对专家的姓名也是保密的，尽量使参加预测的专家互不知情，以免产生交叉影响的情况。

（2）反馈性。德尔菲法是采用多次逐轮征求意见（一般要经过3~4轮），每一次征询之后，预测组织者都要将该轮情况进行汇总、整理，作为反馈材料发给每一位专家。通过反馈信息，专家们在背对背的情况下，了解到其他专家的意见，以及持不同意见的理由，有利于相互启发，集思广益，开阔思路，充分发挥专家们的智慧，提高预测的准确性和可靠性。

（3）收敛性。通过数轮征询后，专家的意见会相对集中，使预测的问题越来越明确，为决策提供依据。

3. 德尔菲法的实施过程

德尔菲法的操作流程如图3.2.1所示。

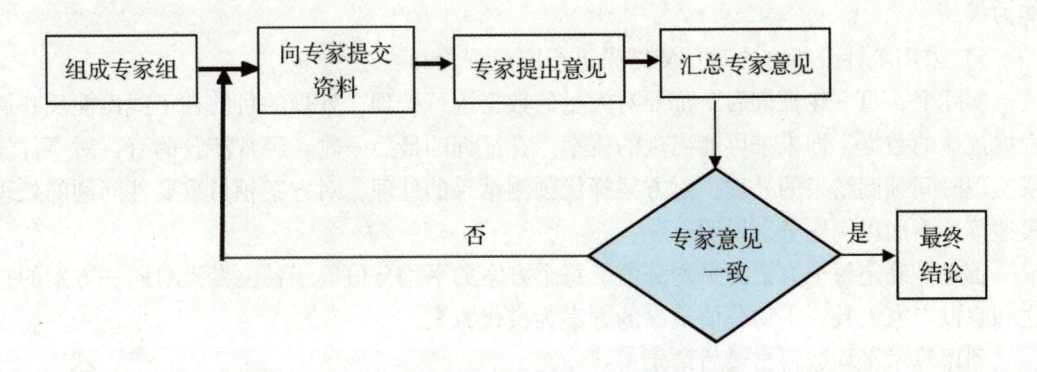

图3.2.1 德尔菲法的操作流程

1）成立预测课题小组，确定预测目标

预测课题小组是预测的领导者、组织者，也是预测的主持者，具体负责确定预测目标，准备背景材料，选定专家，设计征询表，对征询结果进行分析处理等。

2）选择和邀请专家

选好专家是德尔菲法成功的关键，因此预测课题小组要用足够的时间和力量来选择，应对选定的专家有较全面的了解。所选专家应当对预测对象和预测问题有比较深入的了解和研究，具有专业知识和丰富的经验，思想活跃，富有创造性和判断能力。选择专家应采取自愿的原则，要有广泛性，结构要合理。专家人数可根据具体情况而定，一般为10~50人，实际上也有多达百人的情况，常常是选定的专家人数比实际需要的人数多一些，以防止种种原因造成的征询表的回收率过低问题。选定专家之后，要向专家发出邀请，并说明德尔菲法的原理、预测的要求和内容。另外，每位专家的权威程度可以从后面回收的征询表中的专家自我评价中获得，如在征询表中让每位专家填写自己对该问题的研究程度或熟悉程度。

3）设计征询表

设计征询表就是围绕预测课题，从不同侧面以表格形式提出若干个有针对性的问题，以便向专家征询。表格应简明扼要，明确预测意图，不带附加条件，尽量为专家提供方便。征询问题的数量要适当。经常涉及的征询表有：事件时间预测征询表，即专家对预测事件实现时间的可能性的主观推测；主要概率征询表，即专家对预测事件发生某种结果的可能性大小的主观估计；事件比例预测征询表，即专家对所研究的某种经济现象中各相关因素构成比例未来变化的主观判断；事件相对重要性预测征询表，即专家对实现同一任务的各种可行方案以打分形式进行优先分析的主观估测等。

先对专家编号，如6位专家的编号分别为A、B、C、D、E、F，并对专家保密（包括这些编号）。市场营销经理很快搜集了若干有关国内和国外电子商务业务发展情况的资料，并设计了征询预测意见函，通过电子邮件，分别发送给6位专家。

4）逐轮咨询和信息反馈

这是德尔菲法的主要环节。咨询和信息反馈，一般要进行3~4轮。每次征询后，将专家回答的意见综合整理、归纳，匿名反馈给各位专家，再次征询意见，然后再加以综合整理、反馈，反复循环，得出比较集中和一致的意见。一般情况下，每轮作业周期以1~2月为宜。在实际中，作业周期的长短应考虑课题的大小、专家人数的多少、处理信息的手段和能力等。

5）采用统计分析方法对预测结果进行定量评价和表述

实际上，每一轮征询后，都要对大量的数据进行处理，处理的目的在于找出能反映课题发展规律的数据，即未来可能出现的概率。在征询的最后一轮，经常涉及的有：对事件发生或实现时间预测结果的处理，对方案择优预测结果的处理，对方案相对重要性问题的处理和表述等。下面以例题分别说明。

首先，确定每个方案的平均分值。每个方案的平均分值等于各位专家对同一方案的打分之和除以专家人数。平均分值最高的方案为最优方案。

利用算术平均数得出最后结果：

$$y = \frac{\sum x}{n}$$

式中，y 为预测值；$\sum x$ 为聘请的专家进行意见判断的总数，即总方案数。

在用统计分析方法对预测结果进行定量评价时，也应该考虑和注重这样两个问题：一是统计分析法的具体方法是多种多样的，同一内容可以用不同的方法处理，到底哪种方法比较合适应视具体情况而定；二是当专家的权威程度很高时，可按专家的权威程度进行加权平均。其公式为：

$$y = \frac{\sum fx}{\sum f}$$

式中，x 为每个专家的预测方案；y 为最后的预测值；f 为权数，也可为概率。

6）整理预测结果，写出预测报告

预测组织者要撰写详细的预测结果分析报告，以供决策者参考。

4. 应用德尔菲法应该注意的问题

1）组织者应有良好的组织水平

为了保证预测的质量，需要预测组织者不仅了解所要预测事物的相关专业知识、背景资料，还需要精通德尔菲法的基本原理和各项操作步骤。

2）保证预测的客观独立性

在预测过程中，要保证专家们独立自主完成预测工作，因此，问卷或预测表内容、与预测专家的信函往来中不得有明示、暗示组织者或他人倾向性的表格、问题或其他信息，不得将预测组织者的意见强加给专家，以致影响预测结果的可靠性。

3）不断完善预测结果

在与专家多次信函交流的过程中，要根据专家意见对预测表格内容和形式继续完善和修改，以便于获得系统完善的资料。尤其是当预测结果不能统一时，应检查所设计的预测表是否可行，课题是否有问题，预测结果存在范围是否过于模糊。德尔菲法只是一种预测方法，一种决策分析工具，而不是一种决策工具，它不能代替决策，只能为决策者提供相关信息和咨询，以帮助决策者筛选、比较方案，科学决策。

思考与练习

一、单项选择题（以下各小题所给出的4个选项中，只有一项最符合题目要求，请将正确选项的代码填入括号内。）

1. （　　）是根据预测目的的要求，组织各类专家相互交流意见，无拘无束地畅谈自己的想法，敞开思想发表自己的意见，在头脑中进行智力碰撞，产生新的思想火花，使预测观点不断集中和深化，从而提炼出符合实际的预测方案。

　　A. 决策人员意见预测法　　　　B. 头脑风暴法
　　C. 交锋式会议法　　　　　　　D. 非交锋式会议法

2. （　　）是一种常用的预测方法，它是厂长、经理等高级主管人员根据产品销售、资金财务、市场环境和管理水平等资料，通过听取各类负责人的汇报和意见，在此基础上综合分析判断市场变动趋势的一种预测方法。

　　A. 决策人员意见预测法　　　　B. 头脑风暴法
　　C. 交锋式会议法　　　　　　　D. 非交锋式会议法

3. （　　）要求参加会议的专家通过各抒己见、互相争论来预测问题，以求达到一致或比较一致的预测意见。

A. 交锋式会议法 　　　　　　　　B. 非交锋式会议法
C. 混合式会议法 　　　　　　　　D. 头脑风暴法

4. （　　）要求与会者可以充分发表自己的预测意见，也可以对原来提出的预测意见再提出修改或补充意见，但不能对别人的意见提出怀疑和批评。

A. 交锋式会议法 　　　　　　　　B. 非交锋式会议法
C. 混合式会议法 　　　　　　　　D. 头脑风暴法

5. 在德尔菲法预测过程中，要保证专家们（　　）完成预测工作，因此，问卷或预测表内容、与预测专家的信函往来中不得有明示、暗示组织者或他人倾向性的表格、问题或其他信息。

A. 积极交流 　　　　　　　　　　B. 被动谈话
C. 独立自主 　　　　　　　　　　D. 各抒己见

6. 业务主管人员意见综合预测法是对市场进行定性预测的方法。在下列对其优点的描述中，不正确的是（　　）。

A. 简单易行 　　　　　　　　　　B. 迅速产生预测结果
C. 集思广益 　　　　　　　　　　D. 准确预测

二、多项选择题（以下各小题所给出的选项中，有两项或两项以上符合题目要求，请将符合题目要求选项的代码填入括号内。）

1. 采用头脑风暴法进行预测，其开会的方法与普通会议的根本区别在于它的规则包括（　　）。

A. 不批评别人的意见
B. 提倡自由奔放地思考
C. 提出的方案越多越好
D. 提倡在别人方案的基础上进行改进或与之结合

2. 头脑风暴法可分为（　　）。

A. 直接头脑风暴法 　　　　　　　B. 间接头脑风暴法
C. 质疑头脑风暴法 　　　　　　　D. 导向头脑风暴法

3. 在汽车市场预测中，专家会议综合预测法的主要种类包括（　　）。

A. 交锋式会议法 　　　　　　　　B. 非交锋式会议法
C. 混合式会议法 　　　　　　　　D. 头脑风暴法

4. 应用德尔菲法应该注意的问题有（　　）。

A. 组织者应有良好的组织水平
B. 保证预测的客观独立性
C. 不断完善预测结果
D. 提倡在别人方案的基础上进行改进或与之结合

三、简答题

1. 简述德尔菲法实施的一般步骤。
2. 简述德尔菲法的注意事项。

🌟 **学生活动**

1. 我国国产汽车近年来取得长足进步，但也遇到诸如品牌、形象、管理和技术等问题，如何才能在众多外资产品中脱颖而出，请同学们为此出谋划策，找出可行办法。建议由 5~10 人组成一个"专家组"，准备好资料后展开一次头脑风暴法式的座谈，看能有什么意想不到的结果。

2. 对小组意见形成中每个成员的权重系数进行设计赋值，并自行设计一则案例说明。

任务 3　应用时间序列预测法做市场预测

🚗🚗 **核心内容**

3.1　平均数法
3.2　指数平滑法
3.3　趋势延伸预测法
3.4　季节指数预测法

🚗🚗 **任务目标**

知识目标：
1. 掌握平均数预测法。
2. 掌握一次指数平滑法。
3. 了解趋势延伸法。
4. 理解季节指数预测法。

能力目标：
1. 具有一定的推理能力。
2. 具有一定的推演计算能力。
3. 具有团队协作能力。

素养目标：
1. 具有维护组织目标实现的大局意识和团队能力。
2. 具有爱岗敬业的职业道德和严谨、务实、勤勉的工作作风。
3. 树立社会主义核心价值观。

知识导学

汽车市场变化总是随着时间的推移，不断延伸，不断替代。这一过程受社会、经济和人文等诸多因素的影响，但它们都是遵循事物发展变化的连续性原理。因此，可以不去关心各种因素的变化，而依据市场现象本身的时间序列去研究市场现象的发展趋势。时间序列预测法是通过对时间序列数据的分析，掌握经济现象随时间的变化规律，从而预测其未来，它被广泛应用在天文、气象、水文、生物和社会经济等方面的预测。基本原理是根据预测对象的时间序列数据，依据事物发展的连续性规律，通过统计分析或建立数学模型，并进行趋势延伸，对预测对象的未来可能值做出定量预测的方法。时间序列预测法也叫时间序列分析法、历史延伸法。

时间序列预测法将影响预测目标的一切因素都由"时间"综合起来描述，是根据市场过去的变化趋势预测未来的发展，它的前提是假定事物的过去会同样延续到未来。时间序列预测法撇开了市场发展的因果关系去分析市场的过去和未来的联系。

时间序列的变化形式：

（1）趋势变动，指现象随时间变化朝着一定方向呈现出持续稳定上升、下降或平稳的趋势。

（2）周期变动（季节变动），指现象受季节性影响，按照一固定周期呈现出的周期波动变化。

（3）随机变动，指现象按不固定的周期呈现出的波动变化。

（4）随机变动，指现象受偶然因素的影响而呈现出的不规则波动。

时间序列一般是上述几种变化形式的叠加或组合。时间序列预测法分为两大类：一类是确定型的时间序列模型方法；另一类是随机型的时间序列分析方法。

时间序列预测法有两个特点：

（1）时间序列预测法是根据市场过去的变化趋势预测未来的变化，它的前提是假定事物的过去会同样延续到未来。事物的现实是历史发展的结果，而事物的未来又是现实的延伸。市场预测的时间序列预测法，正是根据客观事物发展的这种连续规律性，运用过去的历史数据，通过统计分析，进一步推测市场未来的发展趋势。市场预测中，事物的过去会同样延续到未来。

（2）时间序列预测法突出了时间因素在预测中的作用，暂不考虑外界具体因素的影响。时间序列在时间序列预测法中处于核心位置，没有时间序列，这一方法就不存在了。虽然预测对象的发展变化受很多因素影响，但是运用时间序列预测法进行量的预测，实际上是将所有的影响因素归结到时间这一因素上，只承认所有影响因素的综合作用，并在未来对预测对象仍起作用，并未去分析探讨预测对象和影响因素之间的因果关系。

运用时间序列预测法对汽车市场进行预测时，首先，编制的时间序列资料必须准确、完整，时间序列中各项数字所代表的时间长短应该一致，各项数字的计算方法和计量单位应该保持一致，否则无可比性；其次，应绘制历史数据曲线图，确定其趋势变化类型；再次，根据趋势变化类型、预测目的以及期限，选定具体的预测方法，并进行模拟运算；最后，将量的分析与质的分析相结合，确定汽车市场未来发展趋势的预测值。

3.1 平均数法

在市场预测方法中，最普遍使用的定量预测技术便是平均数预测法。该方法通过汇总历史数据资料后再求均值，以此结果来代替对事物发展的预测值。

它适用于市场现象各期变化不大，变动趋势呈水平直线状态，各观察值错落于某一直线上下的情况预测，且预测对象无显著长期趋势变动和季节变动。它主要对未来市场水平量进行估计。根据计算平均数的要求不同，可分为简单算术平均法、加权平均法、一次移动平均法、加权移动平均法。

一、简单平均数法

1. 简单算术平均法

简单算术平均法是一种最简单的时间序列预测法。它最基本的思路就是把前几个月（或日、周、旬、季、年等，下同）数值的平均值，作为后一个月的预测值。

设 x_i 为第 t 月的发生值，$t=1, 2, \cdots, n$。如果要求根据前 n 个月的发生值来预测第 $(t+1)$ 月的预测值 y_{t+1}，则可以由式（1）确定：

$$y_{t+1} = \frac{x_t + x_{t-1} + \cdots + x_{t-n+1}}{n} \quad (t \geq n) \tag{1}$$

例：据调查得出，某汽车 4S 店 2019 年前 8 个月某品牌汽车销售量如表 3.3.1 所示，现在需要预测估计该汽车 4S 店 2019 年 9 月份的汽车销售量。

表 3.3.1 某 4S 店 2019 年前 8 个月的汽车销售量

月份 t	1	2	3	4	5	6	7	8
汽车销售量 x/辆	100	108	115	107	85	95	101	117

根据题意，就是要求 9 月份的预测值，它可以用 9 月份之前 n 个月进行平均求得。分析整个数列，可以看出，它是一个变化比较稳定的数列，大致围绕 100 辆上下波动。因此，可以采用简单平均法，即

$$n=4, y_9 = \frac{x_8 + x_7 + x_6 + x_5}{4} = \frac{117+101+95+85}{4} = 100（辆）$$

2. 加权平均法

加权平均法就是对于组距中的 n 个数，根据它们各自对于预测值的重要程度分别设置重要度权数，然后把它们加权平均来求的预测值的预测方法。

如果设组距中 n 个发生值的权数分别为 $w_1, w_2, \cdots, w_n$，则加权平均法的预测值可以用式（2）求得：

$$y_{t+1} = \frac{w_1 x_t + w_2 x_{t-1} + \cdots + w_n x_{t-N+1}}{w_1 + w_2 + \cdots + w_n} (t \geq n) \tag{2}$$

例：某汽车销售公司近 5 个月某车型销售额是 120 万元、130 万、128 万、135 万元和 132 万元，用加权平均法预测下一个月该车型的销售额。

解：（1）权数取值：$w_1=1, w_2=2, w_3=3, w_4=4, w_5=5$，则

$$y_{t+1} = \frac{w_1 x_t + w_2 x_{t-1} + \cdots + w_n x_{t-n+1}}{w_1 + w_2 + \cdots + w_n}$$

$$= \frac{1 \times 120 + 2 \times 130 + 3 \times 128 + 4 \times 135 + 5 \times 132}{1+2+3+4+5}$$

$$= \frac{120 + 260 + 384 + 540 + 660}{15}$$

$$= 130.9(万元)$$

（2）权数取值：$w_1=1, w_2=2, w_3=4, w_4=8, w_5=16$，则

$$y_{t+1} = \frac{w_1 x_t + w_2 x_{t-1} + \cdots + w_n x_{t-n+1}}{w_1 + w_2 + \cdots + w_n}$$

$$= \frac{1 \times 120 + 2 \times 130 + 4 \times 128 + 8 \times 135 + 16 \times 132}{1+2+4+8+16}$$

$$= \frac{120 + 260 + 512 + 1\,080 + 2\,112}{31}$$

$$= 131.7(万元)$$

由以上计算，可以得出下一个月的两个不同预测值 130.9 万元和 131.7 万元，这是由所取权数不同造成的。

在采用加权平均法进行预测时，一般要设几种权数方案，分别计算后再比较分析，以便最终选择反映实际较好的预测值。

二、移动平均法

移动平均法是指对时间序列观察值由远而近按照一定的时间跨度（或跨越期）求平均数，它保持平均的期数不变。随着观察期的向后推移，平均数也跟着向后移动，形成一个由平均数组成的新数列。

1. 一次移动平均法

由于移动平均法具有较好的修匀历史数据、消除数据因随机波动而出现高点、低点的影响，从而能较好地揭示经济现象发展趋势，因而在市场预测中得到广泛应用。常用的有一次移动平均法、移动加权平均法。

一次移动平均法通常又称为简单移动平均法。

设时间序列为 $y_1, y_2, \cdots, y_t, \cdots$；以 n 为移动时期数，则简单移动平均数 m_t 的计算公式为

$$m_t = \frac{y_t + y_{t-1} + \cdots + y_{t-n+1}}{n} \quad (t \geq n) \tag{3}$$

通过整理得出 $m_t = \frac{(y_{t-1} + \cdots + y_{t-n+1} + y_{t-n}) - y_{t-n} + y_t}{n}$

$$= m_{t-1} + \frac{y_t - y_{t-n}}{n}$$

利用此递推公式来计算移动平均数，可以减少计算量。

在计算移动平均数时，每向前移动一个时期就增加一期新的观察值，去掉一个远期观察值，得到一个新的平均数。由于它不断移动，不断吐故纳新，故称为移动平均法。移动平均法与算术平均法的区别在于，算术平均数只是一个数字，而移动平均数却不只是一个数，而是一系列数字，每个数字都代表一个平均数。这个平均数数列可以平滑数据，消除周期变动和不规则变动的影响，使长期趋势显露出来。在调查报告对数据有较高要求时，一般会用到这些方法，所以移动平均法的应用非常广泛。

用所求移动平均值来求预测值时，针对两种不同情况，分别采用不同的方法求预测值。

例：某货车公司2018年前7个月的销售额如表3.3.2所示，用一次移动平均法预测该公司8月份的销售额（单位：万元）。

表 3.3.2　某货车公司 2018 年前 7 个月的销售额

月份	销售额x_t	一次移动平均数m_t
1	984	
2	1 022	
3	1 040	1 015
4	1 020	1 027
5	1 032	1 031
6	1 015	1 022
7	1 010	1 019

从表3.3.2中可以发现，这是一个水平型变动的时间序列，除了1月份不足1 000万元外，其余月份均在1 020万元左右变动。我们用一次移动平均法预测，选择$n=3$。

$$m_t = \frac{x_t + x_{t+1} + \cdots + x_{t-n+1}}{n} \tag{4}$$

$$y_{t+1} = m_t = \frac{1\ 010 + 1\ 015 + 1\ 032}{n} = 1\ 019(万元)$$

该货车公司8月份的销售额预测值为1 019万元。

从上面的计算可以看出，一次移动平均法有以下三个特点：

（1）预测值是离预测期最近的一组历史数据平均的结果。

（2）参加平均的历史数据的个数（跨越期数）是相对固定的。

（3）参加平均的一组历史数据是随着预测期的向前推进而不断更新的，吸收一个新的历史数据参加平均的同时，就剔出原来一组历史数据中离预测期最远的那个历史数据，因而具有移动的特点。

2. 加权移动平均法

加权移动平均法是指根据跨越期内时间序列数据资料重要性的不同，分别给予不同的权重，再按移动平均法原理，求出移动平均值进行预测的方法。加权移动平均法的关键是合理确定权重，而权重的确定是按照"近重轻远"的原则进行的，即越接近预测期的数据赋予较大的权数，而越远离预测期的数据则赋予较小的权数。加权移动平均法既可以用于一次移动平均法，也可以用于二次移动平均法。需要注意的是，如果计算一次移动平均值时对原时间序列数据进行过加权，那么计算二次移动平均值就不需要再次赋权。

$$w_t = \frac{w_1 x_t + w_2 x_{t-1} + \cdots + w_n x_{t-n+1}}{w_1 + w_2 + \cdots + w_n} \quad (t \geq n) \tag{5}$$

式中，m_t 为加权移动平均预测值；x_t 为第 t 期的观察值；w_n 为与时间序列数值 x_t 对应的权数。

例：某汽车 4S 店 2014—2018 年的营业额如表 3.3.3 所示。取 $n=3$，权数由远及近分别为 1、2、3，试用加权一次移动平均法预测该企业 2019 年的营业额。

表 3.3.3　某汽车 4S 店 2014—2018 年的营业额和加权平均值

年份	营业额/百万元	加权移动平均值（$n=3$）
2014	6.35	—
2015	6.20	—
2016	6.22	—
2017	6.66	6.235
2018	7.15	6.437
2019	—	6.832

解：$m_3^{(1)} = \dfrac{6.35 \times 1 + 6.20 \times 2 + 6.22 \times 3}{1+2+3} = 6.235$（百万元）

$m_4^{(1)} = \dfrac{6.20 \times 1 + 6.22 \times 2 + 6.66 \times 3}{1+2+3} = 6.437$（百万元）

3.2　指数平滑法

指数平滑法是在移动平均法基础上发展起来的方法，实质上是一种特殊的加权移动平均法。它一般适用于时间序列长期趋势变动和水平变动事物的预测，是依据时间序列的有关数据计算指数平滑值，以确定汽车市场预测结果的方法。

指数平滑法有以下特点：

（1）它是一种特殊的加权移动平均法，离预测期最近的市场现象观察值权数较大，远期权数较小，不忽视远期数据，但更看重敏感的近期数据。它改进了移动平均法的两个缺点：一是存储数据量要大，二是对"最近"的 n 期数据等权看待，对 $t-n$ 期前的数据完全不考虑。

（2）对同一市场现象，连续计算其指数平滑值。出于综合考虑，对于早期的市场观察值给予递减的权数，由近向远，按等比级数减少。

（3）a 值是可调节值，$0 \leq a \leq 1$。a 值小，市场现象观察值的影响由近向远减弱缓慢，否则影响由近向远加速减弱。

指数平滑法包括一次指数平滑法、二次指数平滑法和多次指数平滑法。一次指数平滑法适用于水平型变动的时间序列预测，二次指数平滑法适用于线性趋势型变动的时间序列预测，多次指数平滑法适用于非线性趋势变动的时间序列预测。下面阐述一次和二次指数平滑法。

一、一次指数平滑法

一次指数平滑法就是以最后的一个一次指数平滑值为基础，确定市场预测值。该方法适用于水平型历史数据。

若 $X_1, X_2, \cdots, X_n$ 分别为时间序列中观察值的数据，当观察期的时间 $t=1, 2, \cdots, n$

时，则 $S_1^{(1)}$，$S_2^{(1)}$，…，$S_n^{(1)}$ 为时间 t 观察值的一次指数平滑值；α 为时间序列的平滑系数，且 $0 \leq \alpha \leq 1$，那么时间序列各观察值的一次指数平滑公式为

$$S_{t+1}^{(1)} = \alpha X_t + (1-\alpha) S_t^{(1)} \tag{6}$$

式中，$S_{t+1}^{(1)}$ 为下一期一次指数平滑值的预测值（简称预测值）；X_t 为本期实际观察值（本期实际发生值）；$S_t^{(1)}$ 为本期预测值；α 为平滑系数。

若对上次加以整理，有

$$S_{t+1}^{(1)} = S_t^{(1)} + \alpha (X_t - S_t^{(1)})$$

用语言表达：下期预测值＝本期预测值＋平滑系数×（本次实际值－本期预测值）

一次指数平滑法

从上面的式子可以看出，下期预测值等于本期预测值加上平滑系数（即加权因子）乘以本期预测误差。

当 $\alpha = 0$ 时，$S_{t+1}^{(1)} = S_t^{(1)}$，即下期预测值等于本期预测值，即在进行预测时不考虑当前实际值 X_t 所反映的新影响因素的变化，认为市场是稳定的。

当 $\alpha = 1$ 时，$S_{t+1}^{(1)} = X_t$，即下期预测值等于本期实际发生值 X_t，即在进行预测时不考虑以往影响市场变化各种因素对预测对象的作用，认为市场多变，只需考虑当前新情况。

一般情况下进行汽车市场预测时，既要考虑当前的市场新情况，又要考虑以往影响市场变化的各种因素（如以往的销售资料），所以 α 在 0~1 之间取值。

由 $S_{t+1}^{(1)} = \alpha X_t + (1-\alpha) S_t^{(1)}$ 可以得出时间为 t 之前的逐期一次指数平滑值，即

$$S_t^{(1)} = \alpha X_{t-1} + (1-\alpha) S_{t-1}^{(1)}$$
$$S_{t-1}^{(1)} = \alpha X_{t-2} + (1-\alpha) S_{t-2}^{(1)}$$
$$\vdots$$
$$S_3^{(1)} = \alpha X_2 + (1-\alpha) S_2^{(1)}$$
$$S_2^{(1)} = \alpha X_1 + (1-\alpha) S_1^{(1)}$$

对上述各式经过迭代，整理后得

$$S_{t+1}^{(1)} = \alpha X_t + (1-\alpha) S_t^{(1)} = \alpha X_t + (1-\alpha)[\alpha X_{t-1} + (1-\alpha) S_{t-1}^{(1)}]$$
$$= \alpha X_t + \alpha(1-\alpha) X_{t-1} + \alpha(1-\alpha)^2 X_{t-2} + \cdots + \alpha(1-\alpha)^{t-1} X_t + (1-\alpha)^t S_0^{(1)}$$

由于当 t 很大时，$(1-\alpha)^t$ 是一个很小的值，上式中最后一项可略而不计，则有

$$S_{t+1}^{(1)} = \alpha X_t + \alpha(1-\alpha) X_{t-1} + \alpha(1-\alpha)^2 X_{t-2} + \cdots + \alpha(1-\alpha)^{k-1} X_{t-k+1} + \alpha = (1-\alpha)^{t-1} X_t$$

从上式中不难看出指数平滑法的特点。指数平滑法是对时间序列所有数据施以不同的权数。权数之间按首项为 α，公比为 $1-\alpha$ 的等比级由近至远减少。从这一点可以看出，指数平滑法为什么是一种特殊的加权移动平均法。同时，指数平滑法考虑到时间序列中所有数据对预测对象的影响，因此其预测结果更为科学。

应用一次指数平滑法进行预测，平滑系数 α 的选择很关键，α 取值不同，预测结果就不同。一般按照以下原则进行选择：

（1）对于有明显变动趋势的时间序列，平滑系数 α 应取较大值，即 $\alpha > 0.6$，主要是突出近期数据对预测值的影响。

（2）对于水平型的时间序列，平滑系数 α 应取较小值，即 $\alpha < 0.3$。因为水平型数据的变动趋势不明显，随机因素多，因此 α 应取较小值。

（3）对于介于上述两者之间的时间序列，平滑系数 α 应取中间值，即 $0.3 \leq \alpha \leq 0.6$。

对于一次指数平滑值公式 $S_{t+1}^{(1)} = \alpha X_t + (1-\alpha) S_t^{(1)}$

当 $t=1$ 时，$S_2^{(1)} = \alpha X_1 + (1-\alpha) S_1^{(1)}$；

当 $t=0$ 时，$S_1^{(1)} = \alpha X_0 + (1-\alpha) S_0^{(1)}$。

$S_1^{(1)}$ 无法从公式中求得，因此必须对 $S_1^{(1)}$ 采取估计的方法。

令 $S_1^{(1)} = Y_1$，即采用市场现象的最初实际观察值，作为最初的一次指数平滑值（数据资料较多时，$n \geq 10$）。

令 $S_1^{(1)} = \dfrac{Y_1 + Y_2 + Y_3}{3}$，即用时间序列的前三个观察值的算术平均数，作为最初的一次平滑值（数据较少时，$n<10$）。

下面举例说明一次指数平滑法的应用。

例：某汽车销售企业近10个季度销售汽车润滑油的资料如表3.3.4所示，请用一次指数平滑法预测下季度润滑油的销售量。

表3.3.4 汽车润滑油销售资料

季度	销售量X_t,0	$S_t^{(1)}$ $\alpha=0.1$	$S_t^{(1)}$ $\alpha=0.6$	$\alpha=0.1$ $\|e_i\|$	$\alpha=0.6$ $\|e_i\|$
1	50	50.0	50.0	0	0
2	52	50.0	50.0	2	2
3	51	50.2	51.2	0.8	0.2
4	50	50.3	51.1	0.3	1.1
5	57	50.3	50.4	6.7	6.6
6	64	51.0	54.4	13	9.6
7	68	52.3	60.0	15.7	7.8
8	67	56.8	64.9	10.2	2.1
9	69	57.8	66.0	11.2	2.9
10	75	58.9	67.8	16.1	7.2
		60.5	72.1		

具体步骤如下：

(1) 确定平滑系数 α，本例取 $\alpha=0.1$ 和 $\alpha=0.6$。

(2) 确定初始平滑值 $S_1^{(1)}$。由于本例 $n=10$，故 $S_1^{(1)} = X_1 = 50$。

(3) 依次计算一次指数平滑值，当 $\alpha=0.1$ 时：

$$S_2^{(1)} = \alpha X_1 + (1-\alpha) S_1^{(1)} = 0.1 \times 50 + 0.9 \times 50 = 50$$

$$S_3^{(1)} = \alpha X_2 + (1-\alpha) S_2^{(1)} = 0.1 \times 52 + 0.9 \times 50 = 50.2$$

$$\vdots$$

$$S_{10}^{(1)} = \alpha X_9 + (1-\alpha) S_9^{(1)} = 0.1 \times 69 + 0.9 \times 57.8 = 58.9$$

当 $\alpha=0.6$ 时

$$S_2^{(1)} = 0.6 \times 50 + 0.4 \times 50 = 50$$

$$S_3^{(1)} = 0.6 \times 52 + 0.4 \times 50 = 51.2$$

$$\vdots$$

$$S_{10}^{(1)} = 0.6 \times 69 + 0.4 \times 66.0 = 67.8$$

(4) $\alpha = 0.1$ 和 $\alpha = 0.6$ 时，比较预测误差的大小。

当 $\alpha = 0.1$ 时，绝对误差有

$$|e_2| = |X_2 - S_2^{(1)}| = |52 - 50| = 2$$
$$|e_3| = |X_3 - S_3^{(1)}| = |51 - 50.2| = 0.8$$
$$\vdots$$
$$|e_{10}| = |X_{10} - S_{10}^{(1)}| = |75 - 58.9| = 16.1$$

平均绝对误差

$$\frac{1}{n}|e_i| = \frac{2 + 0.8 + 0.3 + 6.7 + 13 + 15.7 + 10.2 + 11.2 + 16.1}{9} = 8.4$$

当 $\alpha = 0.6$ 时，绝对误差有

$$|e_2| = |X_2 - S_2^{(1)}| = |52 - 50| = 2$$
$$|e_3| = |X_3 - S_3^{(1)}| = |51 - 51.2| = 0.2$$
$$\vdots$$
$$|e_{10}| = |X_{10} - S_{10}^{(1)}| = |75 - 67.8| = 7.2$$

平均绝对误差

$$\frac{1}{n}|e_i| = \frac{2 + 0.2 + 1.1 + 6.6 + 9.6 + 7.8 + 2.1 + 2.9 + 7.2}{9} = 4.4$$

比较 $\alpha = 0.1$ 和 $\alpha = 0.6$ 时的平均绝对误差，$\alpha = 0.6$ 时，平均绝对误差小，所以选择 $\alpha = 0.6$。

(5) 计算下一季度预测值：

$$S_{11}^{(1)} = \alpha X_{10} + (1 - \alpha) S_{10}^{(1)} = (0.6 \times 75 + 0.4 \times 67.8) \text{万瓶} = 72.1 \text{万瓶}$$

应用一次指数平滑法预测，α 取值一般从 0.1 开始，0.2，0.3，…逐个计算其预测值，分析预测误差，从中确定预测误差最小的 α 值，并以此确定最后预测值。

从上述计算过程可以发现，一次指数平滑法在计算每一个平滑值时，只需用一个实际观察值和一个上期的平滑值就可以了，避免了存储数据过多带来的不便，计算过程简便，计算工作量不会过大。一次指数平滑法也有明显不足，它只能向未来预测一期汽车市场现象的表现，这在很多情况下造成了预测的局限性，不能满足市场预测的需要。此外，一次指数平滑预测模型中的第一个平滑值 $S_1^{(1)}$ 和平滑系数 α，在被确定时只是根据经验，尚无严格的数学理论加以证明。一次指数平滑法对无明显变动趋势的市场现象进行预测是合适的，但对有变动趋势的汽车市场现象则不合适。当市场现象存在明显变动趋势时，无论 α 值取多大，其一次指数平滑值也会滞后于实际观察值。对于一次指数平滑法的不足，用二次指数平滑法就可以克服。

二、二次指数平滑法

二次指数平滑法，是指在一次指数平滑值基础上再作一次指数平滑，然后利用两次指数平滑值建立预测模型，确定预测值的方法。

二次指数平滑法与一次指数平滑法关系密切，一方面，二次指数平滑值必须在一次平滑值基础上计算；另一方面，二次指数平滑法解决了一次指数平滑法不能解决的两个问题：一是解决了一次指数平滑不能用于有明显变动趋势的市场现象的预测，二是解决了一次指数平滑值只能面向未来预测一期的局限性。二次指数平滑法在其应用中，首先是计算出有关时间序列的一次、二次指数平滑值；然后在此基础上建立二次指数平滑预测模型；最后利用预测

模型进行预测，并进行误差分析，最后确定预测值。

二次指数平滑法的计算公式为

$$S_t^{(2)} = \alpha S_t^{(1)} + (1-\alpha) S_{t-1}^{(2)} \tag{8}$$

$$Y_{t+T} = a_t + b_t T \tag{9}$$

式中，Y_{t+T} 为 $t+T$ 期的预测值；T 为由 t 期向后推移的期数；$a_t = 2S_t^{(1)} - S_t^{(2)}$；$b_t = \dfrac{\alpha}{1-\alpha} \cdot (S_t^{(1)} - S_t^{(2)})$。

例：某汽车 4S 店零件销售量如表 3.3.5 和表 3.3.6 所示，用二次指数平滑法预测 2019 年和 2020 年的销售量。

步骤：

（1）选择 α，确定初始值和 $S_1^{(2)}$。分别选择 $\alpha=0.2$ 和 $\alpha=0.8$，确定初始值和 $S_1^{(2)}$，由于本例 $n<10$，故取时间序列中前 3 个数据的平均数为初始值，即

$$S_1^{(1)} = S_1^{(2)} = \frac{62+74+80}{3} = 72$$

表 3.3.5　某汽车 4S 店零件的销售量（$\alpha=0.2$）　　　　万件

观察期 t（年份）	销售量 X_t	$S_t^{(1)}$	$S_t^{(2)}$	a_t	b_t	Y_{t+T}	$\lvert e_i \rvert$
1（2013）	62	72	72	—	—	—	—
2（2014）	74	70	71.6	68.4	−0.4	—	—
3（2015）	80	70.8	71.5	70.1	−0.2	68	12
4（2016）	92	72.6	71.7	73.5	0.2	69.9	22.1
5（2017）	100	76.5	72.7	80.3	1	73.7	26.3
6（2018）	104	81.2	74.4	88	1.7	81.3	22.7
						89.7	

表 3.3.6　某汽车 4S 店零件的销售量（$\alpha=0.8$）　　　　万件

观察期 t（年份）	销售量 X_t	$S_t^{(1)}$	$S_t^{(2)}$	a_t	b_t	Y_{t+T}	$\lvert e_i \rvert$
1（2013）	62	72	72	—	—	—	—
2（2014）	74	64	65.6	62.4	−6.4	—	—
3（2015）	80	72	70.7	73.3	−5.2	56	24
4（2016）	92	78.4	76.8	80	6.4	78.5	13.5
5（2017）	100	89.3	86.8	91.8	10	86.4	13.6
6（2018）	104	97.9	95.7	100.1	8	101.8	2.2
						108.1	

（2）计算一次指数平滑值，以 $\alpha=0.2$ 为例，一次指数平滑值按公式 $S_{t+1}^{(1)} = \alpha X_t +$

$(1-\alpha)S_t^{(1)}$ 计算得

$$S_2^{(1)} = \alpha X_1 + (1-\alpha)S_1^{(1)} = 0.2 \times 62 + (1-0.2) \times 72 = 70$$

$$\vdots$$

$$S_6^{(1)} = 0.2 \times 100 + (1-0.2) \times 76.5 = 81.2$$

二次指数平滑值按公式 $S_t^{(2)} = \alpha S_t^{(1)} + (1-\alpha)S_{t-1}^{(2)}$ 计算得

$$S_2^{(2)} = \alpha S_2^{(1)} + (1-\alpha)S_1^{(2)} = 0.2 \times 70 + (1-0.2) \times 72 = 71.6$$

$$S_3^{(2)} = \alpha S_3^{(1)} + (1-\alpha)S_2^{(2)} = 0.2 \times 70.8 + (1-0.2) \times 71.6 = 71.5$$

$$\vdots$$

$$S_6^{(2)} = \alpha S_6^{(1)} + (1-\alpha)S_5^{(2)} = 0.2 \times 81.2 + (1-0.2) \times 72.7 = 74.4$$

当 $\alpha = 0.8$ 时,照此法计算。

(3) 计算 a、b 值:

计算 a 值,依据公式 $a_t = 2S_t^{(1)} - S_t^{(2)}$ 进行,以 $\alpha = 0.2$ 为例:

$$a_2 = 2S_2^{(1)} - S_2^{(2)} = 2 \times 70 - 71.6 = 68.4$$

$$a_3 = 2S_3^{(1)} - S_3^{(2)} = 2 \times 70.8 - 71.6 = 70$$

$$\vdots$$

$$a_6 = 2S_6^{(1)} - S_6^{(2)} = 2 \times 81.2 - 74.4 = 88$$

计算 b 值,依据公式 $b_t = \dfrac{\alpha}{1-\alpha}(S_t^{(1)} - S_t^{(2)})$ 进行,以 $\alpha = 0.2$ 为例:

$$b_2 = \frac{\alpha}{1-\alpha}(S_2^{(1)} - S_2^{(2)}) = \frac{0.2}{1-0.2} \times (70 - 71.6) = -0.4$$

$$b_3 = \frac{\alpha}{1-\alpha}(S_3^{(1)} - S_3^{(2)}) = \frac{0.2}{1-0.2} \times (70.8 - 71.5) = -0.2$$

$$\vdots$$

$$b_6 = \frac{\alpha}{1-\alpha}(S_6^{(1)} - S_6^{(2)}) = \frac{0.2}{1-0.2} \times (81.2 - 74.4) = 1.7$$

$\alpha = 0.8$ 时,a、b 的计算原理和 $\alpha = 0.2$ 完全一样。

(4) 计算理论预测值 Y_{t+T},并做预测误差比较。

①理论预测值按公式 $Y_{t+T} = a_t + b_t T$ 计算,以 $\alpha = 0.2$ 为例。

当 $t = 1$ 时,由 a_1、b_1 不存在,所以 $Y_2 = Y_{1+1} = a_1 + b_1 T$ 无法计算。

当 $t = 2$ 时,由 $a_2 = 68.4$,$b_2 = -0.4$,$T = 1$,得 $Y_3 = Y_{2+1} = a_2 + b_2 T = 68.4 + (-0.4 \times 1) = 68$;

$$\vdots$$

当 $t = 5$ 时,由 $a_5 = 80.3$,$b_5 = 1$,$T = 1$,得 $Y_6 = Y_{5+1} = a_5 + b_5 T = 80.3 + 1 = 81.3$;

$\alpha = 0.8$ 时,理论预测值 Y_{t+T} 的计算原理和 $\alpha = 0.2$ 完全一样。

②做预测误差比较。这里用平均绝对误差指标来比较。

绝对误差: $\qquad |e_t| = |X_t - Y_{t+T}|$

当 $\alpha = 0.2$ 时,有 $|e_3| = |80 - 68| = 12$,$|e_4| = |92 - 69.9| = 22.1$

$|e_5| = |100 - 73.7| = 26.3$,$|e_6| = |104 - 81.3| = 22.7$

$$\text{平均绝对误差} = \frac{\sum |e_t|}{n} = \frac{12 + 22.1 + 26.3 + 22.7}{4} = 20.8$$

同理，当 $\alpha = 0.8$ 时，有平均绝对误差 $= \dfrac{\sum |e_t|}{n} = \dfrac{24+13.5+13.6+2.2}{4} = 13.3$。

$\alpha = 0.8$ 的预测误差小于 $\alpha = 0.2$ 时的预测误差，所以选择平滑系数 $\alpha = 0.8$。

（5）计算预测值。当 $\alpha = 0.8$ 时，$a_6 = 100.1$，$b_6 = 8$，所以建立二次指数平滑法的数学模型是 $Y_{t+T} = Y_{6+T} = a_6 + b_6 T = 100.1 + 8T$。

预测 2019 年该零件的销售量：$Y_{6+1} = 100.1 + 8 \times 1 = 108.1$（万件）。

预测 2020 年该零件的销售量：$Y_{6+2} = 100.1 + 8 \times 2 = 116.1$（万件）。

3.3　趋势延伸预测法

趋势延伸法又称趋势外推法，是市场预测的一种常用方法，是根据市场发展的连续资料，寻求市场发展与时间之间的长期趋势变动规律，用恰当的方法找出长期变动趋势增长规律的函数表达式，据此预测市场未来发展的可能水平。如商品的销售（或需求）增长规律、耐用产品的发展和更新换代过程等，均可用其趋势增长线来描述，进行预测。

趋势研究法研究的是事物发展与时间的长期变化关系。

市场预测中以大量经济指标的历史数据编制时间序列，常见的长期趋势变动增长线有直线、二次曲线、三次曲线、指数曲线、修正指数曲线和 S 曲线等类型，相对应即有不同类型的趋势延伸法。

运用趋势延伸预测法进行市场预测，必须满足以下两个条件：

（1）预测对象的过去、现在和未来的客观条件基本保持不变，过去发生过的规律会延续到未来。

（2）预测对象的发展过程是渐变的，而不是跳跃的，大起大落的。

只要符合以上两个条件，就可以以时间为自变量，以预测对象为因变量（即预测值），寻求某种曲线（包括直线）并建立预测模型进行预测。

一、直观法

直观法，又称为目测法，是根据预测目标的历史时间数列在坐标图上描点、连线，画出一条最佳的直线或曲线，并加以延伸来确定预测值。

直观法是推算倾向线最简便的方法，不用建立数字模型，只是根据经验，在时间序列曲线上作一条倾向线，画时先用笔描一下，看是否合适；再作一下修改，最后确定下来。经验丰富的人，常常可以得到满意的倾向线。其主要步骤如下：

（1）在平面直角坐标系上标出预测目标的历史时间数据所对应的点。其中，纵轴表示预测目标的因变量，横轴表示时间序列的自变量。

（2）由对应点画出时间序列曲线。在平面直角坐标图上，画出数据资料整理成的时间序列曲线。

（3）根据曲线随时间变化的情况，判断走势是逐年上升还是递减，变化是快还是慢，并根据预测时间找出相应的预测值。

例：现有某汽车 4S 店某车型销售额资料如表 3.3.7 所示，对此进行预测。

表 3.3.7　某汽车 4S 店某车销售额资料

月份 t	1	2	3	4	5	6	7	8	9	10	11
零售额 Y/万元	30	34	39	43	46	50	53	57	61	65	68

作图如图 1 所示，可以看出，由资料描绘的直线是以每月递增几乎相等的趋势延伸的。利用此直线预测 12 月份的销售额，只要从横坐标轴找出点 12，与所画直线交点即所得预测值。

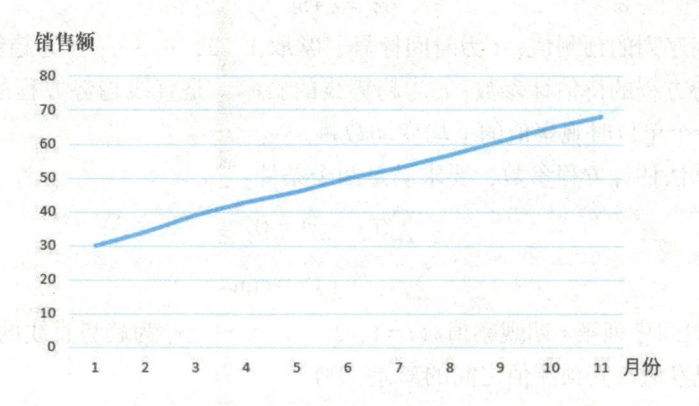

图 3.3.1　某汽车 4S 店车型汽车销售额

直观法的优点是简便易行，不需要建立数字模型，也不需要进行复杂的运算。但缺点是拟合直线会因人而异，会形成若干条斜率不同的直线，用这些直线延伸所得预测值也不一样。随手画出的拟合直线不一定是最佳的拟合直线，会直接影响预测精确度。

二、直线趋势延伸法

直线趋势延伸法是指根据预测对象具有直线变动趋势的时间序列数据，建立直线模型进行预测的方法。所谓直线变动趋势，是指时间序列的数据大体上是按每期相同的数量增加或减少，即表现为近似直线上升或下降的趋势。也就是说，采用直线趋势延伸法，必须有一定的条件，即时间序列数据有长期直线变动的趋势。遇到时间序列大多数数据点变化呈现线性，个别点有异常现象时，经过质数分析，可以在做数据处理（删除或作调整）后再找线性趋势直线进行预测。

直线趋势延伸法与平滑技术（二次移动平均法和二次指数平滑法）同样是遵循事物发展连续原则，以预测目标时间序列资料呈现有单位时间增（减）量大体相同的长期趋势变动为适用条件的。它们之间的区别为：

（1）预测模型的参数计算方法不同。直线趋势延伸法模型参数靠最小二乘法数学推导；平滑技术主要靠经验判断决定。

（2）线性预测模型中的时间变量的取值不同。直线趋势延伸法中时间变量取值取决于未来时间在时间序列中的时序；平滑技术模型中时间变量取值取决于未来时间相距建模时点的时间周期数。

（3）模型适应市场的灵活性不同。直线趋势延伸预测模型参数对时间序列资料一律同等看待，在拟合中消除了季节、不规则、循环三类变动因子的影响，反映时间序列资料长期

趋势的平均变动水平；平滑技术预测模型参数对时间序列资料则采用重近轻远原则，在拟合中能较灵敏地反映市场变动的总体水平。

（4）随时间推进，建模参数计算的简便性不同。随着时间推进，时间序列资料增加，直线趋势延伸预测模型参数要重新计算，且与前面预测时点的参数计算无关；平滑技术模型参数同样要重新计算，但与前面预测时点的参数计算是有关系的。

直线变动趋势预测的数学模型为

$$\hat{y}_t = a + bt$$

式中，$\hat{y}_t$ 为时间序列的预测值；t 为时间标号，常取 1，2，$\cdots$，n；a 为趋势线在 y 轴上的截距，是直线趋势方程的待估计参数；b 为趋势线的斜率，是直线趋势方程的待估计参数，表示时间 t 变动一个单位时观察值的平均变动数量。

按最小二乘法估计方程参数，要求满足两个条件：

$$\sum (y - \hat{y}) = 0$$

$$\sum (y - \hat{y})^2 = \min$$

假设 y_t 为时间序列第 t 期观察值（$t=1$，2，$\cdots$，n），$\hat{y}_t$ 为趋势直线的第 t 期预测值，e_i 为第 i 个实际观察值与其预测值之间的离差，则

$$e_i = y_t - \hat{y}_t = y_t - a - bt$$

假设 Q 为总离差平方和，则 $Q = \sum e_i^2 = \sum (y_t - \hat{y}_t)^2 = \sum (y_t - a - bt)^2$

为使 Q 为最小值，可分别对 a、b 求偏导数，并令之为零，即

$$\frac{\partial Q}{\partial a} = \frac{\partial}{\partial a} \sum (y_t - a - bt)^2 = -2 \sum (y_t - a - bt) = 0$$

$$\sum y_t - na - b \sum t = 0$$

$$\frac{\partial Q}{\partial b} = \frac{\partial}{\partial b} \sum (y_t - a - bt)^2 = -2 \sum (y_t - a - bt)t = 0$$

$$\sum t y_t - a \sum t - b \sum t^2 = 0$$

根据最小二乘法得到求解 a 和 b 的标准方程为

$$\sum y = na + b \sum t$$

$$\sum ty = a \sum t + b \sum t^2$$

$$b = \frac{n \sum ty - \sum t \sum y}{n \sum t^2 - (\sum t)^2}$$

$$a = \bar{y} - b \bar{t}$$

即

$$a = \frac{\sum y - b \sum t}{n}$$

$$b = \frac{n \sum ty - \sum t \sum y}{n \sum t^2 - (\sum t)^2}$$

取时间序列的中间时期为原点时，有 $\sum t = 0$；若适当选择时间 t（如年份或月份）的代

号，也可使 $\sum t = 0$。当时间序列中数据点数目为奇数，如 $n = 7$ 时，取 -3，-2，-1，0，1，2，3 为序号，则可用以下公式更简便地确定 a、b 的值，上式可简化为

$$\sum y = na$$
$$\sum ty = b \sum t^2$$

解得
$$a = \bar{y}$$
$$b = \frac{\sum ty}{\sum t^2}$$

$$a = \frac{\sum y}{n}, b = \frac{\sum ty}{\sum t^2}$$

例：利用表 3.3.8 中的数据，根据最小二乘法确定某企业汽车产量的直线趋势方程，计算出汽车产量的趋势值，并预测 2020 年的汽车产量，作图与原序列比较。

表 3.3.8　汽车产量直线趋势计算表

年份	时间 t	产量 Y_t/千辆	tY_t	t^2	趋势值
2002	1	17.56	17.56	1	0
2003	2	19.63	39.26	4	9.50
2004	3	23.98	71.94	9	19.00
2005	4	31.64	126.56	16	28.50
2006	5	43.72	218.60	25	38.00
2007	6	36.98	221.88	36	47.50
2008	7	47.18	330.26	49	57.00
2009	8	64.47	515.76	64	66.50
2010	9	58.35	525.15	81	76.00
2011	10	51.40	514.00	100	85.50
2012	11	71.42	785.62	121	95.00
2013	12	106.67	1 280.04	144	104.51
2014	13	129.85	1 688.05	169	114.01
2015	14	136.69	1 913.66	196	123.51
2016	15	145.27	2 179.05	225	133.01
2017	16	147.52	2 360.32	256	142.51
2018	17	158.25	2 690.25	289	152.01
2019	18	163.00	2 934.00	324	161.51

根据表得 a 和 b 的结果为

$$b = \frac{18 \times 18\ 411.96 - 171 \times 1\ 453.58}{18 \times 2\ 109 - 171^2} = 9.500\ 4$$

$$a = \frac{1\,453.58}{18} - 9.500\,4 \times \frac{171}{18} = -9.499\,4$$

汽车产量的直线趋势方程为 $\hat{y_t} = -9.499\,4 + 9.500\,4t$

2020年汽车产量的预测值为 $\hat{y_{2020}} = -9.499\,4 + 9.500\,4 \times 20 = 180.51$（千辆）

作图如图3.3.2所示。

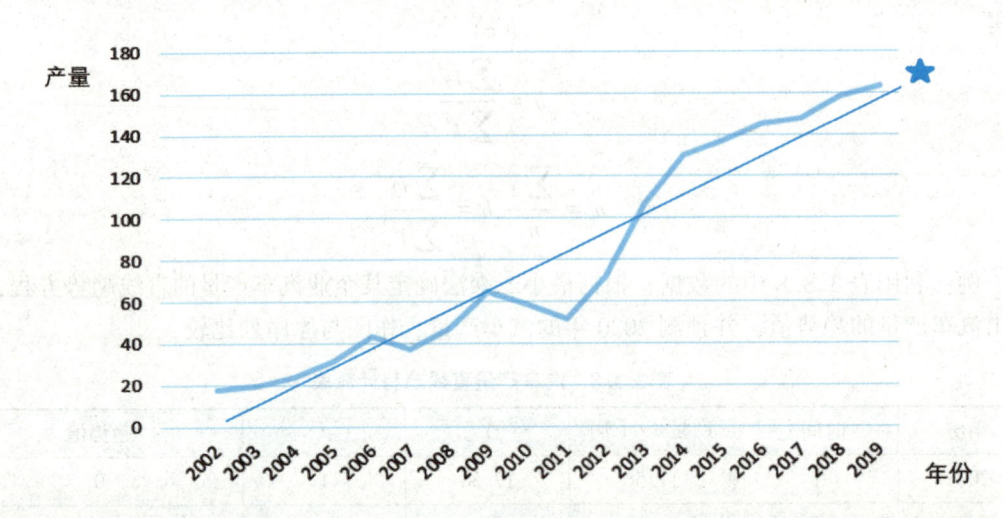

图 3.3.2 2002—2019 年汽车产量的实际曲线和 2020 年趋势预测

注：粗线表示实际值，细线表示预测值

三、曲线趋势延伸法

在趋势延伸预测法中，直线趋势延伸法适用于线性变动趋势的时间序列预测。而现实中，许多市场现象的变化规律表现为非线性变动趋势，即表现为各种曲线趋势变动。对于非线性变动趋势的时间序列预测，必须采用二次曲线、指数曲线等曲线预测模型对其进行预测。

常用的有二次曲线趋势延伸法，这里不做介绍。

3.4 季节指数预测法

季节指数预测法是根据时间序列中的数据资料所呈现的季节性变动规律性，对预测目标未来状况做出预测的方法。在汽车市场销售中，一些商品受季节影响而出现销售淡季和旺季之分的季节性变动规律。掌握了季节性变动规律，就可以利用它来对季节性商品进行市场需求量的预测。

利用季节指数预测法进行预测时，时间序列的时间单位或是季，或是月，变动循环周期为4季或是12个月。运用季节指数进行预测，首先要利用统计方法计算出预测目标的季节指数，以测定季节性变动的规律性；然后在已知季度的平均值条件下，预测未来某个月（季）的预测值。

直接平均季节指数预测法，是根据呈现季节性变动的时间序列资料，用求算术平均值的方法直接计算各月或各季的季节指数，据此达到预测目的的一种方法。

直接平均季节指数预测法的一般步骤如下：
(1) 收集历年（通常至少有三年）各月或各季的统计资料（观察值）。
(2) 求出各年同月或同季观察值的平均数（用 A 表示）。
(3) 求历年间所有月份或季度的平均值（用 B 表示）。
(4) 计算各月或各季度的季节指数，即 S＝A/B。
(5) 根据未来年度的全年趋势预测值，求出各月或各季度的平均趋势预测值，然后乘以相应季节指数，就得到未来年度内各月和各季度包括季节性变动的预测值。

季节指数是一种以相对数表示的季节性变动衡量指标。因为只根据一年或两年的历史数据计算而得的季节性变动指标，往往含有很大的随机波动因素，故在实际预测中通常需要掌握和运用三年以上的分季历史数据。季节指数的计算公式为

$$季节指数 = \frac{历年同季(月)平均数}{全年总平均数} \times 100\%$$

$$S = \frac{A}{B}$$

即一年 4 个季度的季节指数之和为 400%，每个季度季节指数的平均数为 100%。季节变动表现为各季的季节指数围绕着 100% 上下波动，表明各季销售量与全年平均数的相对关系。例如，某种商品第一季度的季节指数为 125%，这表明该商品第一季度的销售量通常高于年平均的 25%，属旺季；若第三季度的季节指数为 73%，则表明该商品第三季度的销售量通常低于全年平均数 27%，属淡季。

例：某车载空调厂 2019—2021 年车载空调器销售量如表 3.3.9 所示。预计 2023 年的销售量比 2021 年递增 3%，请用直接平均季节指数法预测 2022 年各季度的销售量。

具体步骤：
(1) 计算历年同季的销售平均数 A，即

表 3.3.9　某车载空调厂 2019—2021 年空调器销售量

项目	一	二	三	四	合计	全年平均
2019	5.7	22.6	28.0	6.2	62.5	15.6
2020	6.0	22.8	30.2	5.9	64.9	16.2
2021	6.1	23.1	30.8	6.2	66.2	16.6
历年同季平均数	5.9	22.8	29.6	6.1		16.1
季节指数/%	36.6	141.6	183.9	37.9		

$$A_1 = \frac{5.7+6.0+6.1}{3} 万台 = 5.9 万台$$

$$A_2 = \frac{22.6+22.8+23.1}{3} 万台 = 22.8 万台$$

同理可得 $A_3 = 29.6$ 万台，$A_4 = 6.1$ 万台。

(2) 计算历年季度总平均数 B，即

$$B = \frac{62.5+64.9+66.2}{4 \times 3} 万台 = 16.1 万台$$

（3）计算季节指数 S，即

$$S_1 = \frac{A_1}{B} = \frac{5.9}{16.1} = 36.6\%$$

$$S_2 = \frac{A_2}{B} = \frac{22.8}{16.1} = 141.6\%$$

同理可得 $S_3 = 183.9\%$，$S_4 = 37.9\%$。

（4）计算 2022 年各季度预测值，根据题意有：

2022 年车载空调器销售预测值 $= 66.2 \times (1+3\%) = 68.2$（万台）

2022 年第一季度预测值

$$\frac{68.2}{4} \times 36.6\% = 6.24（万台）$$

2022 年第二季度预测值

$$\frac{68.2}{4} \times 141.6\% = 24.14（万台）$$

2022 年第三季度预测值

$$\frac{68.2}{4} \times 183.9\% = 31.35（万台）$$

2022 年第四季度预测值

$$\frac{68.2}{4} \times 37.9\% = 6.46（万台）$$

思考与练习

一、单项选择题（以下各小题所给出的 4 个选项中，只有一项最符合题目要求，请将正确选项的代码填入括号内。）

1. 下列关于移动平均法的类型分类不正确的是（   ）。
   A. 一次移动平均法   B. 二次移动平均法   C. 指数移动平均法   D. 加权移动平均法

2. 移动平均数是（   ）。
   A. 一个数字   B. 一组数列   C. 一组拟合的数字   D. 算术平均数

3. 下列有关简单算术平均法的说法正确的是（   ）。
   A. 当时间序列因素影响较大时使用   B. 当预测者重要程度不同时可使用
   C. 操作简单，预测简便快捷，费用低   D. 可作长期趋势预测

4. 下列关于指数平滑法的优点不对的是（   ）。
   A. 不需要全部历史资料   B. 体现早期资料的重要性
   C. 突出近期资料的重要性   D. 对结果的修匀效果好

5. 二次指数平滑法的优点是（   ）。
   A. 操作简单，应用广泛
   B. 比一次指数平滑法的修匀效果好
   C. 只需要比一次指数平滑法更少的资料
   D. 可单独使用，与一次指数平滑法相独立

6. 下列属于时间序列分析法的有（　　）。
   A. 主观概率法　　　B. 简单平均法　　　C. 移动平均法　　　D. 指数平滑法
7. 在（　　）情况下不宜采用几何平均法进行预测。
   A. 环比发展速度差异很大　　　　　　B. 环比发展速度差异很小
   C. 首位两个历史数据偏高　　　　　　D. 首位两个历史数据偏低
8. 加权移动平均法的权重确定是按照（　　）的原则进行的。
   A. 近轻远重　　　B. 近重轻远　　　C. 同等程度　　　D. 随机
9. 指数平滑法实际上是一种特殊的（　　）。
   A. 一次移动平均法　　　　　　　　　B. 二次移动平均法
   C. 加权移动平均法　　　　　　　　　D. 加权平均法

三、判断题（请在下面题目中的括号里面填"√"或"×"。）

1. 指数平滑法就是移动平均法。（　　）
2. 加权平均数可以体现预测者的重要程度和信息资料的时序差异。（　　）
3. 实际预测中，采用的方法不同，对信息资料的要求也可能不同。（　　）
4. 只要正确地使用定量预测技术，无论历史资料有多少都能做到科学预测。（　　）

三、简答题

1. 什么是时间序列预测法？
2. 平滑预测法主要包括哪几种形式？预测的基本步骤有哪些？
3. 为什么要运用加权法求平均数？可以有哪些方法？

学生活动

请各组同学对下列市场趋势进行预测。

1. 某地区居民过去 5 年间的消费见表 A-1，试用算术平均法预测第 6 年该地区的居民消费水平。

表 A-1　某地区居民的消费水平

时间	第一年	第二年	第三年	第四年	第五年
消费水平/亿元	5.7	5.9	6.0	5.7	6.2

2. 某 4S 店历年收入资料如表 A-2 所示。试用一次移动平均法和加权移动平均法预测 2022 年的收入。

表 A-2　某 4S 店 2013—2019 年销售收入表

年份	2015	2016	2017	2018	2019	2020	2021
收入/万元	200	230	300	390	450	510	600

3. 某品牌汽车 2013—2021 年的销售额如表 A-3 所示，分别取 $\alpha = 0.2$ 和 $\alpha = 0.8$，用一次指数平滑预测 2022 年的销售额。

表 A-3　某 4S 店 2013—2019 年的销售额

年份	2013	2014	2015	2016	2017	2018	2019	2020	2021
销售额/万元	1 030	1 100	1 170	1 280	1 340	1 380	1 350	1 420	1 480

"汽车市场调查与预测" 课程学习总结

汽车市场调查与预测
Automobile market survey and forecast

主　编　熊金凤

任务手册
Task manual Edition 2020

专业：_____

班级：_____

小组编号：_____

姓名：_____

指导教师：_____

项目准备　任务工作单

课程名称	汽车市场调查与预测	模块名称	汽车市场调查与预测项目实施准备
班　级		小组编号		ID号		姓名	
任务目标	掌握汽车市场调查与预测的概念、方法、流程等，为课程后续内容理解与任务实施做好准备							
工作内容	1. 理解汽车市场信息； 2. 理解汽车市场调查的内涵； 3. 掌握汽车市场调查的内容； 4. 把握汽车市场调查的程序； 5. 明确汽车市场调查的作用； 6. 认识汽车市场调查方法总述； 7. 认识汽车市场调查专业机构							

1. 请谈谈你对汽车市场信息的理解。

（1）通常市场信息可以通过_____、报道、报告、通告、法令、_____、指示、_____、报表、_____、书信、_____、语言和_____的形式体现。

（2）通过网上信息查找法，回答中国汽车企业最大的是哪三家（回答全称）。

答：_____、_____和_____。

2. 请你填空解释汽车市场调查的内涵。

汽车市场调查是通过_____的方法，有_____、有_____的_____、_____、_____和_____汽车市场_____，为汽车市场经营与市场发展规划提供可靠依据的一项工作。

3. 请按照你所掌握的汽车市场调查内容填空。

4. 请按照你所掌握的汽车市场调查与分析的实际工作流程填空。

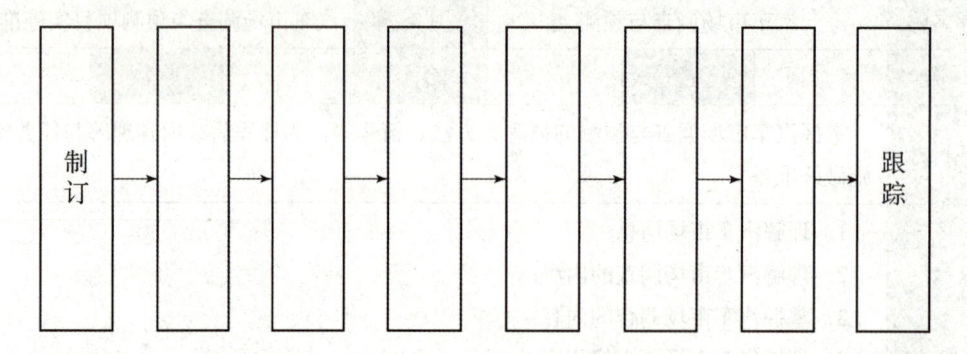

制订 → □ → □ → □ → □ → □ → □ → □ → 跟踪

5. 本节市场调查的方法是很重要的知识点,请按照你所掌握知识填空。

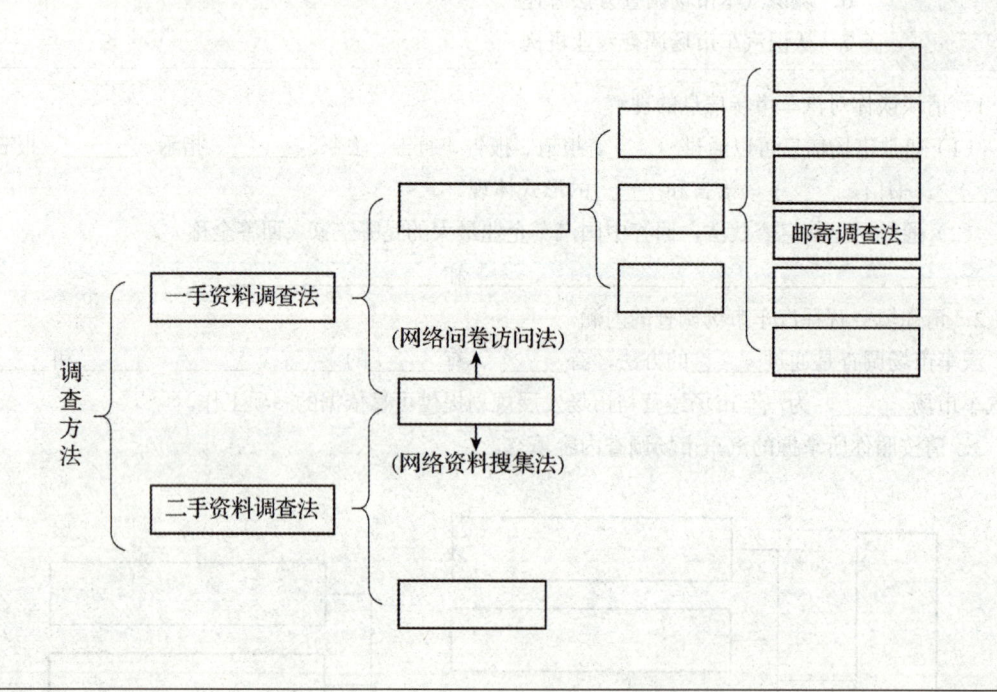

调查方法
├─ 一手资料调查法 ─ □ ─┬─ □
│   ├─ □ (网络问卷访问法)
│   └─ □
└─ 二手资料调查法 ─ □ ─┬─ 邮寄调查法
                       ├─ □
  (网络资料搜集法)   └─ □
                       └─ □

项目课程内容介绍与预习提示。

课程内容框架:
项目一 某区域汽车拥有情况调查
项目二 某汽车车型消费意向调查
项目三 二手车消费意向调查
项目四 某汽车企业市场现状调查

思考：

1. 武进汽车城有哪些 4S 店？请到实地走访，举五例，并说明全称。

2. 汽车拥有情况指的是什么？

成绩评定：　　　　　　　　　　　　　　　　　　　　　　　　　　　　月　　日

小组合作学习方式 组建调查团队

调查机构名称：
调查机构服务口号：

调查团队：

（贴照片处）

调查团队成员简介：

项目一　某区域汽车拥有情况调查　任务工作单

课程名称	汽车市场调查与预测	模块名称	任务1　明确市场调查目标
班　级	小组编号	ID号	姓名

任务目标	1. 确定市场调查目标的作用； 2. 了解市场调查目标确定的程序； 3. 明确以常州大学城为示范调查区域的汽车拥有情况调查的目标
工作内容	1. 什么是调查目标？如何制定项目一的调查目标？ 2. 汽车常见品牌有哪些？ 3. 汽车常见颜色有哪些？ 4. 按价格汽车一般分成哪些档次？ 5. 理解文案调查和二手资料

1. 请你列举十个常见的汽车品牌名称，并熟悉它们的品牌标志。

   答：_____、_____、_____、_____、_____、_____、_____、_____

   _____和_____。

2. 汽车变速器有哪几种形式？

   答：_____。

3. 什么是二手资料？_____

   _____。

4. 什么是文案调查？_____

   _____。

5. 常州大学城汽车拥有情况调查的内容包括

   （1）_____；（2）_____；（3）_____；（4）_____；

   （5）_____；（6）_____；（7）_____；（8）_____。

6. 制定调查目标的程序。

   （1）_____；

   （2）_____；

   （3）_____。

后续内容介绍与预习提示。

请思考：

1. 什么是调查方案？ 2. 调查方案的作用是什么？ 3. 调查方案如何制定？

成绩评定：　　　　　　　　　　　　　　　　　　　　　　　　　　　月　　日

项目一　某区域汽车拥有情况调查　任务工作单

课程名称	汽车市场调查与预测	模块名称	任务 2 制定市场调查方案
班　级	小组编号	ID 号	姓名
任务目标		1．体会汽车市场调查方案的作用； 2．明确汽车市场调查方案的内容； 3．正确选择汽车市场调查对象； 4．理解全面调查的内涵与特点
工作内容		设计常州大学城汽车拥有情况市场调查方案

1．市场调查方案的作用是什么？
答：_____
_____。
2．本项目调查采用的调查方法是：（1）_____；（2）_____。
3．调查对象是（　　）。A．大学城的轿车　B．大学城的教师　C．大学城外的轿车
4．请解释全面调查：_____。

请完成关于常州_____（学校名）汽车拥有情况调查方案的引导文。

前言部分：
_____
_____
_____
_____
_____
_____
_____

调查课题的目的和意义：
_____
_____
_____

调查的内容和具体项目：

（说明：下面列出的内容是你后面调查时候要实际调查的内容，有几项填写几项）

1. ＿＿＿＿＿；2. ＿＿＿＿＿；3. ＿＿＿＿＿；4. ＿＿＿＿＿；5. ＿＿＿＿＿；
6. ＿＿＿＿＿；7. ＿＿＿＿＿；8. ＿＿＿＿＿；9. ＿＿＿＿＿；10. ＿＿＿＿＿。

市场调查对象和调查范围：

（说明：根据目标顾客的性别、年龄、收入、文化程度、职业等特征而确定）

调查对象：＿＿＿＿＿＿＿＿＿＿＿＿＿＿＿＿＿＿＿＿＿＿＿＿＿＿＿＿＿＿＿＿＿＿；
调查范围：＿＿＿＿＿＿＿＿＿＿＿＿＿＿＿＿＿＿＿＿＿＿＿＿＿＿＿＿＿＿＿＿＿＿。

调查采用的方法：

（说明：采取何种方法取决于具体的调查条件，请写出方法名称和选择的理由）

方法 1：＿＿＿＿＿＿＿＿＿＿＿＿＿＿＿＿＿＿＿＿＿；
理由：＿＿＿＿＿＿＿＿＿＿＿＿＿＿＿＿＿＿＿＿＿＿＿＿＿＿＿＿＿＿＿＿＿＿＿＿＿
＿＿＿＿＿＿＿＿＿＿＿＿＿＿＿＿＿＿＿＿＿＿＿＿＿＿＿＿＿＿＿＿＿＿＿＿＿＿＿。

方法 2：＿＿＿＿＿＿＿＿＿＿＿＿＿＿＿＿＿＿＿＿＿；
理由：＿＿＿＿＿＿＿＿＿＿＿＿＿＿＿＿＿＿＿＿＿＿＿＿＿＿＿＿＿＿＿＿＿＿＿＿＿
＿＿＿＿＿＿＿＿＿＿＿＿＿＿＿＿＿＿＿＿＿＿＿＿＿＿＿＿＿＿＿＿＿＿＿＿＿＿＿。

调查时间进度安排：

（说明：按照内容，有多少项目就填写多少）

时间	地点			

经费预算开支情况：

（说明：列清项目名称和具体金额）

项目			
1			
2			
3			
4			
5			
6			
7			

调查结果的表达形式说明：

（说明：本项目调查结果表达方式为书面表达） 以_____作为调查结果的汇报材料。

附录：

（说明：列出附录应该放的材料项目名称）

1._____；2._____；
3._____；4._____
_____。

后续内容介绍与预习提示。

1. 汽车市场调查方法有哪些？　　2. 了解文案调查法；
3. 了解观察法；　　　　　　　　4. 观察法调查的注意事项；
5. 观察法调查信息的记录。

成绩评定：　　　　　　　　　　　　　　　　　　　　月　　　日

项目一　某区域汽车拥有情况调查　任务工作单

课程名称	汽车市场调查与预测	模块名称	任务3　选择市场调查方法
班　级	小组编号　　　　　ID 号　　　　　姓名		
任务目标	1. 理解观察法、文案法的特点； 2. 掌握观察法、文案法市场调查开展的具体方式； 3. 明确在市场调查的过程中要注意的事项		
工作内容	学习观察法、文案法，并对其开展程序、方法特征等进行研究		

1. 文案调查法含义。

　　文案调查法又称_____调查法、_____调查法、桌面调查法、室内调查法、资料查阅寻找法。其是围绕一定的调查目的，通过_____、_____、_____、_____、_____等手段，收集并整理_____和外部现有的各种信息、情报资料，对调查内容进行分析研究的一种调查方法。

2. 文案调查的特点。

　　(1) 收集的是已经加工过的_____资料，不是在实地进行_____资料的收集；

　　(2) 收集资料主题明确；

　　(3) 所搜集的二手资料分_____和_____两个方面。

3. 文案调查的程序。

　　(1) _____；(2) 寻找资料信息_____；

　　(3) _____信息资料；(4) _____信息资料；

　　(5) _____信息资料；(6) 撰写文案调查报告。

4. 观察法含义。

　　观察调查法简称观察法，是调查员通过自己的_____或借助_____，深入调查现场，直接或间接观察和记录_____的行为或状况，以获取第_____手资料的一种实地调查方法。

5. 观察法使用的工具。

　　(1) 人的五种感官：_____觉、_____觉、_____觉、_____觉、_____觉。

　　(2) 人的感官的延伸：望远镜、显微镜、照相机、助听器、录音机、噪声测量仪、触式测试仪、盲视仪、金相仪、化学分析仪、味料专用分析仪、香料分析仪等（*了解一下）。

6. 观察法类型。

　　(1) _____与_____；

　　(2) _____与_____；

　　(3) _____与_____；

　　(4) _____与_____。

7. 观察法的特点。

(1) 市场观察法是观察者根据研究市场问题的某种需要，有目的、有计划地搜集市场资料，是为科学研究市场服务的。

(2) 市场观察法是科学的观察，它必须是系统的、全面的。科学的观察必须通过对观察过程的周密计划，通过对观察者的严格要求，避免或尽可能减少观察误差，以保证调查资料的可靠性。

(3) 科学的观察在利用观察者感觉器官的同时，还可以运用科学的观察工具进行观察。

(4) 科学观察的结果必须是客观的，它所观察的是当时正在发生的、处于自然状态下的市场现象。这是相对于在实验条件下的观察来说的。它所强调的是所观察到的市场现象不能有人为的假象，其观察结果才能客观反映实际情况。

8. 观察记录技术。

观察记录技术是指观察人员实施观察时所运用的一些技能手段，内容包括_____、_____、_____、_____和_____等。适当的观察技术对提高调查工作的质量有很大的帮助。

9. 应用观察法必须遵循的基本原则。

(1) _____；(2) _____；(3) _____。

后续内容介绍与预习提示。

1. 观察表格的内容；
2. 观察表格中信息的排列；
3. 观察表的表头设计；
4. 观察表的印制；
5. 实地调查前的准备。

成绩评定： 月 日

项目一 某区域汽车拥有情况调查 任务工作单

课程名称	汽车市场调查与预测	模块名称	任务4 设计观察表格
班　级		小组编号		ID号		姓名	
任务目标	1．掌握观察表格设计的要点； 2．掌握观察表格的结构特点； 3．掌握观察表格的内容要素					
工作内容	设计常州大学城汽车拥有情况调查的观察表，并印制一定份数，为后面使用做好准备					

1．常州大学城＿＿＿＿＿＿＿＿＿＿（学校名）汽车拥有情况观察表的内容应当包括

（1）＿＿＿＿＿＿；（2）＿＿＿＿＿＿；（3）＿＿＿＿＿＿；（4）＿＿＿＿＿＿；

（5）＿＿＿＿＿＿；（6）＿＿＿＿＿＿；（7）＿＿＿＿＿＿；（8）＿＿＿＿＿＿。

2．汽车拥有情况观察表记录的其他要素应当包括

（1）＿＿＿＿＿＿；（2）＿＿＿＿＿＿；（3）＿＿＿＿＿＿；

（4）＿＿＿＿＿＿；（5）＿＿＿＿＿＿；（6）＿＿＿＿＿＿。

3．观察记录技术。

观察记录技术是指观察人员实施观察时所运用的一些技能手段，内容包括＿＿＿＿＿＿、＿＿＿＿＿＿、＿＿＿＿＿＿和＿＿＿＿＿＿等。适当的观察技术对提高调查工作的质量有很大的帮助。

4．常州大学城＿＿＿＿＿＿＿＿＿＿（学校名）汽车拥有情况观察表的设计。

（1）在下表上部相应的位置设计表头；

（2）在表格中按照调查信息的实际情况，考虑信息统计时能够更加方便，在第一行各列填写适当的调查内容。

表头：

续表

后续内容介绍与预习提示。

1. 实施观察调查的流程；
2. 实施观察调查的注意事项；
3. 观察调查方法使用后的总结；
4. 文案调查的注意事项；
5. 文案调查方法使用后的总结。

成绩评定： 月　　日

项目一　某区域汽车拥有情况调查　任务工作单

课程名称	汽车市场调查与预测	模块名称	任务5　组织实施市场调查
班　级		小组编号		ID号		姓名	
任务目标	1. 熟悉实施观察调查的流程； 2. 把握实施观察调查的注意事项； 3. 总结观察调查方法使用经验； 4. 把握文案调查的注意事项； 5. 总结文案调查方法使用经验						
工作内容	运用文案法、观察法进行常州大学城某分区域的汽车拥有情况调查						

1. 调查准备。

观察表若干份，笔，胸牌（补充项：零钱、电话等）。

2. 调查实施要求与注意事项。

（1）在实地调研期间注意交通安全；

（2）在校外实习时按上、下课时间分别集合一次，并以小组为单位按时返校；

（3）注意个人财产安全，尽量不要带贵重物品在身上，手机等随身物品需小心看管；

（4）在调查过程中，与人交谈应注意礼貌，避免和他人发生争执。

3. 调查后总结（说明：重点写调查执行经过和调查后对调查方法使用的总结及对调查执行过程的经验总结）。

　　　　　常州大学城＿＿＿＿＿＿＿＿＿＿（学校名）汽车拥有情况调查日志

后续内容介绍与预习提示。

1. 资料的类型。
2. 不同的资料整理方法相同吗?
3. 调查资料整理的程序。
4. 调查资料的审核内容。
5. 常州大学城汽车拥有情况调查的资料应当如何整理?

成绩评定: 　　　　　　　　　　　　　　　　　　　　　　月　　日

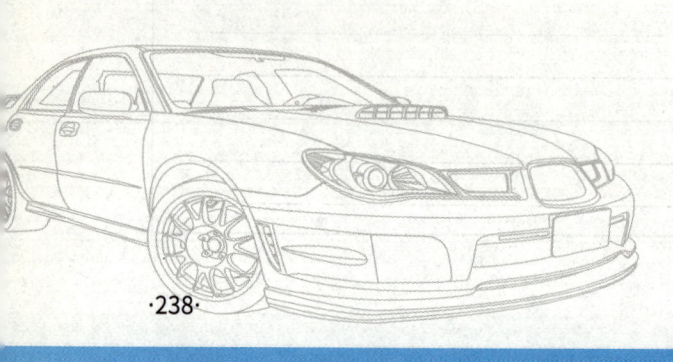

项目一　某区域汽车拥有情况调查　任务工作单

课程名称	汽车市场调查与预测	模块名称	任务6　整理分析市场调查资料
班　级	小组编号	ID 号	姓名
任务目标	1．明确调查资料整理的程序； 2．掌握调查资料审核的内容； 3．理解分组并会将资料分组； 4．掌握制图、制表分析的方法		
工作内容	对常州大学城某分区域的汽车拥有情况调查资料进行整理与分析		

1．调查资料的整理的意义。
　(1) _____；(2) _____；
　(3) _____；(4) _____。
2．解释调查资料的整理：对通过各种方法收集到的资料加以_____、_____及_____，把庞大的、复杂的、零散的资料集中简化，使资料变成易于理解和解释的形式。
3．解释调查资料的分析：对汇总整理完毕的资料进行科学分析，得出服务于调研成果的结论。
4．审核分为_____、_____、_____和_____四种。
5．常州大学城某分区域汽车拥有情况调查资料审核的内容包括
　(1) _____；(2) _____；(3) _____。
审核通过则登记汇总，审核不通过则_____或_____或_____。
6．资料统计汇总最简便且最基本的是_____法。
7．一般，常用_____和_____来陈式统计后的数据资料，并以此为依据，进行资料的分析。
8．结合实际课题，回答以下问题：
　(1) 单变量分组标志：_____、_____、_____、_____、_____。
　(2) 双变量分组标志：
　　　第一组：_____和_____；
　　　第二组：_____和_____；
　　　第三组：_____和_____。
　(3) 三变量分组标志：
　　　第一组：_____、_____和_____；
　　　第二组：_____、_____和_____。
　(4) 运用_____法统计后，认真填写下列表格。

单变量统计：

表 1-1＿＿＿＿＿＿单变量统计结果   表 1-2＿＿＿＿＿＿单变量统计结果

表 1-3＿＿＿＿＿＿单变量统计结果   表 1-4＿＿＿＿＿＿单变量统计结果

表 1-5＿＿＿＿＿＿单变量统计结果

双变量统计：

表2　第一组双变量统计结果（变量_____与_____）

表3　第二组双变量统计结果（变量_____与_____）

表4 第三组双变量统计结果（变量_____与_____）

三变量统计：

表5 第一组三变量统计结果（变量_____、_____与_____）

表6　第二组三变量统计结果（变量_____、_____与_____）

后续内容介绍与预习提示。

1. 市场调查报告的作用；
2. 市场调查报告的内容；
3. 市场调查报告的形式；
4. 思考：如何编写项目一的市场调查报告？

成绩评定：　　　　　　　　　　　　　　　　　　　　　　　　　月　　　日

项目一　某区域汽车拥有情况调查　任务工作单

课程名称	汽车市场调查与预测	模块名称	任务7　编写市场调查报告
班　级	小组编号	ID号	姓名
任务目标		1. 体会汽车市场调查报告的作用； 2. 明确汽车市场调查报告的内容
工作内容		撰写常州大学城汽车拥有情况市场调查报告

1. 汽车市场调查报告的作用是什么？
_____
_____。

2. 调查报告分三大部分内容：介绍部分、正文部分、附件部分。
介绍部分包括_____、_____、_____和_____；
正文部分包括_____、_____和_____；
附件部分包括_____、_____和_____。

请完成关于常州_____（学校名）汽车拥有情况调查报告的引导文。

封面：
报告标题：_____
调查单位：_____
通信地址：_____
电　话：_____
E-mail：_____
报告日期：_____
报告主送单位：_____

＊说明：调查报告编辑后以打印稿形式提交。

后续内容介绍与预习提示。
请思考：
1. 汽车配件有哪些？　2. 汽车配件市场经营情况调查方法与内容是什么？

成绩评定：　　　　　　　　　　　　　　　　　　　　　月　　日

项目一　某区域汽车拥有情况调查

小组工作情况记录：

学习心得体会：

项目二　某汽车车型消费意向调查　任务工作单

课程名称	汽车市场调查与预测	模块名称	任务1　明确市场调查目标
班　级	小组编号	ID号	姓名
任务目标	1. 明确市场调查目标的作用； 2. 市场调查目标确定的程序； 3. 明确某车型消费意向调查的目标		
工作内容	1. 理解消费意向的内涵； 2. 明确工作小组拟调查的车型； 3. 明确消费意向调查的目标		

1. 常州汽车4S店的集中区是_____和_____。
2. 本次调查以_____车型为研究对象。
3. 本次市场调查采取的调查方法最好是_____和_____。
4. 调查对象是_____。
5. 汽车消费意向情况调查的内容包括

   （1）_____；（2）_____；（3）_____；（4）_____；

   （5）_____；（6）_____；（7）_____；（8）_____。

6. 制定调查目标的程序：（1）_____；（2）_____；

   （3）_____。

7. 请解释市场调查：_____

_____。

8. 市场调查专业机构有5种类型，_____、_____、_____、

_____、_____。请填空并了解其性质和特点。

9. 了解营销问题的背景包括了解企业本身条件和企业的环境条件。其中，了解企业本身条件指_____、_____

_____；了解企业的环境条件指_____、_____、

_____、_____。

10. 请简述市场调查的作用。

    答：

11. 收集二手资料应有什么基本要求？（　　）（不定项）

A．围绕营销问题的内容

B．根据资料来源，结合适当的收集方法做到去伪存真、去粗取精

C．从众多资料中将对调查目的有价值的资料选取出来

D．去除那些不确切、有限制的资料

12. 在分析营销问题时，预测消费者行为应考虑哪些因素？（　　）（不定项）

A．消费者和非消费者的人数及地域分布

B．人口统计和心理特征

C．对价格敏感性

D．零售店主要光顾人群

E．传播媒体对消费行为及对产品改进的反应

13. 在业务实践中，确定调查目标时，有的调查研究人员将目标定义得太窄，就会（　　）（不定项）。

A．收集资料不充分

B．调查结论不科学

C．决策者缺乏对市场情况的全盘把握

D．可能导致决策的失败

后续内容介绍与预习提示。

请思考：

1. 什么是调查方案？
2. 调查方案的作用是什么？
3. 某车型消费意向的调查方案如何制定？

成绩评定：　　　　　　　　　　　　　　　　　　　　　　　　　月　　日

项目二　某汽车车型消费意向调查　任务工作单

课程名称	汽车市场调查与预测	模块名称	任务2　制定市场调查方案
班　级	小组编号	ID号	姓名
任务目标	1. 理解汽车市场调查方案的作用； 2. 明确汽车市场调查方案的内容； 3. 正确选择汽车市场调查对象； 4. 理解抽样调查的内涵与特点		
工作内容	设计常州大学城汽车拥有情况市场调查方案		

1. 本项目调查采用的调查方法是：（1）_____；（2）_____。
2. 调查对象是_____。
3. 请解释抽样调查：_____
_____。

请完成关于常州　　　　　（车型名称）消费意向调查方案的引导文。

前言部分：

调查课题的目的和意义：

调查的内容和具体项目：

（说明：下面列出的内容是你后面调查时候要实际调查的内容，有几项填写几项）

1. _____ ；2. _____ ；3. _____ ；4. _____ ；5. _____ ；
6. _____ ；7. _____ ；8. _____ ；9. _____ ；10. _____ 。

市场调查对象和调查范围：

（说明：根据目标顾客的性别、年龄、收入、文化程度、职业等特征确定）

调查对象：_____；
调查范围：_____。

调查采用的方法：

（说明：采取何种方法取决于具体的调查条件，请写出方法名称和选择的理由）

方法1：_____；
理由：_____
_____。

方法2：_____；
理由：_____
_____。

调查时间进度安排：

（说明：按照内容，有多少项目就填写多少）

时间	地点			

经费预算开支情况：

（说明：列清项目名称和具体金额）

项目			
1			
2			
3			
4			
5			

调查结果的表达形式说明：

（说明：本项目调查结果表达方式为书面表达）   以_____作为调查结果的汇报材料。

附录：

（说明：列出附录应该放的材料项目名称）

1. _____；2. _____；
3. _____；4. _____。

后续内容介绍与预习提示。

1. 汽车市场调查方法有哪些？
2. 掌握文案调查法。
3. 研究问卷调查法及其特点。
4. 文案调查的注意事项。
5. 问卷调查的注意事项。

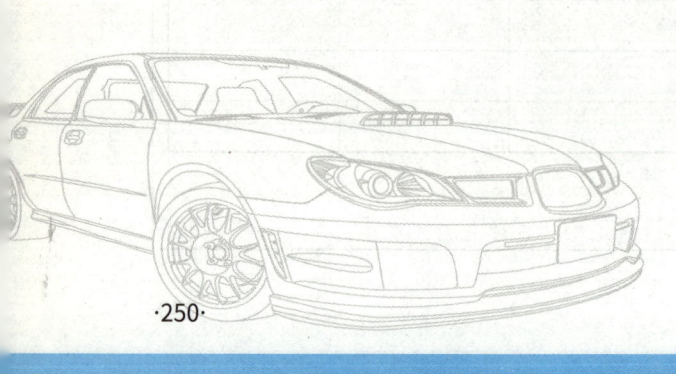

成绩评定：　　　　　　　　　　　　　　　　　　　　　　　　　月　　日

项目二　某汽车车型消费意向调查　任务工作单

课程名称	汽车市场调查与预测	模块名称	任务3　选择市场调查方法		
班　级		小组编号		ID号		姓名	

任务目标	1. 理解文案法、问卷调查方法的特点； 2. 掌握文案法、问卷市场调查开展的具体方式； 3. 明确在市场调查的过程中要注意的事项
工作内容	学习问卷法与文案法调查方法，对其开展程序、方法特征等进行研究； 对调查对象的抽样方法进行分析研究，为后续调查做好准备

1. 调查方法主要分：一手资料收集的＿＿＿＿和二手资料收集的＿＿＿＿。
2. 访问法最常用的有＿＿＿＿、＿＿＿＿、＿＿＿＿、＿＿＿＿。

（1）街头拦截访问法的操作：

①准备工作。

a. ＿＿＿＿；b. ＿＿＿＿；c. ＿＿＿＿；

d. ＿＿＿＿；e. ＿＿＿＿。（填完请认真阅读和研究具体内容。^_^）

②具体操作。

a. ＿＿＿＿；b. ＿＿＿＿；c. ＿＿＿＿；

d. ＿＿＿＿；e. ＿＿＿＿。（填完请认真阅读和研究具体内容。^_^）

③调查完成后的工作。

a. ＿＿＿＿；b. ＿＿＿＿；

c. ＿＿＿＿；d. ＿＿＿＿；

e. ＿＿＿＿。（填完请认真阅读和研究具体内容。^_^）

（2）电话访问法的操作。

①准备工作。

a. ＿＿＿＿；

b. ＿＿＿＿；

c. ＿＿＿＿；

d. ＿＿＿＿；

e. ＿＿＿＿。

f. ＿＿＿＿（填完请认真阅读和研究具体内容。^_^）

②电话访问的开场白。

a. ＿＿＿＿；b. ＿＿＿＿；

c. ＿＿＿＿；d. ＿＿＿＿。

③电话访问进行中。

a. ＿＿＿＿；b. ＿＿＿＿。

④打完电话后，访问员一定要向被访者致谢。

3．请你用自己的理解，组织一下语言，解释抽样调查。

答：

后续内容介绍与预习提示。

1．调查问卷的内容。
2．调查问卷的关键词集合。
3．调查问卷问题的设计。
4．调查问卷答案的设计。
5．调查问卷问题的排序。

成绩评定：　　　　　　　　　　　　　　　　　　　　　　　　　　月　　　日

项目二　某汽车车型消费意向调查　任务工作单

课程名称	汽车市场调查与预测	模块名称	任务4　设计市场调查问卷
班　级		小组编号	ID 号　　　　　　姓名

任务目标	1. 掌握问卷的结构特点； 2. 掌握问卷的设计程序； 3. 学会问卷问题信息的需求分析； 4. 掌握问卷的问题与答案设计方法； 5. 掌握问题排序的方法； 6. 理解问卷排版的要求
工作内容	设计常州某车型消费意向调查问卷，并印制一定份数，为后面实施调查做好准备工作

1. 常州＿＿＿＿＿＿（汽车品牌＋车型名称）调查问卷的内容应当包括

　（1）＿＿＿＿＿＿；（2）＿＿＿＿＿＿；（3）＿＿＿＿＿＿；（4）＿＿＿＿＿＿；

　（5）＿＿＿＿＿＿；（6）＿＿＿＿＿＿；（7）＿＿＿＿＿＿；（8）＿＿＿＿＿＿；

　（9）＿＿＿＿＿＿；（10）＿＿＿＿＿＿；（11）＿＿＿＿＿＿；（12）＿＿＿＿＿＿；

　（13）＿＿＿＿＿＿；（14）＿＿＿＿＿＿；（15）＿＿＿＿＿＿；（16）＿＿＿＿＿＿；

　（17）＿＿＿＿＿＿；（18）＿＿＿＿＿＿；（19）＿＿＿＿＿＿；（20）＿＿＿＿＿＿；

　（说明：以上必填，以下选填。）

　（21）＿＿＿＿＿＿；（22）＿＿＿＿＿＿；（23）＿＿＿＿＿＿；（24）＿＿＿＿＿＿。

2. 调查问卷一般来讲包括＿＿＿＿＿＿个部分，分别是＿＿＿＿＿＿＿＿＿＿＿＿＿＿＿＿＿＿＿＿＿＿＿＿＿＿＿＿＿＿＿＿。

3. 问卷问题的类型从形式上分为哪两种类型？请根据自己的理解阐述其特点。

　（1）＿＿＿＿＿＿＿＿，特点：

　（2）＿＿＿＿＿＿＿＿，特点：

4. 问卷问题其他的类型还有＿＿＿＿＿＿＿＿、＿＿＿＿＿＿＿＿、＿＿＿＿＿＿＿＿、＿＿＿＿＿＿＿＿、＿＿＿＿＿＿＿＿、＿＿＿＿＿＿＿＿等。

5. 问卷答案的类型有哪些？请你列举，并思考其具体的形式：＿＿＿＿＿＿＿＿、＿＿＿＿＿＿、＿＿＿＿＿＿、＿＿＿＿＿＿、＿＿＿＿＿＿、＿＿＿＿＿＿等。

6. 请完成项目三的调查问卷的引导文。

（一）请设计传统问卷

标题 _____市场调查问卷

（问卷开头）

问题 1：

选项：

问题 2：

选项：

问题 3：

选项：

问题 4：

选项：

问题 5：

选项：

问题 6：

选项：

问题 7：

选项：

问题 8：

选项：

问题 9：

选项：

问题 10：

选项：

问题 11：

选项：

问题 12：

选项：

问题 13：

选项：

问题 14：

选项：

问题 15：

选项：
问题 16：
选项：
问题 17：

问题 18：

问题 19：

问题 20：

（二）请设计网络问卷
网络问卷的二维码：

回答关于网络问卷设计的问题：
常用的网络问卷设计方法：_____。
请你对该方法学到的内容进行总结：

后续内容介绍与预习提示。
请为项目二 某汽车车型消费意向调查的实地调查环节，做好相关准备工作。

成绩评定：　　　　　　　　　　　　　　　　　　　　　　　　月　　日

项目二　某汽车车型消费意向调查　任务工作单

课程名称	汽车市场调查与预测		模块名称	任务5　组织实施市场调查	
班　级		小组编号	ID号		姓名
任务目标	1. 熟悉实施问卷访问调查的流程； 2. 把握实施访问法的注意事项； 3. 总结访问方法使用经验； 4. 把握问卷访问的注意事项； 5. 总结问卷访问方法的使用经验					
工作内容	运用问卷访问法进行常州某车型消费意向调查				

1. 哪些行为属于访问员的失职？（　　）（不定项）

A．擅自变更，未按原计划进行访问

B．改动了问卷上的一些答案

C．由于未找到被访谈者，访谈员自行填写了问卷

D．访问员未依据被调查者的心理活动过程进行访谈

2. 下列调查方法中能够实现即时反馈的包括（　　）。（不定项）

A．邮寄问卷调查法　　　　　　　B．入户访谈法

C．留置问卷调查法　　　　　　　D．网络调查法

3. 调查准备。

审核打印调查问卷若干份；用制好的问卷试调查一次，检查问卷是否合理；做好问卷的解释准备工作；笔；胸牌（补充项：零钱、电话等）。

4. 调查实施要求与注意事项。

（1）在实地调研期间注意交通安全；

（2）在校外实习时按上、下课时间分别集合一次，并以小组为单位按时返校；

（3）注意个人财产安全，尽量不要带贵重物品在身上，手机等随身物品需小心看管；

（4）在调查过程中，与人交谈应注意礼貌，避免和他人发生争执；

（5）问卷调查和填写时应遵从调查信息客观实际，不应带有调查者的主观看法。

5. 调查后总结。

（1）完成调查日志。（说明：重点写调查执行经过和调查后对调查方法使用的总结及对调查执行过程的经验总结）

常州_____（某车型）消费意向调查日志

调查时间：_____　调查地点：_____　调查人：_____

（2）调查分工情况请完成表 1。

后续内容介绍与预习提示。

1. 资料的类型。
2. 问卷资料整理的方法与观察表整理有什么不同？
3. 问卷调查资料整理的程序。
4. 问卷调查资料的审核内容。
5. 无效问卷的处置方法。
6. 本项目调查的资料应当如何整理？

表1　问卷调查信息记录单

地点	调查员姓名	实施时间	问卷编号	实发问卷数	上交问卷数	未答/拒答	丢失问卷

成绩评定：　　　　　　　　　　　　　　　　　　　　　　　　月　　　日

项目二 某汽车车型消费意向调查 任务工作单

课程名称	汽车市场调查与预测	模块名称	任务6 整理分析市场调查资料
班　级	小组编号	ID号	姓名
任务目标	1．掌握问卷资料整理的流程； 2．掌握问卷资料整理的方法			
工作内容	对常州_____车型消费意向调查的问卷资料进行整理与分析			

1．编码分为_____编码和_____编码。

2．制图列示的相关问题。

（1）统计图是统计资料的另一种常用的表达形式，用各种图形形式来反映统计资料，从视觉角度来说具有_____、_____和_____的特点，能给人明确深刻的印象，一般能取得较好的效果。

（2）绘制统计图，应注意从以下方面着手：

①_____；

②_____；

③_____；

④_____；

⑤_____；

⑥_____。

3．交叉制表分析——明确变量。

请你结合本项目实际情况，回答以下问题：

（1）单变量分组标志：_____、_____、_____、_____、_____、_____、_____、_____、_____、_____。

（2）双变量分组标志：

第一组：_____和_____；

第二组：_____和_____；

第三组：_____和_____。

（3）三变量分组标志：

第一组：_____、_____和_____；

第二组：_____、_____和_____。

（4）本调查运用_____法统计。

4．交叉制表分析——陈示统计结果。

（1）单变量统计请参考附表1，在附表2中填出你的调查统计结果。

（2）双变量统计结果请填在表1、表2、表3内。

表1 第一组_____与_____双变量统计结果

表2 第二组双变量统计结果（变量_____与_____）

表3　第三组双变量统计结果（变量＿＿＿＿＿＿与＿＿＿＿＿＿）

（3）三变量统计结果请在表标题下空白处自制表格表4、表5，并分别填在表4、表5内。

表4　第一组三变量统计结果（变量＿＿＿＿＿＿、＿＿＿＿＿＿与＿＿＿＿＿＿）

表5　第二组三变量统计结果（变量＿＿＿＿＿、＿＿＿＿＿与＿＿＿＿＿）

后续内容介绍与预习提示。

1. 将问卷整理信息保存、录入，初步加工，为资料分析做好准备；
2. 补充消费意向调查报告所需二手资料，如竞争车型类型及其特点等；
3. 按照调查报告的基本内容要求模板，构思、谋划项目三的市场调查报告。

附表1 示例：丰田凯美瑞汽车消费意向调查问卷单变量信息整理表

序号	分组标志	完成数量	完成百分比	A	B	C	D	E	备注
1	性别								
2	年龄								
3	月收入								
4	欲购车品牌								
5	预购车的形式								
6	驾龄								
7	喜爱的汽车颜色								
8	性价比关注度								
9	舒适性要求								
10	视野要求								
11	配置要求								
12	安全性能需求								
13	经济性能需求								
14	排量需求								
15	爬坡能力需求								
16	百米加速需求								
17	车内空间需求								
18	意见/建议								

附表2 _____汽车消费意向调查问卷单变量信息整理表

序号	分组标志	完成数量	完成百分比	A	B	C	D	E		备注
1										
2										
3										
4										
5										
6										
7										
8										
9										
10										
11										
12										
13										
14										
15										
16										

成绩评定： 月　　日

项目二　某汽车车型消费意向调查　任务工作单

课程名称	汽车市场调查与预测		模块名称	任务 7　编写市场调查报告	
班　级		小组编号		ID 号	姓名
任务目标	1. 钻研问卷调查数据分析和陈式的方法； 2. 完成常州某车型消费意向市场调查报告					
工作内容	撰写常州某车型消费意向市场调查报告					

请根据要求，完成某汽车车型消费意向调查报告。

调查报告报送单位：＿＿＿＿＿＿＿＿＿＿＿＿＿

＊说明：调查报告编辑后以打印稿形式提交。

后续内容介绍与预习提示。

请思考：

1. 影响二手汽车消费的主要因素有哪些？
2. 二手车消费意向调查采用什么调查方法效果更好？请你预先大致规划一下，并做好应有的设计和准备工作。

成绩评定：　　　　　　　　　　　　　　　　　　　　　　月　　　日

小组工作情况记录：

学习心得体会：

项目三　二手车消费意向调查　任务工作单

课程名称	汽车市场调查与预测	模块名称	任务1　明确市场调查目标
班　级	小组编号	ID号	姓名
任务目标	1. 明确市场调查目标的作用； 2. 了解市场调查目标确定的程序； 3. 明确项目的调查目标		
工作内容	1. 深入理解消费意向的内涵； 2. 掌握影响消费意向的关键因素； 3. 明确小组欲调查的目标二手车市场，锁定重点分析的品牌等研究方向； 4. 明确本调查涉及的调查目标		

1. 新车市场和二手车市场在哪些方面体现出较大的差异性。请用例举的方式，分点详细说明。
答：_____
_____
_____
_____
_____。

2. 本次调查范围是_____。

3. 本次调查对象是_____。

4. 本次市场调查采取的调查方法是_____。

5. 二手车消费意向调查对二手车经营者来说，可以针对意向消费者有的放矢地展开销售服务工作。市场调查应结合委托企业的需求，对市场进行调查。因此有必要摸清委托企业的经验现状，即企业背景。

企业背景包括了解企业本身条件和企业的环境条件。

企业本身条件指_____、_____、_____；

企业的环境条件指_____、_____、_____、_____、_____。

6. 进行初步的市场调查，了解影响二手车价格的因素包括_____
_____。（列举至少5个方面）

后续内容介绍与预习提示。
请思考：
1. 二手车消费意向调查的具体调查内容有哪些？　　2. 二手车消费意向调查方案如何制定？

成绩评定：　　　　　　　　　　　　　　　　　　　　　　　　　　月　　日

项目三　二手车消费意向调查　任务工作单

课程名称	汽车市场调查与预测	模块名称	任务2　制定市场调查方案
班　级	小组编号	ID号	姓名
任务目标	1. 理解汽车市场调查方案的作用； 2. 明确汽车市场调查方案的内容； 3. 正确选择汽车市场调查对象； 4. 深入理解抽样调查的内涵与特点		
工作内容	设计二手车消费意向市场调查方案		

请完成关于二手车消费意向调查方案的引导文。

前言部分：

调查课题的目的和意义：

调查的内容和具体项目：

（说明：下面列出的内容是你后面调查时候要实际调查的内容，有几项填写几项）

1. ＿＿＿＿＿＿；2. ＿＿＿＿＿＿；3. ＿＿＿＿＿＿；4. ＿＿＿＿＿＿；5. ＿＿＿＿＿＿；
6. ＿＿＿＿＿＿；7. ＿＿＿＿＿＿；8. ＿＿＿＿＿＿；9. ＿＿＿＿＿＿；10. ＿＿＿＿＿＿。

市场调查对象和调查范围：

（说明：根据消费者的性别、年龄、收入、文化程度、职业等特征而确定）

调查对象：＿＿＿＿＿＿＿＿＿＿＿＿＿＿＿＿＿＿＿＿＿＿＿＿＿＿＿＿＿＿＿＿＿＿＿＿＿＿；
调查范围：＿＿＿＿＿＿＿＿＿＿＿＿＿＿＿＿＿＿＿＿＿＿＿＿＿＿＿＿＿＿＿＿＿＿＿＿＿＿。

调查采用的方法：

（说明：采取何种方法取决于具体的调查条件，请写出方法名称和选择的理由）

方法1＿＿＿＿＿＿＿＿＿＿＿＿＿＿＿＿＿＿＿＿＿；
理由＿＿＿
＿＿＿。

方法2＿＿＿＿＿＿＿＿＿＿＿＿＿＿＿＿＿＿＿＿＿；
理由＿＿＿
＿＿＿。

以及：

调查时间进度安排：

（说明：按照内容，有多少项目就填写多少）

时间	地点				

经费预算开支情况：
（说明：列清项目名称和具体金额）

项目			
1			
2			
3			
4			
5			

调查结果的表达形式说明：
以二手车消费意向市场调查报告作为调查结果的汇报材料。

附录：
（说明：列出附录应该放的材料项目名称）
1. 调查问卷； 2. _____；
3. _____； 4. _____
_____。

后续内容介绍与预习提示。

1. 总结问卷调查方法的特点；
2. 总结文案调查法的特点；
3. 总结方案设计的作用。

成绩评定： 月 日

小组工作情况记录：

学习心得体会：

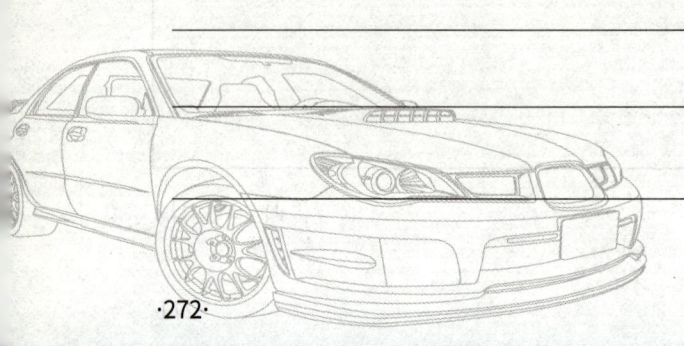

项目三　二手车消费意向调查　任务工作单

课程名称	汽车市场调查与预测	模块名称	任务3　选择市场调查方法
班　级	小组编号	ID号	姓名
任务目标	1. 掌握文案法、问卷调查方法的特点； 2. 熟练文案法、问卷市场调查开展的具体方式； 3. 明确调查方法选择对调查的重要性			
工作内容	深入研究问卷法与文案法调查方法，对其开展程序、方法特征等进行研究； 对调查对象预先分析，并设计抽样框，为后续调查做好准备			

（请认真阅读以下内容，相信能让你对市场调查方式有进一步的理解和认识）

1. 市场调查方式。

（1）典型调查：_____，如_____、_____、_____、_____等，进行全面、深入的调查。其目的是通过直接地、深入地调查研究_____，来认识同类事物的一般属性和规律。

正确地选择典型是进行典型调查的关键。典型选得适当，调查的结果可以真实地反映同类事物的一般属性。典型选错了，调查的结果就不可能真实地反映同类事物的共性，只会得出错误的结论。典型是客观存在着的，不是调研者主观选择的。调查者选择典型的过程，是根据调研目的，在调查对象中发现和确定典型的过程。

典型调查的目的不在于认识少数的几个典型，而在于借助于典型认识它所代表的同类事物的共性。这就要求对典型进行深入的全面的直接调查。

（2）重点调查：通过对_____的调查来大致地掌握总体的基本数量情况的调查方式。所谓"重点"，是指总体中那些在某一或某些数量指标上占有较大比重的单位或个体。

重点调查与典型调查一样，它们都不是采取随机抽样的方法确定具体的调查对象，因此，选点都易受主观因素的影响。但它们调查对象的数量都较少，因此都比较省时、省力、方便易行。两者的差异在于：重点调查的具体对象是重点，而重点不一定要有代表性或典型性，而要求在总体中具有重要地位或在总体的数量总值中占有较大比重，而典型调查的对象则要求其代表性或典型性；另外，重点调查主要是数量认识，而典型调查主要是性质认识。

（3）抽样调查：从调查对象的总体中抽取一些个人或单位作为_____，通过对_____的调查研究来推论总体的状况。

与典型调查相比较，抽样调查一般是标准化、结构式的社会调查，具有综合定性研究和定量研究的功能，因此，抽样调查已成为现代社会调查的主要方式。

抽样调查的调查对象一般要求采取随机抽样的方法确定。随机样本的代表性较少受到抽样者主观因素的影响，其代表性是由随机抽样方法来保证的。因此抽样调查的信度和效度首先依赖于科学的抽样方法。

根据调查任务的具体要求，确定总体的范围，这个范围就是抽样的范围。如果不能明确抽样的具体范围，就不能采取随机抽样的方法进行抽样。

（4）个案调查：个案调查有两种情形，一是专项调查，即调查的对象只有一个个体，调查的目的只是了解这一个体的状况。二是从某一社会领域中选择一两个调查对象进行深入细致的研究，这种研究的主要目的就是认识所选调查对象的现状和历史，而不要求借此推论同类事物的有关属性。因此，个案调查如需选择具体的调查对象，则并不要求其代表性或典型性，但要求个案本身具有独特性。

（另外，对调查方法的分类，也要看具体情况。请认真阅读下面内容，并填空，相信你会对市场调查方法的分类及其整体框架有一个清晰的认识！）

2．市场调查方法的分类。

（1）按_____分，可分为全面调查和非全面调查。

全面调查又称普查，是指对每一个调查单位都要进行调查。

非全面调查是指仅对总体中的一部分总体单位进行调查。

其包括重点调查；典型调查；抽样调查。

①重点调查是指只对总体中的重点单位进行调查，重点单位是指工作中的重点。这些重点单位的标志值在总体标志总量中占绝大部分。

②典型调查是指从总体中预先选择具有代表性的单位进行调查。典型既有好的典型，也有坏的典型。

③抽样调查简称抽查，是指按随机性原则从总体中抽取一部分单位进行调查，然后，根据样本总体的数量特征推断全及总体的数量特征。抽查的主要特点是随机性、推断性。

（2）按_____分，可分为一次性调查和经常性调查。

一次性调查是指每隔一段时间进行一次调查，例如，我国全国人口普查每十年进行一次。

经常性调查是指每天都要登记，例如，各单位考勤。

（3）按_____不同，可分为统计报表和专门调查。

统计报表是由国家定期地从上往下布置，下级一级一级向上级填报的报告制度，也是国家定期的一种调查组织方式。

专门调查包括普查，典型调查，重点调查，抽样调查。

专门调查是指对一些专门问题进行调查，例如，海洋普查，是专门调查海洋的，农业普查是专门调查农业的。

（4）按_____不同，可分为询问法、直接观察法和报告法。

询问法又分为书面询问法和口头询问法。

直接观察法是指统计人员直接到现场。

报告法就是提供报表。

后续内容介绍与预习提示。

1. 本项目调查问卷的内容；
2. 本项目调查问卷的关键词集合；
3. 本项目调查问卷问题的设计；
4. 本项目调查问卷答案的设计；
5. 本项目调查问卷问题的排序。

成绩评定： 　　　　　　　　　　　　　　　　　　　　　　　　　月　　　日

项目三　二手车消费意向调查　任务工作单

课程名称	汽车市场调查与预测	模块名称	任务4　设计市场调查问卷
班　级	小组编号	ID号	姓名
任务目标	1. 掌握调查问卷设计的要点； 2. 掌握调查问卷的结构特点； 3. 掌握调查问卷的内容要素		
工作内容	设计二手车消费意向调查问卷，并印制一定份数，为后面调查做好准备		

1. 你认为消费者购买二手车的原因会是什么？

    答：_____。

2. 你认为消费者购买二手车的顾虑会是什么？

    答：_____。

3. 二手车消费意向调查问卷问题要素应当包括哪些？请列举。

    （1）_____；（2）_____；（3）_____；（4）_____；

    （5）_____；（6）_____；（7）_____；（8）_____。

4. 一份好的问卷，在设计时应当做到哪些必要的工作？请结合项目三实施后的经验，认真总结。

    答：

5. 请完成项目三的调查问卷的引导文。

    （一）请设计传统问卷

标题　　　　　_____市场调查问卷

（问卷开头）

（二）请设计网络问卷
网络问卷的二维码：

后续内容介绍与预习提示。

1. 明确实地调查的地点；
2. 调查样本设计；
3. 做好问卷研究和相关知识储备；
4. 调查前小组会议，落实分工。

成绩评定： 月 日

小组工作情况记录：

学习心得体会：

项目三　二手车消费意向调查　任务工作单

课程名称	汽车市场调查与预测	模块名称	任务5　组织实施市场调查
班　级		小组编号		ID号		姓名	
任务目标	1. 把握好实施访问法的注意事项； 2. 总结问卷访问方法的使用经验
工作内容	实施二手车消费意向调查

1. 调查准备。

审核打印调查问卷若干份；用制好的问卷试调查一次，检查问卷是否合理；做好问卷的解释准备工作；笔；胸牌（补充项：零钱、电话等），还有补充吗？_____。

2. 调查实施要求与注意事项。

（1）在实地调研期间注意交通安全；

（2）在校外实习时按上、下课时间分别集合一次，并以小组为单位按时返校；

（3）注意个人财产安全，尽量不要带贵重物品在身上，手机等随身物品需小心看管；

（4）在调查过程中，与人交谈应注意礼貌，避免和他人发生争执；

（5）问卷调查和填写时应遵从调查信息客观实际，不应带有调查者的主观看法。

3. 调查后总结。

（1）完成调查日志（说明：重点写调查执行经过和调查后对调查方法使用的总结及对调查执行过程的经验总结）

二手车消费意向调查日志

调查时间：_____　　调查地点：_____　　调查人：_____

_____

_____

_____

_____

_____

_____

_____

_____

_____

_____

_____

（2）根据调查分工情况完成表1。

后续内容介绍与预习提示。

1. 资料的类型。
2. 问卷资料整理的方法与观察表整理有什么不同？

表1 问卷调查信息记录单

地点	调查员姓名	实施时间	问卷编号	实发问卷数	上交问卷数	未答/拒答	丢失问卷

成绩评定: 　　　　　　　　　　　　　　　　　　　　　　月　　　日

项目三　二手车消费意向调查　任务工作单

课程名称	汽车市场调查与预测	模块名称	任务6　整理分析市场调查资料
班　　级	小组编号	ID 号	姓名
任务目标			
工作内容	对二手车消费意向调查资料进行整理与分析		

任务目标：
1. 掌握调查资料审核的内容；
2. 掌握访谈资料分析的方法

1. 制图列示的相关问题。

（1）条形图：条形图是以宽度相等的条形的_____或_____来反映统计资料。所表示的统计指标可以是_____，也可以是_____和_____；可以是不同地区、单位之间的_____，也可以是不同时间的_____。

（2）饼形图：是用圆形面积的大小代表_____，或用圆形中的扇形面积反映总体内部各构成指标的数值，后者也称圆形结构图，常用于在总体分组的情况下，反映总体的结构、各组所占比重（百分比）资料。

2. 核心技能。

简单分组，事前编码，直方图，饼形图，双变量交叉列表。

3. 市场调查资料整理与分析的意义在于（　　　）。

A. 资料整理提高了调查资料的价值

B. 可以激发新信息的产生

C. 可以对前期工作起到纠偏作用

D. 加速了调查结论的提出

4. 调查资料分析的原则应该是（　　　）。

A. 针对性　　　　　　　　　B. 客观性

C. 完整性　　　　　　　　　D. 变动性

5. 资料分析用问卷星进行分析，把分析的内容粘贴在后面空白页上面。

后续内容介绍与预习提示。

1. 市场调查报告的内容；
2. 如何修改市场调查报告，保证调查报告的质量？
3. 为编写项目四的市场调查报告补材料。

成绩评定： 月 日

项目三　二手车消费意向调查

小组工作情况记录：

学习心得体会：

项目三　二手车消费意向调查　任务工作单

课程名称	汽车市场调查与预测	模块名称	任务7　编写市场调查报告
班　级	小组编号	ID号	姓名
任务目标	1. 总结所学关于调查报告的内容、资料需求等问题； 2. 完成二手车消费意向市场调查报告			
工作内容	分析总结调查资料，撰写二手车消费意向市场调查报告			

请根据要求，完成二手车消费意向调查报告。

＊说明：调查报告编辑后以打印稿形式提交。

附件：

1. 空白调查问卷；
2. ＿＿＿＿＿＿＿；3. ＿＿＿＿＿＿＿；4. ＿＿＿＿＿＿＿；5. ＿＿＿＿＿＿＿。

后续内容介绍与预习提示。

请思考：
1. 独立总结调查流程；
2. 总结自己在独立的问卷调查实践中的收获。写在后页，写不下可附页。

成绩评定：　　　　　　　　　　　　　　　　　　　　　　　月　　　日

小组工作情况记录：

学习心得体会：

项目四 某汽车企业市场现状调查 任务工作单

课程名称	汽车市场调查与预测	模块名称	任务1 明确市场调查目标
班　级	小组编号	ID号	姓名
任务目标	1. 明确市场调查目标的作用； 2. 掌握市场调查目标确定的程序； 3. 明确以常州汽车配件市场现状为典型案例进行本调查的调查目标		
工作内容	1. 对"配件市场经营情况"调查专题进行剖析，明确该项目市场调查的意义； 2. 明确常州汽车配件市场经营情况调查的目标； 3. 认识常见的汽车配件		

1. 请你列举二十个常见的汽车配件名称，并记住它的标志。

（1）　　　　　；（2）　　　　　；（3）　　　　　；（4）　　　　　；
（5）　　　　　；（6）　　　　　；（7）　　　　　；（8）　　　　　；
（9）　　　　　；（10）　　　　　；（11）　　　　　；（12）　　　　　；
（13）　　　　　；（14）　　　　　；（15）　　　　　；（16）　　　　　；
（17）　　　　　；（18）　　　　　；（19）　　　　　；（20）　　　　　。

2. 调查的方法使用包括（1）　　　　　；（2）　　　　　；（3）　　　　　。

选择题（不定项选择）

3. 在确定调查目标时，与决策者沟通交流必须注意（　　）。

A. 决策者应与调查人员相互合作、相互信任

B. 决策者与调研人员应保持持续的接触，而不只是偶尔的接触

C. 双方必须坦诚，不应该有任何隐瞒，必须开诚布公

D. 调研人员与决策者的关系必须友善、密切

4. 收集二手资料应有哪些基本要求？（　　）

A. 围绕营销问题的内容

B. 根据资料来源，结合适当的收集方法做到去伪存真、去粗取精

C. 从众多资料中将对调查目的有价值的资料选取出来

D. 去除那些不确切、有限制的资料

5. 在分析营销问题时，预测消费者行为应考虑哪些因素？（　　）

A. 消费者和非消费者的人数及地域分布

B. 人口统计和心理特征

C. 对价格敏感性

D. 零售店主要光顾人群

E. 传播媒体对消费行为及对产品改进的反应

6. 在业务实践中，确定调查目标时，有的调查研究人员将目标定义得太窄，就会（   ）
A．收集资料不充分　　　　　　　　B．调查结论不科学
C．决策者缺乏对市场情况的全盘把握　D．可能导致决策的失败

判断题

7. 与企业决策者沟通，有利于调查人员尽快获取企业面临的问题及相关信息，从而也加快了市场调查工作的步伐，也就不用再与企业职工进行沟通交流。（   ）

8. 为了保证收集、分析问题全面，我们在调查时，应该进行企业营销问题的背景调查，目的是替代正式调查过程中的某些环节。（   ）

9. 一般情况下，企业决策者往往很少能清楚地讲出个人和企业的目标，相反，他们常常用缺乏可操作性的语言来描述这些目标。（   ）

10. 在现实生活中，许多消费者认为年龄、收入、受教育程度等都属于个人隐私，不愿意真实回答，所以在调查时可以把这些问题省略，以免影响消费者情绪。（   ）

11. 依据假设进行调查，是探索性调查经常采用的方法，它可以使调查者抓住重点，提高效率，并带着结论去调查。（   ）

实践填空题

12. 常州汽车配件市场调查的内容是：
方法一：_____获取的内容（1）_____；（2）_____；（3）_____；
　　　　　　　　　获取的内容（4）_____；（5）_____；（6）_____。

方法二：_____获取的内容（1）_____；（2）_____；（3）_____；
　　　　　　　　　获取的内容（4）_____；（5）_____；（6）_____。

方法三：_____获取的内容_____
_____。

后续内容介绍与预习提示。

请思考：
如何制定常州汽车配件市场的调查方案？

成绩评定：　　　　　　　　　　　　　　　　　　　　　　　　月　　　日

项目四　某汽车企业市场现状调查　任务工作单

课程名称	汽车市场调查与预测	模块名称	任务2　制定市场调查方案
班　　级	小组编号	ID号	姓名
任务目标	1. 体会汽车市场调查方案的作用； 2. 明确汽车市场调查方案的内容； 3. 正确选择汽车市场调查对象； 4. 理解全面调查的内涵与特点		
工作内容	设计常州汽车配件市场经营情况调查方案		

1. 本项目调查采用的调查方法是（1）_____；（2）_____；（3）_____。
2. 调查对象包括（　　）。（不定项选择题）　A．汽配经营管理者　B．汽配店

请完成关于常州_____（汽配市场名称）汽配市场经营情况调查方案的引导文。

前言部分：

_____
_____
_____
_____
_____
_____
_____
_____

调查课题的目的和意义：

_____
_____
_____
_____
_____

·290·

调查的内容和具体项目：

（说明：下面列出的内容是你后面调查时候要实际调查的内容，有几项填写几项）

1. _____；2. _____；3. _____；4. _____；5. _____；
6. _____；7. _____；8. _____；9. _____；10. _____。

市场调查对象和调查范围：

（说明：根据目标顾客的性别、年龄、收入、文化程度、职业等特征而确定）

调查对象：_____；

调查范围：_____。

调查采用的方法：

（说明：采取何种方法取决于具体的调查条件，请写出方法名称和选择的理由）

方法1：_____；

理由：_____

_____。

方法2：_____；

理由：_____

_____。

调查时间进度安排：

（说明：按照内容，有多少项目就填写多少。）

时间	地点			

续表

经费预算开支情况：

（说明：列清项目名称和具体金额）

项目			
1			
2			
3			
4			
5			
6			
7			

调查结果的表达形式说明：

（说明：本项目调查结果表达方式为书面表达） 以_____作为调查结果的汇报材料。

附录：

（说明：列出附录应该放的材料项目名称）

1. _____；2. _____；
3. _____；4. _____
_____。

后续内容介绍与预习提示。

1. 汽车市场调查方法有哪些？
2. 了解观察调查法；
3. 了解访问法；
4. 访问法调查的注意事项；
5. 做好汽车配件初步调查。

成绩评定： 月 日

项目四　某汽车企业市场现状调查　任务工作单

课程名称	汽车市场调查与预测	模块名称	任务3　选择市场调查方法
班　级		小组编号	ID号	姓名

任务目标	1. 理解观察法、访问法、市场调查方法的特点； 2. 掌握观察法、访问法、文案法市场调查开展的具体方式； 3. 明确在市场调查的过程中的注意事项
工作内容	学习观察法、文案法、访问法，对其开展程序、方法特征等进行研究

1. 观察法的特点（掌握）。

（1）市场观察法是观察者根据研究市场问题的某种需要，有_____、有_____地搜集_____，是为科学研究市场服务的。

（2）市场观察法是科学的观察，它必须是系统的、全面的。科学的观察必须通过对观察过程的周密计划，通过对观察者的严格要求，避免或尽可能减少观察误差，以保证调查资料的可靠性。

（3）科学的观察在利用观察者_____的同时，还可以运用科学的观察_____进行观察。

（4）科学观察的结果必须是_____的，它所观察的是当时正在发生的、处于自然状态下的市场现象。这是相对于在实验条件下的观察来说的。它所强调的是所观察到的市场现象不能有人为的假象，其观察结果才能客观反映实际情况。

2. 观察法的操作。

（1）准备工作。

①_____；

②_____；③_____；

④_____；⑤_____。

（2）进入观察现场要注意的事项：

_____

_____

3. 访问法常用的有_____、_____、_____、_____等形式。

4. 电话访问法的操作。

（1）准备工作。

①_____；

②_____；

③_____；

④_____；

⑤_____；⑥_____。

（2）电话访谈一般流程。

① _____ ；

② _____ ；

③ _____ ；

④ _____ 。

5．请你归纳总结访谈法的特点。

_____

_____

_____

_____

_____

6．常州汽配市场调查的调查方法以_____为主，以_____为辅助调查方法。

后续内容介绍与预习提示。

1．观察表格的内容；

2．观察表格中信息的排列；

3．观察表的表头设计；

4．观察表的印制；

5．访问提纲的设计；

6．实地调查前的准备。

成绩评定： 月 日

项目四　某汽车企业市场现状调查　任务工作单

课程名称	汽车市场调查与预测	模块名称	任务4　设计观察表格与访问提纲
班　级	小组编号	ID号	姓名
任务目标		1. 掌握观察表格设计的要点； 2. 掌握观察表格的结构特点； 3. 掌握观察表格的内容要素； 4. 掌握访问提纲的设计方法
工作内容		设计常州汽车配件市场经营情况调查的观察表与访问提纲，并印制一定份数，为后面使用做好准备

1. 常州汽车配件市场经营情况调查　　　　　　（配件市场名称）观察表的内容应当包括
（1）　　　　　　；（2）　　　　　　；（3）　　　　　　；（4）　　　　　　；
（5）　　　　　　；（6）　　　　　　；（7）　　　　　　；（8）　　　　　　；
（9）　　　　　　；（10）　　　　　　；（11）　　　　　　；（12）　　　　　　。

2. 本项目观察表记录的其他要素（表头处）应当包括
（1）　　　　　　；（2）　　　　　　；（3）　　　　　　；
（4）　　　　　　；（5）　　　　　　。

3. 常州汽车配件市场经营状况调查观察表的设计。
（1）在下表上部相应的位置设计表头；
（2）在表格中按照调查信息的实际情况，考虑信息统计时能够更加方便，在第一行各列填写适当的调查内容。

配件公司 观察内容	1	2	1	2	1	2	……
	-	-	-	-	-	-	-
	-	-	-	-	-	-	-
	-	-	-	-	-	-	-
	-	-	-	-	-	-	-
	-	-	-	-	-	-	-
	-	-	-	-	-	-	-
	-	-	-	-	-	-	-

续表

-	-	-	-	-	-	-	-
	-	-	-	-	-	-	-
	-	-	-	-	-	-	-
	-	-	-	-	-	-	-

4. 请将常州汽车配件市场经营状况调查访问提纲写在下面。

标题 _____ 访问提纲

问 1：

问 2：

问 3：

问 4：

问 5：

问 6：

问 7：

问 8：

问 9：

问 10：

后续内容介绍与预习提示。
请为常州汽车配件市场经营状况实地调查做好相关准备工作。

成绩评定：　　　　　　　　　　　　　　　　　　　　　　　　月　　日

项目四　某汽车企业市场现状调查　任务工作单

课程名称	汽车市场调查与预测	模块名称	任务 5　组织实施市场调查
班　级		小组编号　　　　　ID 号　　　　　姓名		
任务目标	1. 熟悉实施观察调查的流程； 2. 把握实施观察调查的注意事项； 3. 总结观察调查方法使用经验； 4. 把握访问调查的注意事项； 5. 总结访问调查方法使用经验		
工作内容	运用文案法、观察法和访问法进行常州汽车配件市场经营情况调查		

1. 调查准备。

观察表若干份，访问提纲若干份，笔，胸牌（补充项：零钱、电话等）。

2. 调查实施要求与注意事项。

（1）在实地调研期间注意交通安全；

（2）在校外实习时按上、下课时间分别集合一次，并以小组为单位按时返校；

（3）注意个人财产安全，尽量不要带贵重物品在身上，手机等随身物品需小心看管；

（4）在调查过程中，与人交谈应注意礼貌，避免和他人发生争执。

3. 调查后总结。（说明：重点写调查执行经过和调查后对调查方法使用的总结及对调查执行过程的经验总结）

　　　　常州汽车配件市场_____（汽配市场名）经营情况调查日志

后续内容介绍与预习提示。

1. 资料的类型。
2. 不同的资料整理方法相同吗？有何区别？
3. 调查资料整理的程序。
4. 调查资料审核的内容。
5. 本项目调查的资料应当如何整理？

成绩评定： 月　　日

项目四　某汽车企业市场现状调查　任务工作单

课程名称	汽车市场调查与预测		模块名称	任务6　整理分析市场调查资料	
班　级		小组编号		ID号		姓名	
任务目标	1. 掌握调查资料审核的内容； 2. 掌握访谈资料分析的方法					
工作内容	对常州汽车配件市场经营情况调查资料进行整理与分析					

1. 编码主要做什么工作？

答：_____

_____

_____

_____

2. 你调查的汽车配件市场的名称是_____，主要业务包括

_____。

3. 请按照你调查的信息，完成常州_____汽车配件公司市场调查表。

表1　常州汽车配件市场调查表

项目	配件市场1	配件市场2
经营规模		
经营项目		
配件种类		
配件品牌		
配件适合的品牌与车型		
销售较好的产品 （按降序排列）		
利润较高的产品 （按降序排列）		

其他资料整理结果陈式：

后续内容介绍与预习提示。

1. 市场调查报告的内容。
2. 如何修改市场调查报告，保证调查报告的质量？
3. 如何编写常州汽车配件市场经营情况调查的市场调查报告？

成绩评定：   月　　日

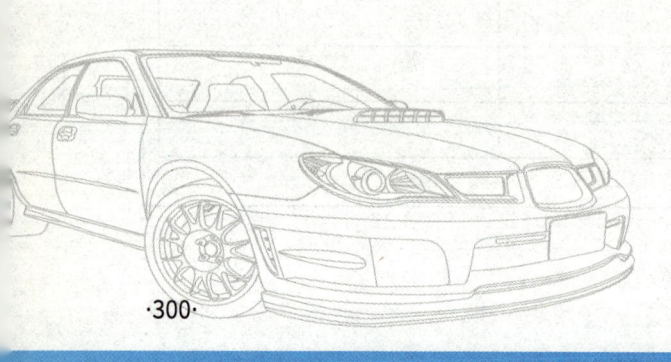

项目四　某汽车企业市场现状调查　任务工作单

课程名称	汽车市场调查与预测		模块名称	任务 7　编写市场调查报告	
班　级		小组编号		ID 号		姓名	
任务目标	1．撰写常州汽车配件市场经营情况调查报告； 2．修改报告，保证报告的质量
工作内容	撰写常州汽车配件市场经营情况调查报告

1．调查报告容易出现的问题有哪些？
　（1）_____；
　（2）_____；
　（3）_____；
　（4）_____；
　（5）_____；
　（6）_____。

2．调查报告分三大部分内容：介绍部分、正文部分、附件部分。
介绍部分包括_____、_____、_____和_____；
正文部分包括_____、_____和_____；
附件部分包括_____、_____和_____。

＊说明：调查报告编辑后以打印稿形式提交。

后续内容介绍与预习提示。

请思考：
1．影响消费者购车选择的主要因素有哪些？
2．调查某车型消费意向采用什么调查方法效果更好？

成绩评定：　　　　　　　　　　　　　　　　　　　　　　　　月　　　日

汽车市场调查与预测

小组工作情况记录：

学习心得体会：

汽车市场预测方法与理念　笔记记录页

一、汽车市场定性预测

二、汽车市场定量预测

专题一：平均数预测

专题二：指数平滑预测

专题三：季节指数预测

"汽车市场调查与预测"课程学习总结

姓名：

时间：